创新驱动发展战略
与现代职业教育改革探索文集

主　审　宋正富
主　编　胡　敏
副主编　徐　军　曹子英　黄海荣

中国商业出版社

图书在版编目(CIP)数据

创新驱动发展战略与现代职业教育改革探索文集/胡敏主编. —北京：中国商业出版社，2017.9
 ISBN 978 – 7 – 5044 – 9796 – 3

Ⅰ. ①创… Ⅱ. ①胡… Ⅲ. ①职业教育 – 教育改革 – 中国 – 文集 Ⅳ. ①G719.21 – 53

中国版本图书馆 CIP 数据核字（2017）第 069324 号

责任编辑：蔡凯

中国商业出版社出版发行
010 – 63180647　www.c – cbook.com
（100053　北京广安门内报国寺 1 号）
新华书店经销
北京市书林印刷有限公司印刷

* * * * *

787×1092 毫米　1/16 开　15 印张　字数 260 千字
2017 年 9 月第 1 版　2017 年 9 月第 1 次印刷

* * *

定价:39.80 元
（如有印装质量问题可更换）

编写委员

主　审　宋正富
主　编　胡　敏
副主编　徐　军　曹子英　黄海荣
编　委　顿祖义　马传松　宋正富　胡　敏
　　　　徐　军　曹子英　黄海荣　姜玉平
　　　　张大顺　李光寒　毛　英　潘传中
　　　　黄　波　龙仕平

前 言

2016年11月，在重庆涪陵召开了湘鄂渝川黔五省边区高职高专校际协作会三届二次会议。来自重庆工贸职业技术学、阿坝师院、张家界航空工业职院、常德职院、湘西民族职院、恩施职院、广安职院、四川达州职院、黔西南民族职院、铜仁职院、重庆三峡职院等十一所院校的代表欢聚一堂，共商五省边区高等职业教育发展大计。本次会议之前开展了以"职业教育改革研究"与"创新创业教育研究"为的主题的论文征集活动，共收到论文109篇，经过专家的评审后，共选出42篇较为优秀的论文，由编写委员会进行本文集审订编写而成。该论文集出版目的是为了共享各校改革、建设、发展的成功经验，以期提高湘、鄂、渝、川、黔五省边区高职院校办学实力、办学水平和办学效益，为地方经济社会发展做出更大贡献。

湘鄂渝川黔五省边区高职高专校际协作会三届二次会议
论文集编写委员会

目 录

第一篇 创新创业融入职业教育研究

论高职学前教育专业学生创业精神及培养 …………………………………… (1)
高职艺术设计专业学生创业实体激励机制研究 ……………………………… (5)
虚拟校园漫游系统的开发研究 ………………………………………………… (10)
高职创业教育体系初探 ………………………………………………………… (28)
企管沙盘对高职院校创新创业人才培养的作用 ……………………………… (33)
"众创"视域下高职学生创新创业教育的瓶颈及出路 ………………………… (37)
浅谈虚拟现实技术发展方向 …………………………………………………… (42)
高职院校众创空间建设的实践 ………………………………………………… (46)

第二篇 职教改革与职教体系研究

高职教育职能的探索与实践 …………………………………………………… (53)
欠发达地区职业教育集团化办学的探索 ……………………………………… (59)
高职软件技术专业"双实践+三模块"课程体系的设计与研究 …………… (65)
"嵌入式"校企合作背景下人才培养模式研究 ……………………………… (70)
培养新型职业农民的课程体系构建探究 ……………………………………… (76)
中高职教育有效衔接模式研究——基于职教集团平台的构建 ……………… (80)
校企共育:促进高职教育与区域产业人才对接 ……………………………… (84)
西部高职院校产学研协作动力机制研究 ……………………………………… (90)
高职院校"双师型"教师培养体系研究 ……………………………………… (96)
高职院校"产教融合"办学模式探讨 ………………………………………… (100)
产学研合作研究 ………………………………………………………………… (104)
少数民族地区职业教育精准扶贫体制机制 …………………………………… (110)

第三篇　专业课程与教学改革探索

地方高校试行学分银行的可行性分析 …………………………………………（115）
广安职业技术学院教学现状及课程改革实践 …………………………………（121）
应用型本科新型建筑材料专业课程体系探究 …………………………………（127）
高职学生基于职业发展的自我导向学习能力培养研究 ………………………（132）
基于职业发展的学生金融知识和经济知识的能力培养 ………………………（137）
高职航空维修类专业群开放式实训中心的规划与研究 ………………………（143）
《飞机钣金手工成形》课程改革与实践 ………………………………………（148）
高职院校奖助学金制度存在的问题及对策研究 ………………………………（151）
构建职业导向的"校企共育、能力递增" ……………………………………（158）
高职学生顶岗实习教育管理 ……………………………………………………（164）
高校鞋类设计专业毕业生就业问题的若干思考 ………………………………（169）
大学生鞋靴设计师自营网络品牌系统建立初探 ………………………………（173）
加强高职学生职业道德教育的思考 ……………………………………………（179）

第四篇　职业素养与公共基础课改革探索

建设"知行合一"校园文化 ……………………………………………………（183）
发挥榜样效应　构筑道德初心——基于曹于亚工作室的德育教育创新实践 …（189）
数字出版物对高职大学生英美文化传播的影响 ………………………………（194）
论新型教育理念与教师文化软实力提升 ………………………………………（199）
对高职学院引企入校共建生产性实训基地法律问题的研究 …………………（204）
浅谈高职院校英语阅读教学——以英文文学作品为载体 ……………………（210）
高职院校《高等数学》课程的素质教育思考 …………………………………（215）
基于优秀身体素质学生引领和带动下体育课教学模式的探索与实践 ………（219）
"互联网+"与新媒体对青少年思想道德建设的影响 ………………………（223）

第一篇

创新创业融入职业教育研究

论高职学前教育专业学生创业精神及培养①

姚光红

（广安职业技术学院　广安地区　638300）

摘　要：在高校持续扩招、毕业生人数日益增多、就业形式日趋严峻的现实情况下，以创业带动就业，走大众创业、万众创新之道已成为国家发展的新战略。高职学前教育专业，应把握时代特征，调整培养目标，完善课程体系，改革教育方法，着力培养适应时代发展的创业创新型人才。

关键词：高职；学前教育；创业精神；培养

2015年10月19日，李克强同志出席全国双创周活动时，在参观了藏族大学毕业生返乡经营的九寨沟民俗风情街后指出，创业创新者是今天这个时代的英雄。国家对创业创新型人才的需求和对大学生创业创新的鼓励与期盼，由此可见一般。早在1998年10月，联合国教科文组织就与巴黎总部举行了主题为"21世纪的高等教育：展望与行动"的世界高等教育大会，并指出：为了方便毕业生就业，高等教育应主要培养创业技能与主动精神；毕业生将愈来愈不再仅仅是求职者，而首先将成为工作岗位创造者。大会发表的《高等教育改革和发展的优先行动框架》也强调指出：高等学校必须要将创业技能和创业精神作为高等教育的基本目标。高职教育作为高等教育体系中的重要组成部分，在培养高职人才创业创新精神过程中肩负重任。高职学前教育专业的主办院校应紧跟时代发展步伐，认真解读和落实国家相关政策，为学前教育事业培养更多具有创业意识和创新精神的人才。

1 创业精神的实质与内涵

创业精神是指在创业者（某个人或群体）通过有组织的努力，以创新和独特的方式追求机会、创造价值及谋求增长，更有效地利用资源为社会和市场创造新价值的具有开创性的思想、观念、个性、意志、作风和品质。创业精神体系包括理性认识、心理基础和行为模式三层精神内涵。其中，创业思想和创业观念属于哲学层次的精神内涵，创业个性和创业意志属于心理基础的精神内涵，而创业作风和创业品质则属于行为学层次的精神内涵。创业精神

---

①　作者简介：姚光红（1981-　），女，汉族，四川省武胜县人，广安职业技术学院教育学讲师，教育学学士。主要研究方向：学前教育。

因其高度的综合性（包括创新精神、进取精神、合作精神和拼搏精神等精神特质）、三维整体性、超越历史的先进性和鲜明的时代特征，而被誉为是一种天赋精神。而这种天赋精神，通过国家和社会的支持，学校和家庭教育的培养，加之学生个体的努力，将得到进一步的提高与升华。

2 高职学前教育专业学生创业精神培养的必要性

2.1 时代发展主旋律的呼唤

一方面，在"大众创业、万众创新"成为时代主旋律的今天，创业创新日益成为了综合国力竞争的制高点。根据世界未来科技、经济发展的大趋势，结合我国特有的国情，为确保2020年全面建成小康社会目标的实现，建设创新型国家、进入创新型国家行列是我国面向世界、面向未来、面向现代化的重大战略抉择。习近平总书记在2015年两会期间曾指出，人才是创新的根基，创新驱动实质上是人才驱动，谁拥有一流的创新人才，谁就拥有了科技创新的优势和主导权。由此可见，科技的发展、社会的进步、国家的强盛需要一大批具有创业创新精神的人才来推动。

另一方面，结合我国高考扩招、大学毕业生数量急剧增加与就业压力日趋沉重的现实，2015年4月27日，国务院以国发23号印发了《关于进一步做好新形势下就业创业工作意见》的文件。文件指出，大众创业、万众创新是富民之道、强国之路，必须着力创立大众创业、万众创新的新引擎，实施更加积极的就业政策，以创业创新带动就业。随后，国务院办公厅又连续印发了《关于发展众创空间推进大众创新创业的指导意见》和《关于深化高等学校创业创新教育改革的实施意见》，进一步明确了高校作为青年创业创新人才培养摇篮的责任担当。深化高等学校创业创新教育改革是国家实施创新驱动发展战略、促进经济发展体制增效升级的迫切需要，是推进高等教育综合改革、促进高校毕业生高质量创业就业的重要举措。

大学生是最具创业创新活力和潜力的群体。然而，目前我国的大学创业教育并不成熟，以职业技能培训为主的高职学前教育尤其如此。在培养学生岗位实践能力方面，高职学前教育专业教育成效较为显著，而在创新精神、创业技能培养方面力量薄弱。如何才能担负起全面推进创业教育、培养高素质的创业创新型人才的历史使命，则如何培养和塑造能够适应社会变化并在社会变化中不断发挥创业创新精神的人才，如何不断激发学前教育专业学生的创业创新精神并着力培养其创业创新能力，已成为摆在高职学前教育专业人才培养和教育教学实施中的重要课题。

2.2 学前教育事业发展的需求

学前教育作为教育之基础，已日益受到重视和关注。2010年，在国家发布的《国务院关于当前发展学前教育的若干意见》明确指出：要把发展学前教育摆在社会发展中更加重要的位置。学前教育机构和队伍需要不断壮大，学前教育的质量有待于不断提升。在整个学前教育领域，无论是在一线执教的教师队伍，还是各级各类学前教育机构的创办、组织、管理队伍,均需要具备创新意识和创业精神的人才,这样才能推动我国学前教育事业又快、又好地发展。

2.3 学生个体成长与发展的需要

面对节节攀升的就业门槛和日益激烈的社会竞争,不断提高自身的创业创新能力是高职学前教育专业的毕业生解决就业难题的不二法门。根据第三方权威调查数据显示,我院高职学前教育专业学生就业的主要渠道是本地区各级各类幼儿园和亲子早教中心等。在就业过程中,用人单位首先把"是否具有创新意识"作为人才录用的主要标准之一。而学前教育机构工作强度大、责任重、收入低的现状又导致不少在岗学生缺乏工作热情,继而选择离岗、再次择业、转行甚至创业。良好的创业创新精神是就业以及创业成功的基本前提。因而,在校期间我们必须要培养学生的创业创新精神,这样才能满足学生持续成长和终身发展的需求。

3 高职学前教育专业学生创业现状

通过对在校就读学生的随访调查和对已毕业学生就业情况的调查分析,我们发现,我院学前教育专业学生的创业精神主要表现为:

3.1 创业意识缺乏,创业观念陈旧

我院学前教育专业学生中的女生比例大,创业意识淡薄,仅有8%左右的同学表示自己毕业后会考虑自主创业。而在有自主创业意识的群体中,多数同学表示会通过家庭、同学、朋友的资源去寻找创业机会,却很少来自于知识和教育。他们多会选择门槛低、投资少、技术含量低、风险小的诸如服装、化妆品销售等作为创业项目,而对于创办特色幼儿园、亲子早教机构等则表示心里没底、不敢问津、顾虑重重。

3.2 创业思维迟钝,创业意志薄弱

由于高职学前教育专业学生文化基础相对薄弱,自身知识体系和思维方式的局限导致他们分析、看待问题不够深入,对问题解决的创新度不高。加之学生对创业环境的认知不足,如对国家的创业优惠政策、创业培训的信息等情况不清楚,因而很难在思维上有所突破,更难以实现对创业项目的研究和讨论。在迈出创业思维实践之步的学生群体中,还有一些由于意志不够坚定遇难而退、浅尝辄止,最后半途而废、无果而终。

3.3 创业机会获取能力不强,创业管理水平低

基于国家政策的支持和相关活动的安排,我院每年也会有各类创新创业的培训和比赛,但相比其他专业的学生,学前教育专业的学生表现出参与积极性不高、对于比赛项目分析不够透彻、参赛作品总体缺乏创意、缺少技术含量等惰性因素。加之学生文化基础薄弱,大部分学生表现出对学习没有特别明显的兴趣,喜欢参与实践活动但不喜欢理论研究,因而在创业中当遇到一些问题需要通过相关理论知识去解决时,通常会显得手足无措、力不从心。

4 高职学前教育专业学生创业精神的培养

4.1 调整人才培养目标,融入创新创业教育

作为我院的传统专业，学前教育专业始终以"培养具备学前教育专业知识，能在托幼机构从事保教和研究工作的教师、学前教育行政人员以及其他相关机构的幼教工作者"为人才培养目标，以相对稳定、成熟的培养模式切实保证了学生培养的质量，毕业生就业率一直保持着学院领先的状态。但近年来，随着国家教师考核制度的改革和高职学前教育专业毕业人数的增多，我院学前教育专业学生毕业后面临的就业形势越来越严峻。据此，我们应认真学习并贯彻落实国务院办公厅《关于深化高等学校创新创业教育改革的实施意见》精神，将创业教育列入人才培养目标，培养学生的创业意识和创业精神，进一步提高人才培养质量，使学生能够主动适应经济和社会发展的新常态，不单走就业的独木桥，以创业带动就业，提高就业质量，科学规划职业生涯。

4.2 普及创业创新课程，扩大创业教育辐射面

在国家和地方相关创业政策的落实及活动的开展过程中，由于名额有限，使创业创新教育的辐射面窄、学生受益群小、教育的影响力不高。学前教育专业在调整专业培养目标的基础上，应积极主动地创设教育教学条件，从课程内容和体系的设置着手，采用项目教学、小组协作学习等方式，将创新创业资讯带入课堂，使更多的学生了解创业创新知识，逐步培养他们的分析问题、解决问题、创新实践等能力，从而实现多数学生从就业到创业的转变，培养并挖掘更多潜在的创新精神及创业力量。

4.3 加强"院园互动"互动，强化创业创新实践训练

我院学前教育专业在"院园共育、进阶入岗"的人才培养模式中，除了继续实现学生教育职业基本的能力架构、学前教育专项能力的培养和岗位综合能力的提升之外，还需将创业创新精神的培养融入其中。通过与各类幼教机构（主要以幼儿园为主）的联合互动，使学生在见习、实习过程中进行体验实训与素质拓展，使学生的创新精神和发散式思维得到培养与提升，使其初步具备一定的冒险精神和领导能力，从而形成对创业活动更全面和客观的把握，树立创业信心，坚定创业信念，践行创业行动。

综上所述，培养学前教育专业学生的创新精神和创业能力是时代发展的必然要求，是着眼于学生可持续、终身发展的教育战略。在实践过程中，高职院校应在认真解读国家相关政策的基础上，结合专业特点和已有办学经验，不断调整培养目标、改革教学、拓展思维，在培养学生的创业创新精神方面争取更大的突破。

参考文献：

[1] 周直.《创业精神及其培育》.[J].江苏行政学院学报.2005（2）：30-33

[2] 刘振亚.《高校开展创业精神教育的思考》.[J].教育与职业.2005（6）：22-23

[3] 郑解，刘冰峰.《谈大学生独立创业精神的培养》.[J].科技创业月刊.2010，20（3）：280-280

高职艺术设计专业学生创业实体激励机制研究

杨 燕

（广安职业技术学院 四川广安 638000）

摘 要：在分享经济快速发展与整合新实体经济的态势下，高职艺术设计专业必须紧跟时代步伐，建立健全学生创业实体激励机制，帮助毕业生在迎来历史性的创新创业机会和机遇中，成长为技术型成功创业者，进一步推动大众创业、万众创新。本文通过深入进行市场与专业调研，分析高职艺术设计专业学生创业实体的结构特点，提出了完善高职艺术设计专业学生创业实体激励机制的对策：发挥专业优势，引导创业意识，内需激发；利用政策支持，争取创业项目，利益驱动；善用创业平台，多方合作投入，环境吸引；进行价值评估，树立优秀典型，荣誉激励。

关键词：艺术设计专业；创新创业；实体；激励机制

当前的中国经济发展在新常态下由粗放扩张型向平衡型过渡，其发展动力要通过改革创新驱动。经济新常态所产生的实际意义已经辐射到社会生活的各个环节，对于青年就业来说，创业将是新常态下的就业常态。《国务院办公厅关于深化高等学校创新创业教育改革的实施意见》（国办发〔2015〕36号）提出，自2015年起全面深化高校创新创业教育改革。作为培养一线专业技能型人才的高职教育应与时俱进，主动适应经济发展的需要，在总体要求下，明确具体任务，制定有效措施，促进毕业生更高质量地创业就业。而高职艺术设计专业的就业工作也必须紧跟时代步伐，深入市场调研，尤其是在分享经济快速发展与整合新实体经济的态势下，结合分析本专业特点，做出自身的调整和改变，建立健全学生创业实体激励机制，帮助毕业生在迎来历史性的创新创业机会和机遇中成长为技术型成功创业者，进一步推动大众创业、万众创新。

1 高职学生创新创业现状

党的十八大对创新创业人才培养做出重要部署。近年来，高职院校按照要求，加强了对学生的创新创业教育，取得了积极进展。学生参与创业的总体人数有所增加，但总体比例不高，且创业成功率不够理想。就高职艺术设计专业来说，还存在一些较为明显的问题，主要是一些地方和学校创新创业教育较形式化，多停留在校内的创业讲座或培训方面，从授课教师到学生都缺乏实践；创业指导工作突出面向广，却没有结合地方经济的需求与专业的特点，缺乏根据学生需求的个性化服务，针对性与实效性不强；创业指导工作缺乏长效性，只鼓励创业，却缺乏对创业是否成功和已成功创业企业的跟踪调研，据相关调查显示，近半数半年后的创业者三年内退出创业，而边就业边准备创业已成为创业族的新潮流，毕业后三至五年的学生创业比例在增加。因此，高职学生创业除了应具备个人能力因素，包括学好专业知识技能，培养创业能力等外，还要受到个人创业态度和社会环境因素的影响。高职艺术设计专业的学生缺乏强大的创业动机、执着的信念，许多创业者在创业的过程中遇难则退，无法坚持到最后，需要健全创业激励机制，帮助学生提高创业意识，善用政府扶持、资金支持、机会识别等以取得最终的创业成功。

2 高职艺术设计专业学生创业实体分析

实体行业包括物质、精神产品和服务的生产与流通等经济活动的行业，除包括农业、工业、商业服务业、文化产业等物质生产和服务部门外，还包括文化、教育、信息、艺术等精神产品的生产和服务部门。实体经济除了提供人们生存与生活的物质产品以外，也提供人们高层次精神生活的物质保证，这其中包含了各式各样具有特殊性质的实体经济，例如艺术设计行业经济。广告公司、装饰公司、传媒公司等经济实体，通过平面广告设计、室内装潢设计、人物形象设计、产品包装设计、影视广告设计等为人们带来了更高的视觉享受与审美愉悦，或者更好的产品或企业印象等。如果将实体经济定义为商品的生产和销售，那么艺术设计则是生产设计产品，或者作为其他产品销售的一个环节。

而在新的经济形势下，我们对实体经济还应该有新的理解，即"新实体经济"，这个由马云提出的概念，是在互联网经济对实体经济的强势影响下发展而来的。他认为，网络企业与制造厂商一起利用新技术更好地销售，这是一种新实体经济，中国需要创业创新创造，未来30年，互联网将与传统经济相结合，通过技术与模式创新，形成新型实体经济。

艺术设计行业能够在新媒体将传统媒体与实体经济结合的过程中，较快地适应和转变，做好整合传播，将主要阵地由传统媒体转移到新媒体上来。而高职院校艺术设计专业学生本身具备较强的创新能力，其创业模式相对灵活，可以是小规模设计工作室，也可是大型设计公司。但不可忽视，高职艺术设计专业学生的创业意识具有较强的自主性，创业以行为从创业动机到创业决策与行动，都具有较强可变性，即可能容易产生创业激情并投身于创业，但也容易遇难则退，中途放弃，因此创业实体的持久性、稳定性欠佳。

3 完善高职艺术设计专业学生创业实体激励机制对策

面对越来越大的就业压力与创业风险，高职学生的创业意识不够强烈，创业激情维持度低且缺乏主体动力的创业行为势必会影响到创业者的创业行为正确性，如科学分析与管理，准确判断决策、坚持的决心等，这些决定着学生是否准备参与创业，是否正确认识创新创业、清晰分析市场形势、正确制定优秀项目、适时做出正确抉择，以及是否能够坚持创业成功等方面。因此，政府和高职院校都在积极努力，运用某些方法及措施激发学生的动机，使其以足够强大的内在动力朝着创业目标前进，即健全高职学生创业的激励机制。对高职艺术设计专业学生进行实体创业的激励,需要从物质与精神层面,从主观意识与客观刺激方面着手。

3.1 发挥专业优势,引导创业意识,内需激发

随着互联网经济的繁荣与新媒体技术的革新,艺术设计作为时尚前沿的行业领域,能够很快地跟上时代的步伐,在整个实体经济下行,传统媒体广告份额大幅衰减的形势下,新媒体广告以两倍于整个广告行业利润的速度在快速增长。对于高职艺术设计专业学生实体创业来说,相对于其他专业具有灵活性更大与风险性更小的特点。学生进行实体创业不仅仅局限于创办广告公司、传媒公司等企业,还可以选择新实体经济形式,开设适应分享经济潮流的设计公司,以提供设计创意服务为主,这样一方面以较少的投资即可起步,基本不需占用资金,另一方面可灵活开展业务,见效快,在稳步完成资本积累与经验积累以及社会网络拓宽后,再扩大公司规模与业务范围,提供设计与制作更多的服务。

学校的创业教育一方面可以通过必修课程与奖励学分相结合的途径,让学生更加重视创业知识学习,增强创新创业基本能力,树立创新创业意识,积极参加创业行动;另一方面要在创业指导中突出个性化的服务,帮助学生分析市场需求,结合专业的特点,鼓励学生根据自身条件、准确定位、整合资源、大胆创业。要让所有学生都能了解实体创业的要素,挖掘学生的创业动机,让其树立自信,消除畏难情绪,从而主动参与创新创业。

3.2 利用政策支持,争取创业项目,利益驱动

对于高职艺术设计专业的学生来说,无论是进行创业实践训练还是企业创业初期,都需要一定的资金。学校的创业指导不仅要为学生提供各项创业激励政策的最新信息,而且要根据专业和学生情况定制一些个性化服务,帮助学生准确定位,评估创业项目,为学生提供争取项目资金扶持的途径。目前,许多高职院校以及地方政府或劳动就业、工商行政、团委等部门或单位,有针对大学生的创业项目资助专项经费或者贷款,一定要保证将政策与资金落实到位,最好能够按照项目评估的情况对一些好的项目进行资助金多期投放,这样可以大大提高创业的成功率,减少短期创业后退出的情况。在创业竞赛、项目评比等创业实践活动中,可以提高奖励金额,采用"创新驱动型"创业模式,以创新为牵引,依托竞赛评比的项目,引导、培育和扶持创新项目向创业实体转化,并公布、宣传大学生自主创业收入的明显优势,以奖励资金与优厚收益吸引学生创新创业。

3.3 善用创业平台,多方合作投入,环境吸引

面对大学生创业高潮,政府政策力挺,学校极力实施,但大部分投资人尚在冷眼观之,他们认为因为大学生创业项目质量普遍不高,多为拍脑袋想模式的类型,不具备核心竞争力,所以大学生创业可鼓励,多磨炼总是好事情,但从投资的角度来说是不看好大学生创业项目的。因此,除了政府和学校针对学生的激励政策及资金以外,还需要整合社会资源,扩大宣传,组织并吸引社会投资与企业合作等,大力打造多方创业平台,强调"机会平等"的思想,营造激励创业、包容失败的氛围。

高职学校艺术设计专业除通过了创业孵化园、创新创业区等平台，为创业者提供一定的创业条件，还应结合地方和学校、专业等具体情况探索更具针对性的创业平台，例如以师带领学生创办广告公司的方式，为学生提供大量实践机会；学校为学生提供创业平台信息，让其创办的设计公司除了服务于地方经济外，还可以在如猪八戒网这样的专业网站上承接业务，销售广告创意和设计方案；广安职业技术学院艺术设计专业探索结合现代学徒制的人才培养模式，让学生一边跟随校内专业教师学习专业知识和技能，一边跟随具有企业技术人员及教师双重身份的老师，参加学院资产公司广告装潢经营部的实际工作。这些学生在开展各项业务时，如校园文化建设、活动广告宣传等，其本身就是极好的创新创业宣传，可让其他在校学生看到自己学长或者同学的创业努力与成功，自然会形成良好的外部环境激励，从而产生主观激励作用。

3.4 进行价值评估，树立优秀典型，荣誉激励

学校在大力倡导创新创业的同时，应该对创业项目进行科学的价值评估，不仅是在创业竞赛等活动中评选出创新性强与可操作性强，且市场前景预测良好的项目，而且要组织有实践经验的教师对获胜项目进一步指导，重点扶持项目实施，打造创业成功典型。对已经成功了的创业实体，也要进行跟踪调研与评估，适时邀请往届校友的成功创业型企业家返校交流创业经验，或者开展创业者协会活动等。政府或相关部门应注重高职艺术设计专业学生实体创业的正面舆论宣传，可进行成就激励，在优选的扶持项目或者已经创业成功的项目中，对项目在市场与机会、产品与技术、管理与模式等方面的创新性、项目发展现状、未来发展潜力进行综合评价，评选创新创业先进奖项。尤其是积极选树在校生创新创业成功的典型，使创新创业表彰奖励系统化、规范化，充分发挥榜样辐射作用，既为学生提供学习典范，又鼓励创业者更加努力，以荣誉和价值激励学生的创业意识，增强创新创业激励机制的实效性。同时，也要注意高职艺术设计专业学生是一个有着激情的群体，在设计创业激励机制时，应考虑到他们的特殊性，促进创业者张扬个性，并及时给予激励，这样更有利于将学生的创业激情推向高潮，使其连续有效地发挥创造力。

创新创业是社会进步、时代发展的要求，创新创业也是高职学生迅速成才的有效途径。高职艺术设计专业学生进行创新创业工作，要分析专业和学生特点，努力培养高素质的创新创业人才，从创业者的理想和价值需求出发，建立及完善学生创业实体的激励机制，从物质与精神方面激励创业者，促进创业者实现创业目标。

参考文献：

[1] 麦可思研究院，王伯庆，周凌波. 2016 年中国高职高专生就业报告 [M]. 社会科学文献出版社，2016

[2] 陈焘，李柏红. 大学生创业项目孵化运营的法律解析 [J]. 陕西行政学院学报，2016（1）

[3] 冯娟. 高职院校艺术设计类学生创业能力构成及培养策略研究 [J]. 未来与发展, 2015 (2)

[4] 朱可成. 高职院校大学生自主创业问题研究——以衢州职业技术学院学生为例 [D]. 山东师范大学, 2015

虚拟校园漫游系统的开发研究[①]

王雪松　王　娟

（广安职业技术学院艺术设计系　四川广安　638000）

摘　要： 近年来，随着教育和科技事业的发展，虚拟校园漫游系统的开发已成为各类学校建设中的一个重要项目。通过该系统的开发和应用，能够为校园建设及宣传、师生学习和生活等多个方面产生积极的影响。本文从虚拟校园系统的含义和意义谈起，就其具体的开发路径进行了具体的分析。

关键词： 虚拟校园漫游　意义和含义　开发途径

1 虚拟校园漫游系统的含义

虚拟校园漫游系统，是计算机虚拟现实技术的衍生品。从上个世纪80年代开始，虚拟显示技术逐渐在一些发达国家中兴起并运用，到今天，其已经广泛运用于城市规划、室内设计者、交通模拟、远程教育等多个领域，对整个社会的发展和人民群众的生活产生了多方面的积极影响。虚拟校园漫游系统则是即利用该项技术，对整个校园场景进行逼真的再现，既能够满足使用者参观、了解、互动等需要，同时也能够获得一种沉浸感和身临其境之感。

2 虚拟校园漫游系统的意义

虚拟校园漫游系统的开发和运用，是一个学校建设及发展的切实需要，并有着以下几个方面的积极意义，首先是促进学校宣传和发展。学校对外宣传及形象的树立，对学校的发展有着至关重要的意义。特别是在网络技术飞速发展的今天，利用互联网、手机等了解学校，已成为人们的普遍选择。通过虚拟校园漫游系统，能够让人们足不出户，就可以直观、具体地观察与了解整个校园，包括教学楼、操场、雕塑等校园中的各种建筑物等，都可以栩栩如生地展现在眼前。相比于之前的纸质宣传、现场宣传来，这种宣传方式无疑是更为便捷、环保，并有着突出的宣传效果。其次是方便了师生的学习和生活。从当下的实际情况来看，很多学校或者有着多个校区，或者正在对学校进行拆迁建设等，由此也给师生的学习和生活

[①] 作者简介：王雪松，男，1977年生于四川广安，大学本科，广安职业技术学院副教授，广安市美术家协会副主席。基金项目：本文系2015年四川省科研创新团队项目《虚拟校园漫游系统应用研究与开发》研究成果，课题编号15TD0041。

带来了一定的不便。而通过虚拟校园漫游系统的开发与利用，则可以将各种信息直观地展示出来，包括整个校园的布局、各种信息的发布等等。而且在此基础之上，还可以通过本地链接的建立，让师生了解到最及时的信息。比如，有的学生想要了解自习教室的使用情况，就可以利用该系统来查看哪些教室处于空闲状态等。又比如可以打造移动课堂，让学生在虚拟教室或实验室内学习，以极大提升学生的学习兴趣。

3 虚拟校园漫游系统的开发

虚拟校园系统的设计并不是一朝一夕之功，而是一个系统、复杂的工程，所以第一步要做的就是对整个流程进行梳理与界定，然后按照流程一步步地扎实向前推进。从当下的实际情况来看，3dsMAX 和 Virtools 是较为主流的两款设计工具，能够充分满足设计的需要。除了这两款软件之外，Photoshop 和 AutoCAD 也是必不可少的。在选定了制作工具之后，整个流程可以分为素材的收集和整理、三维模型创建和优化、贴图和烘焙、交互功能设计和发布系统五个环节。

3.1 素材的收集和整理

任何设计都需要以丰富而详实的素材作为基础。在虚拟校园漫游系统的设计中，必须要对校园的各种信息进行全面的收集和处理，为系统的开发提供依据。具体来说，首先是对校园各个建筑物平面图和立体图的收集，如果这两种资料不够详实、准确，还要进行实地测量。其次是利用 AutoCAD 软件对各类建筑物进行二维平面图的绘制。再次是利用高像素的数码相机对整个校园建筑和景观进行拍摄，方便进行三维建模时的对比和纹理贴图处理。最后是收集各类贴图，如绿化类贴图、道路类贴图等。在整个材料设计中，也应该对各类网络软件进行合理的利用，如 GoogleEatrh 和百度街景等。只有进行全面的素材准备，才能为制作出比例正确、大小适中的场景模型打下坚实基础。

3.2 三维模型的创建和优化

三维模型的优劣与否，对于整个系统的视觉表现和运行有着重要影响，所以在其构建过程中要尽可能地准确。对此，可以利用 3dsMax 所包含的多种建模方法，根据设计对象的不同而有针对性地进行处理。比如在校园建筑物的三维建模中，因为各类建筑物是组成校园的最主要部分，所以在整个系统中所占据的比例最大。对此，应该采用实际比例进行创建。可以将之前绘制好的 AutoCAD 图导入到 3dsMax 中，3dsMax 所具有的三维布尔运算、曲面变形、倒角、放样等功能，都是建模的利器。至于建筑物中的常见部件如门窗、楼梯、栏杆等，则可以利用 AEC 工具来批量制作，然后再根据实际需要进行精确的调整。又比如在地形与环境的三维建模中，主要采用样条线的方式进行处理，可以在二维平面图的基础上添加或删除定点，然后控制定点进行细节的调整，再通过修改器添加指出命令，最终将其转化为三位模型。在环境创建中，天空是最为简单的，只需要制作出一个足够大的球体即可，而校园植物的种类繁多，不可能一一去表现，对此可以利用 3dsMax 的森林模型插件采用贴图的方式进行处理。当三维模型基本构建完毕之后，则要对其进行优化处理。因为整个系统的运行速度和稳定性与三维模型的面数是密切相关的，如果面数过多，则势必会加重机器运行的负担，出现卡顿等现象，难以满足用户的需求。所以，整体数量一定要控制在一个合理的范围内，要在不影响整体效果的质量下进行有针对性的削减，如建筑物的底面、墙壁的内面等都可以省略掉，并防止两面重叠、相交等错误的出现。

3.3 贴图和烘焙

当三维模型构建完毕后，就像是一座房子已经基本建设完毕，下一步则需要对其内外进行装修，也就是贴图和烘焙了。在材质贴图方面，虽然 3dsMax 软件中包含了各种渲染器，但是如果一味地依靠软件，则很容易产生死板机械的效果。所以，应该采用自己实地拍摄的手法，然后将照片用 Photoshop 进行有针对性的处理，如色彩、亮度的调整、无缝制作等。而且需要注意的是，当下数码相机的分辨率都比较高，拍摄出来的照片体积较大，往往有十几兆，如果直接使用这些场景素材的画很容易影响到整个系统的运行速度，所以要在保证画面效果的前提下，对图片进行瘦身处理，比如可以将图片处理为 JPG 或 PNG 格式，并依照显存规律对其进行调整等。此外，在大小贴图的选择中也要严格按照现实情况进行处理，比如天空、建筑物的屋顶、湖泊等，都要采用大贴图的形式。而道路、台阶、围栏等，要采用小贴图的形式等，并尽可能地充满空间，以避免不必要的浪费。在烘焙方面，先是设置好灯光，然后选择 3dsMax 中的光跟踪器，在选择了合适的灯光效果后，再选择烘焙对象，得到带有光影效果的完整的烘焙图。需要指出的是，由于整个系统中的表现对象众多，所以在烘焙方面也要做到有选择性，只需要将事物的正面进行烘焙处理即可，而对于那些没有处理过的地方，可以采用辅助灯光，用亮光来照亮阴暗面。

3.4 漫游和实现

从当下主流的虚拟漫游系统来看，整个漫游方式包括三种，即手动漫游模式、自动漫游模式和鸟瞰模式。手动漫游模式是指通过 Virtools 脚本的添加，可以让用户利用鼠标和键盘进行有选择性的操作，从而达到自由浏览的目的。其要求是一定要细致，并努力提升其自由度，不能使其成为一个摆设。自动漫游模式是在设计中规划出相应线路，自动进行展示和游览。具体来说，可以根据实际情况选择 Curve 路径，然后将路径约束命令指定到这条路线上。再将摄影机安置在这条线路上来。整个线路设计既可以是一条，也可以是多条，均采用同样的制作方法。鸟瞰模式是指在场景的顶端架设摄影机，再为其指定路径，再以俯视的形式进行浏览，虽然不如手动游览模式的互动性强，但是却可以有效地节约资源，具体来说，可以打开摄影机的参数对话框，勾选手切命令，通过 FarClip 的合理范围参数来实现。

随着教育事业的发展，校园虚拟漫游系统的价值与意义也得到了广泛认可，所以从学校的实际情况出发，开发出合理、先进的校园虚拟漫游系统，也成为学校数字化建设过程中的一个关键环节。作为设计者来说，一方面要对现实需要有明确的认识，并对现实情况有全面的把握和分析；另一方面则要提升自身的业务技能，通过不断的学习和探索，将一些新的理念与技术等运用到设计中来，使整个系统始终处于动态发展中。从这个角度而言，虚拟校园漫游系统的开发是永无止境的，也是每一个设计者所应该为之努力的方向。

参考文献：

[1] 刘占伟，卢静. 基于 VRML 的虚拟校园漫游系统的设计［J］. 河南工程学院学报（自然科学版）. 2010（02）

[2] 彭玉元，姜林晖. 基于 Virtools 的三维虚拟校园漫游系统的实现［J］. 广西工学院学报. 2009（04）

[3] 张荣华. 几何建模技术在虚拟校园漫游系统开发中的应用［J］. 计算机工程与设计. 2008（23）

[4] 施贵刚，程效军. 网络虚拟校园三维建模方法研究与实现［J］. 工程图学学报. 2008（02）

基于高职学生创新创业行为引导策略研究①

向大众

(恩施职业技术学院 湖北恩施 445000)

摘 要：大学生已成为当前"双创"群体中最活跃的组成部分，而积极引导更多的大学生融入到"双创"潮流也成为高职院校的重要使命。针对高职学生的特点，需要营造优秀的校园"双创"文化、出台更加积极的创业促进政策、充分发挥大学生创业典型的示范作用，强化学校对大学生的创新创业教育，搭建学生"双创"实践平台等措施，让更多的青年学生走上成功创业之路。

关键词：高职学生 创业文化 创业政策 创业典型 创业指导

在全国"双创"大潮中，大学生已成为创新创业群体中最为活跃的部分。作为构成大学生创新创业群体重要参与者和实践者的高职学生，其作用与贡献得到进一步彰显，一批高职学生的成功创业实践正在向社会展示着他们的人生价值，但从高职学生这一创业群体来看，还存在着诸多不足，表现在高职学生虽然属于大学生，但受文化基础薄弱、综合素质不高、大学学制有限等因素影响，仍然存在着创新创业意识不强、所选创业项目技术含量不高、对创新创业项目的驾驭能力有限，成功创业人数在学生中的比例偏低且多为生存性创业的等现实问题。针对高职学生创新创业现状，积极研究高职学生群体的创新创业规律，加强观念引导、注重技术指导，积极构建进一步推动高职学生"双创"的工作策略，已成为高职院校在新的历史条件下助推学生创新创业的重要职责。

1 创业文化薰陶

文化即人化，凡是有人活动的地方都有文化的生成。文化是高校创新创业教育的基础，它是指一切有助于创新创业教育的观念、理念、精神、行为规则、制度及其与之共生共存的各种物质因素的总和[1]。人们的创新创业实践过程也是创新创业文化的产生与积淀过程，每个创新创业的个体只是创新创业文化系统中的基本元素，单独的个体能否参与到创新创业文化的形成过程以及在这种过程中所体现出的态度与激情，又会受到创新创业文化氛围的影

---

① 作者简介：向大众，男，湖北巴东人，教授，硕士，恩施职业技术学院就业创业工作处处长，研究方向：大学生就业创业教育、经济管理。

响,创新创业过程与创新创业文化相互影响、相互作用,互为因果关系。由于文化本身有积极的文化也有消极的文化,所以,高职院校在其校园文化建设中融入"双创"元素时,需要打造的是一种积极向上的"双创"文化氛围,通过打造校园"双创"文化,旨在引导学生破除传统意义上"学而优则仕"的读书观,培育劳动光荣、敢为人先的创业观,树立勇于担当、乐于奉献的事业观,倡导立德强技、服务社会的成才观,建立与时俱进、追逐新知的学习观,弘扬团结友善、共赢发展的诚信观,打造利国为民、遵纪守法的法制观,高职院校的创业文化建设的目标是旨在要让创业文化成为引领学生转变就业观念、立志成人成才的优质土壤,高校创业文化建设,重在有效发挥校园创业文化对学生成人成才的潜移默化功能,消除单纯以利益为导向的教育价值取向,需要准确把握创业精神教育这一主题,广泛运用宣传媒体和课堂教学舞台,实现创业教育与学生思想政治教育、创业教育与专业技能教育相结合,要用广义的创业概念视角,科学传播创业教育理念,使校园创新创业文化成为学生积极向上的正能量,鼓励青年学生立志成才,成为敢于担当的时代精英,特别是高职学生更需要从创新创业文化中感受到发展的自信,增强学生通过自身努力实现可以成才、能够成才的梦想。

2 创业政策推动

大学生创业群体属于弱势群体,这种弱势主要表现在,一是观念的弱势,受传统的成才观影响,加之应试教育模板的雕刻,在创业与就业的选择上,就业的毕业生比例要显著高于创业的人数比例,这种比例偏差的出现与当前大学生的择业观念有着密切关系,缺乏就业创业观念与社会需求的对接,与社会进步的潮流相对接;二是经验弱势,大学生都是经过高考筛选出来的群体,从学校到学校,缺乏社会阅历是其共性,而创新创业则是要面对社会、面向需求的实践性强且带风险的行为,大学生往往缺乏社会经历和经验,不可避免地出现在创新创业实践中存在着"纸上谈兵"的尴尬;三是资源弱势,创业实际上就是在一定资源支撑下的机会识别与运用,显然,对于梦想创业的大学生们存在着有形与无形资源短缺的基本事实,为此,为了鼓励、支持更多的大学生成功创业,国家及各级政府相继出台了支持大学生创新创业的系列优惠政策,这些政策主要涉及费用减免、税收优惠、融资支持、社会服务等方面。系列政策的出台与实施,对于助推大学生走上自主创业成功之路有着重要帮助,这些政策的立足点体现于创业实践、创业行为、创业活动过程,具有鲜明的大学生创业行动导向[2]。但是,现有的政策存在着需要进一步优化的地方,如:大学生创业享受的财政贴息贷款政策,能够极大帮助大学生的创业解决资金难题,但在实际操作中,往往会出现先要参加政府公共就业部门的SYB创业培训方可获得,而这种培训形式与内容是否符合大学生的实际,将这种培训作为大学生获得政府支持创业资金贷款的必要条件还是充分条件值得研讨。作为创业主体的大学生,存在着个体之间的差别,是否需要培训、需要培训什么、何时参加培训完全取决于学生本人的自身实际,而现有的做法有可能使有意创业的学生因为资金短缺而又要先经过一段时间培训错失商机,也有可能因为意向创业学生自认为参加价值不大的培训，但又受资金困扰而放弃创业行动等等情况的发生。显然，对于大学生创业不能认为是学生自己的事，它也是政府的事，更是能够带来多方受益的事，针对新时期大学生群体的创业政策支持，一方面需要充分发挥创业政策的导向引领作用，杜绝政策执行中的不必要"附加条件"；另一方面则需要进一步完善政策，出台能够激发大学生创业的动力导向相关政策措施，如：加大支持高校的创业教育政策支持的力度，进一步提供高校改善大学生创新创业基础条件的资金支持，将大学生创新创业教育成果作为用人单位选人用人招录大学生的必要条件等，通过政府政策导向与支持，形成人人关注大学生创业、人人支持大学生创业、人人参与大学生创业的新格局。

3 创业典型示范

高职学生作为大学生的一个类别，事实上是高考成绩差但又有求学深造意愿的学生在读高职，与本科学生相比，虽同为大学生，但因文化基础薄弱，从而表现出心存梦想，又自我感觉信心不足，既期盼未来有一个好的发展，但又存在自我定位不清等实际情况，然而，高职学生的文化基础不扎实并不代表情商智力低下，究其产生的原因往往有多个方面，如家庭影响、优质教育资源供给短缺等等。结合高职学生实际，学校需要将创新创业教育视为激发学生立志成才的重要途径，将创新创业教育作为增强高职学生自信心的重要手段，特别是充分挖掘与发挥创业典型的引领示范作用，对于提升高职学生的自信有着其他不可替代的作用，其中的关键又在于做好大学生创新创业典型案例的选择与运用，从而实现帮助学生启发思路、增强信心、激发斗志的目的，但从现在的情况看，众多高职院校也常运用这种方式激励学生，但是却常因所选案例素材层次偏高，易使高职学生产生可敬难学现象，存在距离感。如比尔盖茨等人是标杆、是榜样，但太伟大，毕竟是少数，对于我们的在校高职学生而言，因基础不同，观念与现实差距客观存在，使得学生感觉难学、难作、只好不学。如果学校能够做好对本校毕业生就业创业典型的宣传引导，情况将会另样，由于学院自己培养出来的就业创业典型，同学们会存在亲近感，有些甚至就是乡邻，经过老师对其事迹的加工解读，能使广大同学产生能学、可学，其效果自然不同寻常，就会对学生创新创业产生积极影响，因此，通过对学校自身培养出来的优秀毕业生的创新创业事迹的宣传，应成为高职院校引导学生创新创业行为的重要策略，在具体工作中，可以通过以下途径来实现。一是毕业生就业创业典型事迹收集、筛选并使之成为工作常态；二是就业创业典型案例进课堂。要在教学组织中，通过教师精选出本校毕业生中的就业创业典型案例与教学过程、教学内容相结合，体现就业创业典型在学生成长中的导学功能；三是就业创业典型案例进入育人环节，要用毕业生就业创业典型案例启发学生成人成才；四是构建就业创业典型案例宣传平台；五是开展优秀毕业生返母校活动，通过毕业生与在校学生面对面沟通交流，激发学生求学上进热情。

4 深化"双创"教育

创业是一项充满风险而又赋有激情的行为。在创业的实践过程中，创业者会涉及诸多知识的融合运用,而现在高校的专业教育知识多以课程分散在教学的各个环节,知识的碎片与割裂带来学生的学习成绩与实际运用存在匹配度低的现实,同时,创业的过程也是大学生对所学知识的整合过程,学生需要围绕创业项目将所学碎片知识融为一体,显然,大学生的创业不仅需要具有风险意识,拥有敢于拼搏的精神,同时也需要具备相应的知识与经验积累,大学生创业所面临的这些问题,就需要高校通过创业教育模式创新来有效落实,其根本途径就在于构建适应大学生创业行为需要的创业指导体系,贯彻落实好《国务院办公厅关于深化高等学校创新创业教育改革的实施意见》(国办发〔2015〕36号)文件精神,一是创新人才培养机制。修订人才培养方案,将创新创业教育融入高技能人才培养全过程,建立专业交叉培养学生创新创业能力新机制,促进专业教育、学生实习实践与创新创业教育有机融合;二是推行"双创"育人项目化。坚持实践育人工作导向,推行"项目+学生团队+指导教师"育人模式,不断拓展创新创业教育内容、载体和途径,突出学生以"双创"为核心的综合职业素质培养;三是拓展利用现有实训室功能,采取分散与集中相结合的方式,分别建设大学生创新工作室、创业实践区等大学生创新创业实践训练基地;四是构建"双创"课程体系。按照依次递进、有机衔接、科学合理、分层分类的原则,建立创新创业教育专门课程体系和融合创新创业教育的专业课程体系,满足学生对创新创业教育的差异化需求;五是推行实践教学"两位一体"。强化创新创业教育实践教学环节,构建大学生创新创业素质培养与专业技能训练"两位一体"实践教学体系,在学生实验实践项目中,增加综合性、设计性、创新性实验内容,注重课内与课外、校内与校外的有机结合,着力打造学生的"工匠"精神,突出学生实践技能训练;六是深化教考模式改革,突出实践训练成果,并积极推行创业导师制、工艺学徒制,鼓励高职学生参加各种科技项目,开展创新创业活动,激发学生创新创业灵感与批判性思维。推行学生任务式学习,增加学生课外自主学习量与课外作业的探索性;七是培养"双创"师资队伍。建立专兼职相结合的创新创业师资队伍,聘请创新创业成功者、企业家、风险投资人等优秀人才,担任创新创业课兼职授课或指导教师,开展赋有针对性的创新创业教师教学能力专题培训,提升教师执教水平;八是实施"以赛促学"工程。教学专业设立校内专业竞赛项目,并与省级、国家级竞赛相衔接。高职院校只有通过专业教育与创新创业教育相融合,实施人才培养模式的创新,才可能有效提升学生的就业创业能力。

5 创业服务跟进

大学生自主创业难度大,他们往往缺乏合适的创业项目、必要的创业资金、营销能力、管理能力、融资能力、社会经验等[3],特别是高职学生创新创业受能力等因素的影响更加明显,创业实战困难更多,在其创业实践过程中,需要政府的政策强有力支持的同时,也需要社会各方的关心理解与支持,更需要学校做好配套性服务工作并及时跟进,只有学校做到对创业学生"扶上马,送一程",对创业行动的学生做好跟踪服务,才能够进一步增强学生创新创业信心,从而提高学生创新创业成功率,学校也只有通过搭建为学生的创新创业服务平台，才能保证高校的创新创业教育工作更好的落地生根，在具体服务工作中，一是建立相应机构，配备相应人员，帮助创业学生证照办理、协调政策落实，开展专业技术指导，为其创业解难答疑等服务；二是开放专业实训室，延伸专业实训室功能，实现专业技能训练向创新创业能力培养拓展；三是建立大学生创新创业基金，规范程序、明确用途，为创新创业学生提供必要创业启动资金支持。高职院校对大学生创新创业服务是学校创新人才培养模式的重要内容，也是高职院校转型发展，提高人才培养质量的有效途径。

6 社团活动引领

大学生成功走上自主创业之路需要具备多种能力和较强的综合素质，而这些能力与素质的形成往往难以在课堂的学习中实现，它需要通过在各种实践活动中训练才能得到锻炼提升，其根本原因就在于创新创业是一项实践性很强的工作。创新创业活动的实践特征，体现在目的上，是商业价值发现和创造的指向；体现在主体上，是创新创业精神、意识和能力等独特个性的展示；体现在手段上，是新手段运用张力的缓解[4]。创新创业的这种实践性特征就决定大学生创新创业梦想的实现必须有相应的实践训练平台作为支撑，大学生只有通过利用实践训练平台才能形成创新创业所需能力，而在有助于大学生创业素质与能力提升的诸多平台中，大学生社团应是一种学生参与度高的学习交流实践平台，高校有必要组织好学生社团并引导支持社团活动健康运行，发挥学生社团对学生创新创业的积极功能，在具体操作上，一是明确学生社团管理部门并规定其职责；二是提供一定资金支持，为学生社团活动提供便利；三是配备相应教师参与学生社团活动之中，重在观念引导、专业指导；四是运作好各种赛事，培养学生竞争意识；五是积极组织创新创业为主题的沙龙活动等，并做好学生社团活动与学生的各种学习任务有机结合。

总之，大学生成为创新创业的时代主体，深化创新创业教育工作是高校落实国家创新驱动发展战略的重要举措，高校特别是高职院校结合生源特点，有必要多方施策积极引导学生主动融入时代潮流，帮助更多学生创新创业，从而实现创业梦。

参考文献：

[1] 秦虹，张武升. 高等学校创新创业教育的文化基础研究[J]. 西南大学学报（社会科学版）. 2016（1）：76

[2] 朱广华，陈万明，沈如前. 大学生创业教育、创业文化与创业政策的反思与调适[J]. 高教探索. 2015（5）：123

[3] 李良成，张芳艳. 创业政策对大学生创业动力的影响实证研究[J]. 技术经济与管理研究. 2012（12）：41

[4] 肖昊，白丽. 论创新创业活动的实践特征[J]. 华南师范大学学报（社会科学版）. 2015（6）：123

高职院校大学生创新创业教育与实践研究①

高 斌　刘永建　李 健

（常德职业技术学院　湖南常德 415000）

摘　要：针对高职院校大学生创新创业教育现状，通过对高职院校创新创业教育工作现状分析，从提高大学生素质与创新创业能力入手，把加强创新创业教育实践作为高职院校的一个重要研究课题。基于多年来对高职院校大学生创新创业教育的实践和研究，通过建立完善的创新创业教育体系和帮扶机制，创新高职院校大学生创业实践模式，坚持创新创业教育实践与大学生所学专业和兴趣有机结合，行之有效的开展高职院校创新创业教育。本文对高职院校开展创新创业教育教学改革与实践具有重要的指导与借鉴意义。

关键词：高职院校；创新创业教育；体系；模式；机制

　　创新创业教育的主要内容包括创业意识、创业知识、创业能力和创业心理品质。创业意识包括创业需要、动机、兴趣、理想、信心和世界观的培养[1]。目前，国家和地方政府都出台了大学生创业相关激励政策，各地政府和部份高校也建设了创业孵化基地，每年也举办了创新创业大赛，总的来说是规划项目多，实践项目少；投入项目多，成功项目少；高校大学生众多，参与创新创业的少。不管是在校大学生还是毕业大学生，参与者多是处在一种自发状态，很多高校还处在只有极少数学生参与的赛事层面。因此，如何从基础环节——大学生创业教育开始，增强大学生创新创业意识、培养大学生创新创业能力、走上创新创业之路，成为新形势下高职院校响应中央号召，实现"大众创新，万众创业"的历史使命。

1 高职院校创新创业教育工作现状

1.1 国内外创新创业教育发展历程

　　国外大学生创新创业教育始于 20 世纪 70 年代，大多数发达国家都很重视。我国创业教育起步较晚，始于 1997 年清华大学的首届"创业计划大赛"。1991 年教育部《面向二十一世纪教育振兴行动计划》正式提出加强对教师和学生的创业教育，创业教育才正式起步。

---

① 作者简介：高斌，1965 年，男，湖南汉寿，副教授，硕士学位。

历经近 20 年,但仍没有形成完整的切实可行的大学生创新创业教育体系和实践模式,还处在创新创业项目自发产生、创新创业赛事引导层面。

1.2 高职院校创新创业教育存在的问题

一是高职院校创新创业教育重视程度不够。大多数高职院校均由中专升格转化而来,中专教学的影子依然存在,创新创业教育起步晚,认识不到位,多数学校没有成立创业中心,甚至没有设置一个部门统筹管理创业教育[1]。

二是创新创业教育资金投入严重不足。部分高职院校办学条件距教育部人才水平评估尚有很大差距,基础设施建设仍有很大资金缺口,实践性教学投入也很少。因此,许多院校创新创业教育资金投入严重不足,仅限于创业计划书的设计大赛、鼓励学生摆地摊练手等初级创业活动。社会和地方政府也是一样,往往带有功利性,只投时间短见效快的项目。对创业教育鼓励多、投入少。

三是创新创业文化氛围欠缺。在高职校园内创业文化氛围极度贫乏,没有将创新创业教育上升到文化高度去挖掘、积累、创新。大学生创业社团和大学生创业教育组织机构很少,创业政策及激励机制没有有效建立,大学生职业生涯规划设计大赛和创业规划大赛没有在学生中普及,校园内没有形成创新创业气候[1]。

四是师资队伍、课程体系严重滞后。没有针对创业师资的培训计划,担任创新创业课程的教师,大多数没有自身成功创业的经历,对企业运营和管理不熟悉,基本由公共课教师转化而来,他们缺乏创新创业教育专业训练,既缺乏理论素养,也缺乏实战经验,进而创新创业课成了思想教育或就业指导课。教师结构简单,双师型教师更是少之又少。企业及社会资源利用不够。目前,教材也缺乏系统性和权威性,不是东拼西凑就是照搬国外课程,缺乏区域和校本特色。许多院校没有开设相关课程,只停留在讲座上[1]。

五是创业实践基地严重短缺。大多数高职院校没有专项创新创业教育经费,更没有开辟创业教育实践场地,只停留在口头上,还有的与专业实训基地共挂一个牌子,应付上级检查和评估。

六是创新、创业教育社会外部环境不完善。外部环境主要指国家政策、风险机制、银行贷款、税收减免等方面还没给自主创业,特别是初始创业者以非常优厚的待遇,没有造成鼓励自主创业的声势和影响,不利于毕业生大胆创业。

1.3 高职院校学生创新创业实践存在的问题

许多高职院校毕业生在校因为没有接受过创新创业教育,毕业后有创业热情但无从下手,或在创业初期项目夭折,没有发展起来。问题主要出在以下几个方面[2]:

1.3.1 盲目选择创业项目

创业项目选择应该在综合评估的基础上进行,它包括:第一,创业项目的可行性和初期的市场前景;第二,建设条件是否具备;第三,创业项目的技术路线和创业方案的经济性分析;第四,项目的社会效应综合分析。许多学生仅凭创业热情,盲目选择创业项目,不懂得综合评估，不仅成功的几率非常低，而且还会挫伤以后的创业热情。

1.3.2 不会制订创业计划

创业计划书对于创业成功与否非常重要，书写、整理、草拟的过程就是深思熟虑、考察项目可行性的过程。高职院校学生如果没有老师指导几乎没有人能独立完成创业项目计划书的撰写。一是文字功底不够；二是对计划书中公司管理、市场营销、财务管理、市场风险综合分析等方面的内容，他知之甚少，分析思维能力不够[2]。

1.3.3 不会组建创业团队

创业团队的组建是否合理，对于创业成功，特别是初期创业影响很大。创业团队类型可分为两大类：第一，核心主导型团队。这种类型一般是团队中有人构思一个创业创意然后按自己的要求来组建。第二，群体性团队。根据彼此共同兴趣共同进行创业的创意和商机探讨，达成共识后开始行动。如果团队没组建好，匆忙上项目只会忙得一团糟。因此，组建创业团队，队员的专业结构、知识结构、能力结构要做到科学合理[2]。

1.3.4 创业能力和创业经验不足

不具备创业能力和创业知识，缺乏企业管理经验，使得创业项目风险加大，成功率降低。

2 影响高职院校大学生创新与创业能力培养的因素

高职院校学生是市场、企业需要的有一技之长的高素质劳动者，或技术应用性专门人才[3]。在新形势下，创新创业教育则是对这些学生提出了更高的要求，也对高职院校师质提出了更高的要求，从合格劳动者、应用型人才到创新创业型人才是一个质的跨跃。

客观分析高职院校大学生素质是构建完整的创新创业教学体系的前提，一切从实际出发，因才施教，才能保证创新创业教育的可行性。只有根据本校学生的基本能力素质和专业素质才能制定出切实可行创新创业教学的内容和实践模式。

高职院校录取的学生几乎全部是三本线下的高考学生，除少数国家级重点职业院校外，大部分学生高考分数在400分以下，有的地市级职业院校大部分学生高考分数在300分以下。他们有的对课本教学理解力较低，兴趣不浓；有的因没有感受良好的家庭教育、受外界环境影响养成了不良的学习习惯和生活习惯，社会价值观扭曲[3]。

2.1 部分学生思想品德素质不高

表现在对政治学习、养成教育不感兴趣，以个人为中心，思想偏激，责任感、使命感不强，不思进取。尤其是家庭美德和社会公德方面存在缺失，如缺乏公共卫生意识，在学习、生活上表现出不诚信，重视个人利益，轻视集体利益，团队意识差等[3]。

2.2 学习目的不明确，学习兴趣不浓

调研发现，多数高职学生对就业方向茫然，学习目的不明确，对有关理论知识的学习仅仅是为了应付"考试"，而没有真正从观念上将之视为专业之根、未来就业之基。大多数高职学生在中小学教育阶段养成了自由散漫的习惯，缺乏好学好问、奋力拼搏的进取精神，平

时自修时间玩手机的多，典型的"低头族"。"得过且过，顺其自然"继续成为他们的逃避方法和被动应对的方法。

2.3 文化基础薄弱

高职院校的录取分数相对较低，学生的文化基础是相当薄弱的。进入高职院校后，面对新的学习课程新的知识体系，很难掌握和理解所学的知识，又跟不上老师的上课进度，可以说高职学生在新的学习过程中所碰到的困难比中学时的学习困难更多[3]。大部分学生写不出一份合格的请假条、借条、通知，更不用说写计划、总结、市场调研报告了。

2.4 普遍存在心理问题

据报道，我国有20%的高职学生存在心理障碍。高职学生多为高考的失败者，因为高考不理想而自卑，心理素质普遍脆弱，在学习生活上有挫败感，因此容易沉迷于网络游戏，以致迷失方向；再就是缺乏自信，性格孤僻，对前途感到迷茫和困惑；人际关系敏感、抑郁、偏执、自卑、自我封闭；不能正确面对挫折，有较强的失落感和焦虑感等，以致产生扭曲心理，严重的甚至产生过激行为。这些思想和行为的存在，是高职学生素质教育中不可忽视的问题[3]。

3 提升高职院校学生创新创业教育与实践的措施

3.1 提升高职院校学生素质

尽管高职学生存在这样或那样的问题，但教育和培养这些学生是高职院校的责任。通过深入的了解就会发现，高职学生中有的情商较高、有的思维活跃、有的有想法有胆识，有的独立能力强。学生每个人都有他的发展方向，关键是我们怎么样去引导他，让他朝什么方向发展。要求学生创新创业，我们的教学方法也要创新，共性教育与个性教育相结合，让他们将来在某一方面取得成功。

3.1.1 加强德育和人文素质教育

思想道德素质是素质教育的灵魂；一个人品德的养成，有三个来源：家庭的教育、学校的道德培养和知识灌输、社会的实践磨炼[3]。先学会做人，然后再做学问。思政科部的教师要多做一些讲座。学生工作部多组织一些相关活动，多请一些成功人士、优秀毕业生到校做一些演讲。有时引导比强制更有效。

3.1.2 加强学生综合素质的培养

我校每年的大学生招聘会后都会召开一次用人单位人才需求座谈会，从座谈情况分析来看，企业用人标准更看重大学生的综合素质和能力，如吃苦耐劳、献身敬业、知识面广、适应性强、良好的心理素质和一定的社会工作经验等。只专不活的人、"尖利"不合群的人、朝气不足的人、学无所长的人、缺乏个性和责任感的人、体弱多病的人并不受社会和用人单位欢迎。综合起来要加强以下几个方面培养：

一是专业能力的培养。专业教育是素质教育体系的内核，是学生职业素质培养的基础，是学生进行创新创业的知识储备。

二是人文素质的培养。人文素质是大学生最根本、最基础的素质，是创造和谐人际关系关键；身心素质是素质教育的载体，良好的心理素质是内化专业知识和创新意识的必要主观条件，对学生接受素质教育有着直接的影响[3]。

三是学习能力的培养。大学期间，学习专业知识固然重要，但更重要的还是要学会独立思考，解决问题的方法，掌握自修之道。通过推荐一些与创新创业项目有关的书目，引导学生有目的的、自觉主动的去学习。

四是创新创业能力培养。创新创业能力是人们发现新问题、解决新问题和创造新事物并付之于实践的能力。教师要引导学生正确运用求异思维，鼓励学生遇到问题，深入思考，打破常规、力求从多角度、采用多种方法，充分思考、独立解疑、自觉探究。用成功创业者的现身说法激化学生的创新创业热情；用贴近学生生活、贴近学生专业、贴近学生能力的教学方法和实践内容提高学生创新创业的自信心，切不可追求高大上，让他们觉得遥不可及，打消他们的积极性。

五是学生素质拓展。学生要达到创新创业的水平，仅有专业知识和专业技能是远远不够的，通过各种实践活动着力培养学生团队精神和沟通能力，增强学生身心健康素质，提高学生语言表达和文字写作能力，信息收集和处理能力，组织管理能力，策划能力等等，为大学生从事创新创业打下坚实的基础。

3.2 构建高职院校创新创业教育体系

高职院校应根据学生的素质，结合学校的专业建设，构建高职院校创新创业教育体系。创新创业教育是一个系统工程，要理顺各个环节的关系，明确各教学部门和教学辅助部门的任务，通过建立完善的创新创业教育组织体系、教学课程体系、教师培训体系、项目评审体系、项目指导体系、项目实施体系确保创新创业教育的顺利实施。

3.2.1 建立完善的创新创业教育组织体系

高职院校必须把创新创业教育作为人才培养战略的一部分，与人才培养和教学改革有机结合。成立一把手任组长的创新创业教育领导小组，相关职能部门共同参与。由专业教研室组织创新创业项目的实施，由专业创业导师对项目小组进行全程指导。围绕目标，分工合作，共同支持创新创业教育工作。领导小组定期围绕创新创业教育召开研讨会、协调会。

3.2.2 完善的创新创业教育课程体系

以科学发展观为统领，构建复合式课程体系。科学合理的创新创业课程体系主要包括理论课程体系和实践课程体系。

理论课程体系包含三个模块。第一个模块是基础课程，包括创业学、创新理论、风险理论、企业管理理论。通过这个模块帮助学生搭建合理的知识结构，加深对创新创业教育的理解。第二个模块是核心课程，包括创业管理、创业团队、创业财务、机会识别、创业计划书、创业市场营销等，这个模块帮助学生深入了解企业运营管理。第三个模块是交叉课程，包括经济学、管理学、心理学和金融学等课程，这个模块让学生明白交叉学科的作用。以上三个模块，既有独立又有交叉，是多学科组合的跨学科课程体系[4]。由于高校的必修课时非常紧张，全部深入的讲解是不现实的，学校组织相关专业的教师一起研究讨论，将三个模块中与创新创业直接相关内容缩编成校本教材，以必修课纳入教学过程中，其他相关知识可列出参考书名目供学生自学。

创新创业教育是实践性很强的课程，实践课程体系既包括教学实践，也包括真实的课外创业实践。通过实践教学环节激发学生创业热情、培养学生创业品质、提高创业实践能力和创新精神。通过实践学习使学生真实地体悟创新创业精髓。在实践环节可通过职业生涯大赛、创业设计方案大赛、实际创业项目、到企业见习实习或顶岗实习等方式鼓励大学生边学边做，不断提升自身能力。教学内容既要体现开放性，又要体现灵活性的特点[5]。

3.2.3 构建创新创业教育导师管理体系

教师是学生创新创业的引路人，要提升学生的创新创业能力首先要提升教师的创新创业能力，要定期组织各专业教师进行创新创业导师的培训，高职院校应把教师专业技能水平、创新创业能力作为评定职称的重要内容，鼓励教师多搞创新发明，组织教师利用假期进行社会调研、到相关企业进行实践学习。伟大领袖毛主席说"实践出真知、实践长才干"，创新源于实践。要让大部份教师具有指导大学生创新创业的能力，成为大学生创新创业的导师。

（1）提高本校教师理论水平，建设一支科研型、具备创新精神的教师队伍。一是制定师资建设规划，有计划地做好教师参加创业教育方面的培训和学历提高工作，同时加大学科带头人、骨干教师培训投入，不断丰富授课教师知识结构。二是定期安排教师到企业实习、见习，了解企业管理流程，提高教师的综合素养和课堂教学针对性。

（2）聘请企业管理人员来校做兼职教师。为加强实践教学操作性，既可聘请创业投资专家、企业发展咨询顾问、企业管理人员来学校做兼职教师，也可以聘请企业家、创业典型人物、成功校友等来校讲座，树立科学民主的教育思想，营造良好的大创新创业氛围[5]。

（3）建设"双师型"队伍。充分利用企业兼并、重组、产业结构调整之机，引进一批符合教师条件的专业技术人员充实教师队伍，借此改善师资结构，彻底改变不合理现状[4]。

3.2.4 建立项目评审体系

创新创业的成功源于一个好点子、一个好的发明、一个好的思路，也就是说一个好的项目。要在全校范围大力挖掘创新创业的好点子，形成好的项目。一是定期收集师生中的好点子；二是组织创新创业点子师生研讨会，集思广义；三是组建创新创业小组，学生在指导老师的指导下将好的点子整理成创业项目计划书；四是组织校内外专家对项目计划书进行评审，提出指导意见。

3.2.5 建立项目指导体系

学生还处在学习阶段，创新创业的理论知识和实践能力还存在一定的局限性，有了好的点子、好的项目但不知如何着手，因此教师的指导是必不可少的。

大学生作为创新创业教育的主体毋庸置疑，但在实践中需要富有丰富经验的教师作指导,指导教师起着"导演"、"教练"作用,随时解决出现的各种问题。一是一个项目组成由一名教师主持,多个相关专业教师协作的专家团队。建立指导教师师资库,学生在校园网上能查到每个指导老师的姓名、电话、所在系部、专业、能给学生提供哪些方面的指导、向学生发布的创新项目。同时建立指导教师创业指导微信群,方便师生联系和交流;二是以学生为主体研讨项目的可行性,编写创业计划书,指导教师分阶段指导,提出意见和建议;三是指导学生进行市场调查,到项目相关的企业进行技术、生产、管理、营销、服务方面的考察学习;四是指导学生到工商、税务、银行等相关部了解企业申办的流程、融资渠道和融资方法、需要准备的资料、需要办齐的各种证照。五是指导学生进行引进风险投资的项目推介和现场答辩。

3.3 创新高职院校创新创业实践模式

学校可建立大学生创业园、创业市场、创业孵化和创新创业实训基地,解决大学生创业实践的空间问题,学校积极开拓社会资源,多渠道,广泛联系,推动企业联合搭建实践基地平台,组成创业载体。要把校内外实践基地办成教师教学的示范性场所,同时也是学生动手实践的阵地和创造经济效益的实体。实践基地必须坚持以项目带动活动,引导更多的大学生参与到创业项目中接受锻炼,体验真实的创业过程,提升学生自主创业能力和水平[5]。

对大多数学生而言,通过创新创业教育,能够培养开拓创新精神,提高创新创业意识和自身综合素质。就学生自身发展而言,有了这方面的教育,就业能力是一个大的提升,上岗以后对企业创新、企业管理、企业发展更为关心,对尽快进入角色更为有利。近年来,大多数用人单位除了要求员工努力工作,更看重创新精神和独立工作能力[6]。

对少部分学生而言,通过创新创业教育,对自主创业产生了浓厚的兴趣,结合自身和家庭情况,具备自主创业的条件,又具备创业相关知识,走自主创业之路不失为一种很好的选择。针对这部分学生建立以教师引导为主体,企业辅助、家庭传承、基地孵化并存的模式,一切从实际出发,才是行之有效的创新创业教育实践模式。

3.3.1 教师引导模式

指导教师向全校学生发布创新创业项目,组织对本项目有兴趣的学生进行创业项目方案征集,选出项目方案制定得好的、专业结构合理的学生给成创业团队。或是学生自主确定创业项目,组成创业团队,在创业导师师资库中选择相应的指导老师。指导老师对项目进行全程指导。

3.3.2 企业扶助模式

学生通过到企业实习和勤工助学加深了对企业行业的了解,从而发现了创新创业的项目,由学校出面协调,邀请企业专家参与到学生创业项目中来,聘请为校外学生创业导师,企业为学生创业项目提供技术、生产、供应方面的支持,扶助学生完成创业项目。

3.3.3 家庭传承模式

有的学生家庭是从事传统的种植、养殖、加工和商业。那么,学生可以利用现有的条件找到创业项目,通过引进先进的技术、先进的管理模式、互联网技术,将家庭产业做大做强。学校选派相关专业的指导老师,指导学生完成创业项目。就农村学生而言,他们很有可能成为未来的新型农场主。鼓励和促进农村学生回家创业对发展现代农业有着重要的意义。

3.3.4 基地孵化模式

目前,大部份高职院校开始建设和完善校园大学生创业孵化基地,学生可根据所学的专业、兴趣爱好在基地成立创业工作室,如设计室、网店、商铺等等,有的学生和企业联合设立校园销售网点。这都是学生创业很好的实践模式。走出校园他们就有可能成立相应的公司,实现大学生创业的梦想。

3.4 建立学生创业帮扶机制

创业不是一句口号,它需要行之有效的行动来实现,创业的成功率直接影响到创新创业的大局。成功,会激发后来者的斗志;失败,会让后来者失去信心,望而却步。效益是创业者赖以生存的基础,是创业者走向成功的扶梯。关注创业者、扶持创业者是学校、政府、社会的共同责任。大学生创业难免会在技术、管理经验、资金方面成在不足,学校、政府、社会要共同扶持大学生创业,确保大学生成功创业。

3.4.1 政府帮扶机制

在国家政策的指导下,地方政府创造性地落实大学生创业的有关政策,应从资金、政策、管理、场地等方面建立大学生创业帮扶机制。对高职院校创业导师培训、师资引进、创业孵化基地建设方面给予资金和政策上的支持。对辅助大学生创业的企业给予政策上的优惠。对低碳、环保、高科技可持续发展项目,可经过专家论证,根据不同项目和优惠条件给予适度帮扶,使创业项目顺利展开。组织行业专家定期深入有发展的重点帮扶企业,给予全方位指导,帮助弱势创业项目走出低谷[5]。

3.4.2 学校帮扶机制

高职院校要全面统筹大学生创新创业工作,也要在资金、政策、管理、场地等方面建立大学生创业帮扶机制。对在创新创业教育工作中做出贡献的指导老师,在创新创业工作中做出成绩的学生给一定的奖励。每年要扶持2-3个成功创业的典型。在学校、在社会产生积极的影响。

3.4.3 社会帮扶机制

政府建立企业协会帮扶机制。号召各工商企业成立创新创业促进协会,对创新创业项目在生产、技术、管理上进行帮扶。目前,我国个人申请的专利项目非常多,有很多是具有开发价值的,但专利成果的转变化率相当的低。一是企业特别是中小企业开发专利产品的技术、设备能力不够,怕担风险。二是专利人无力承担开发专利产品投入。政府应投入一定的资金鼓励协会企业促进大学生创新成果的转化,帮助大学生创业。

学校建立校企合作帮扶机制。通过加强与企业的深度合作,争取企业在生产、技术、管理上对大学生创新创业进行帮扶。

4 结束语

高职院校大学生创新创业教育是社会经济发展的必然要求,也是培养创新人才、全面提高大学生素质的需要。因此,高职院校创新创业教育应把提升学生素质,培养大学生的创新创业能力作为工作的重点,从而提高学生的就业竞争力,促进学生创新创业的可持续发展。

参考文献

[1] 邵作仁. 高职院校创新创业教育的现状及对策 [J]. 重庆电子工程职业学院学报,2010,(9):12-14

[2] 姚裕群,童汝根,李晓刚. 我国大学生创业教育实践、问题与对策 [J]. 井冈山大学学报:社会科学版,2010,(11):75-80

[3] 徐玲玲,高雪佳. 创业教育与高职教育人才的培养 [J]. 教育与职业,2005,(6)

[4] 王世华. 高职院校创业教育科学体系初探 [J]. 中国高教研究,2007,(2)

[5 李学伟 高职院校创新创业教育实践教学体系的研究 [J]. 继续教育研究 2012,(9):30-35

[6] 陈建华,赵振勇. 基于创新能力培养的创业教育教学模式研 [J]. 黑龙江教育:2010,(6):23-24

高职创业教育体系初探[①]

郭懿锋

(恩施职业技术学院　湖北恩施　445000)

摘　要：在"大众创业，万众创新"的政策背景下，新一代创业浪潮需要创业者有更高的教育层次，更好的职业素质，而各高校也在创业教育上探索着前进。高职教育由于其学生的的特点以及资源的相对弱势，创业教育的推进也有着不同于普通高校的困难与特殊性。在课程体系上要有更灵活的创业实践教育，在目标体系上应更符合高职学生的价值诉求，在管理体系上要利用更严谨的层级管理推进创业活力，在保障体系上要保证场地资金技术组织的全覆盖。

关键词：高职创业教育；课程体系；目标体系；管理体系保障体系

2014年的夏季达沃斯论坛开幕式上，李克强总理提出要借改革创新的"东风"，推动中国经济科学发展，在960万平方公里土地上掀起"大众创业"、"草根创业"的新浪潮，形成"万众创新"、"人人创新"的新态势，从此"大众创业、万众创新"成为新常态下中国教育的一个重点命题。高等职业教育培养的目标就是实用性高级人才，而有较全较高的知识架构，动手能力强适应性广的优秀高职毕业生也应当成为草根创业、实用创新的主力军。

在这种大背景下，高职院校树立以创业教育为核心的教育理念，通才教育为体系的教育目标，培养知识面较广、行动力较强、社会起点要求不高、心理素质过硬的全方位实用性人才成为当务之急。

而相对于其他高等教育院校，高职院校开展创业教育起步较晚，如何推进高职院校的创业教育工作成为一个新的命题。

1 高职院校创业教育的背景与环境

改革开放以来，伴随中国经济发展的规律，我国一共经历了四个创业浪潮。

第一次是粗放的赚取商品差价的生存型创业浪潮，主体是自由业者。1988年4月，全国人大通过的宪法修正案增加了"国家允许私营经济在法律规定的范围内存在和发展"的

[①] 作者简介：郭懿锋，男，恩施职业技术学院，讲师，创业科科长，主要研究方向：创业教育与经济管理。

内容，吹响了个体创业的号角，创业造就了第一次倒买倒卖的粗放型创业浪潮。享誉全国的汉正街，义乌小商品市场都是在那个时代背景下成长起来的。

第二次是国有企业改革衍生的"下海"创业潮，典型的机会型创业，主体是国有体制下海人员。在邓小平同志1992年南巡后，邓小平同志提出了"三个有利于"的判断标准，许多国有单位人员形成"下海"经商潮，第二次创业浪潮人员素质更高，创造了大量中国民营企业的中坚力量。代表人物有潘石屹、史玉柱，他们大都集中在巨大利益的房地产业、制造业和外贸领域。

第三次是新技术主导的模仿型创业潮，主体是出国留学的"海归"群体。始于2000年1月，全国人大发布实施《个人独资企业法》，新兴的网络创业也开始风起云涌。代表人物有马云、张朝阳、马化腾，他们将国外的先进技术和经验带到国内，通过模仿和本土化，迅速取得成功。

第四次是正在到来的创新创业潮，主体是青年和大学生，倡导用创新技术、创新商业模式去颠覆传统经济，用轻资产、扁平化和网络化实施低成本裂变式扩张。2013年，全球陷入经济下行，中国经济也必须转型升级，李克强总理更是提出了"大众创业、万众创业"来激发市场活力。新的创业浪潮更加依赖新技术与不断的创新，更多是技术颠覆性，资本裂变式的创业。不论是小米、还是美团、甚至是90后掌管的"超级课程表"，他们都是几百万甚至几十万的原始投资，然后迅速占领甚至是颠覆传统市场，短短几年迅速成为市值百亿甚至是千亿的行业巨鳄。

目前高职院的创业教育背景是在第四次创业大浪潮的背景下进行的。一方面有政府"大众创业、万众创新"的政策高度重视和支持，另一方面是这一次的创业环境决定了我们的创业者需要更高的教育层次。高职创业教育的目标要摆脱过去的生存性创业的需求，向着创新创造型创业教育发展。

2 高职院校创业教育存在的问题及分析

2.1 现行的高职教学管理体制与创业教育的冲突

目前高职教育依然沿袭计划经济时代的特点：专业分得很细，专业课程设置以及学分式学制相对僵化，教学时间安排非常严谨。而创业教育所倡导的知识综合利用以及通才教育与现行的体制显得有些格格不入，创业教育大量的实践练习又难以保证学生学分的顺利完成。

高职院校作息时间管理较严，学生出勤督察较多。创业教育的实践性决定了学生的创业时间有不确定性，这就导致创业学生很难每天按时上下课甚至是按时就寝。高职学生的管理建立在严格的班级管理制上，而对于真正需要创业的学生必须要松绑，允许休学创业、创业学院创业等模式来完成学生管理。

2.2 高职学生的素质与创业教育的冲突

当代高职生有几个显著特点：一是见多识广，伴随着互联网信息的迅速覆盖，他们可以轻易获取相应的知识，这也让这一代高职生更加飘浮和不看重课堂教育；二是厌倦理论学习，高职学生有更多的兴趣在动手能力上；三是自我中心与个性主义，现代高职生往往受几代人关怀，是家庭的中心，也自小养成了自我中心意识；四游戏化心态与自恃较高，自我中心的意识造成了学生们内心的孤独，他们往往在游戏中得到虚拟认可，使他们往往容易沉醉游戏而且自恃较高。四是超级实用主义，高职学生在获取信息时都只看重是否实用，往往浅尝辄止。

2.3 传统的教育理念与创业教育的冲突

传统的教育观点认为来学校是学习文化知识的，做生意创业是不务正业。

高职院校的培养目标让传统思想认为高职教育的最终目的是找一份工作，也就是传统的打工就业，而不创业。

传统教育理念认为学院教育是填鸭式的技术传授，是更好的复制和规范掌握原有的经验技术，而创业教育本质是创新教育。

2.4 现行的考核方式与创业教育的冲突

我国现行的考核制度是应试考核制度，学业的完成通常以最后一场考试来进行衡量，而创业不是一蹴而就的。而应试考试更多的是理论知识的考量，而创业教育则是综合应用能力的价值体现。

2.5 高职院校相对弱势的硬件环境与创业教育的冲突

比起本科院校，高职院校的创业教育起步更晚，政策倾斜力度更弱，学校各方面硬件建设更落后，学校所处的地理位置不具备优势。特别扩招以后，各高职院校教育资源相对过剩，许多高职院校更陷入到疲于奔命的招生拉锯战中，让高职院校能投入到创业教育的资源更加有限。

2.6 部分高校创业基地走上两个极端

一是过分依赖校外成熟企业，许多高校把自有的创业孵化基地进行全盘商业化，基地看似高大上，但基地里没有一家大学生企业，成了国家扶持的校外企业写字楼。

二是过分强调大学生的自主创业，忽视了创业的创新性和创业质量，少了创业基地应有的指导与教育。有的学校甚至还专门开辟了大学生创业街，初开之时小吃店、洗衣店等生存型创业项目林立，但项目生命力普遍羸弱，创业街多半沦为学生自主创业项目自生自灭的坟场，不到一两年就成了无人敢创业的鬼城。

3 高职院校创业教育体系的构建

3.1 目标体系，构建"全面推进创业通识教育，重点创业项目扶持"的创业教育目标

全面推进创业通识教育即面向全体高职学生进行的企业家精神教育，以及纵观企业全局的企业家综合知识教育。企业家精神主要体现在创业自信、创业创新以及团队精神三方面，首先是应该树立学生自强自信的创业精神，因为现行的教育招生机制决定了，高职学生的入学成绩普遍偏低，但过去的成绩并不代表未来的发展，高职创业教育的第一项任务就是树立学生的创业自信。其次是创新意识教育，目前所面临的创业环境是创新创业的环境，面对激

烈竞争，一味的埋头拉磨式工作态度很难取得成功，培养创新思维，不再重复简单机械式的知识堆砌是创业教育的重点目标。第三是团队精神教育，要学会团队合作，迅速融入团队，实现 $1+1>2$ 的团队化学效应。

纵观全局的企业家综合知识教育指的是面向全体高职学生的全局观教育和通识教育。全局观教育要求学生们有主动学习的态度，站在企业总体运营的高度构建知识结构，使碎片化的传统知识系统化，主动寻找适合自己发展的知识短板，不再做盲人摸象式的被动学习，而要进行纵观全局的主动学习。通识教育要求学生们掌握企业运营的基本知识和人际沟通的常识，具备这样的综合素质的学生不仅能创业，而且也会成为就业市场的抢手人才。

重点创业项目扶持即面向有创业优势的学生所进行的特长教育，包括业务知识教育与实践能力教育。业务知识包括创业的财务、管理、技术等方面的基本知识教育。实践能力教育着重于创业实践，即面对创业实际遭遇的困难所进行的针对性辅导。

3.2 课程体系，构建"纵领思想，横贯专业"的创业课程体系

一方面要建立公共课程体系，即面对所有专业的学生所开设的"纵领思想"的创新意识和创业精神的公共课程体系。

一方面要结合不同专业的技术课程，有针对性的开发"横贯专业"的专业课程体系。

3.3 管理体系，建设"学院、系部、班级"的三层管理体系

3.3.1 基层管理实现班级项目化，也就是班级以项目为载体进行师生互动，让学生学习有目标，实践有平台，学后有效果。从而实现"要学生学变成学生要学、散漫的学生变成充实的学生、学生被动就业变成主动创业"的教学效果的转变。

3.3.2 系部管理依托"创客空间"，也就是将以前功能单一的实训室变成学生开展项目创意创造的真实平台。由系部成立"创客空间"管理办公室，每个班级的项目都可以向办公室申报。"创客空间"一方面要挑选优秀的项目并配备创业导师让班级项目进驻"创客空间"，另一方面"创客空间"要合理的安排时间和空间给创业团队让班级项目能够有充分的创意创造实践。

3.3.3 学院管理依托"创业基地"，建立"大学生创业基地"让优秀的创业项目能够孵化成功。"创业基地"要满足五个基本功能：一是综合创业服务功能，为创业者提供一站式服务。二是创业交流功能，通过创业咖啡、创业沙龙、创业讲座、创业论坛为创业者提供一套完善的交流平台。三是创业孵化功能，为创意创新的项目提供保驾护航成功运营的服务。四是即插即用型创业技能培训功能，为技能型创业者提供最新科技技能（譬如APP制作），实用技能（譬如美发厨师）的短期培训。五是创业种子功能，对于容易复制的创业项目可以建立"创业样板店、旗舰店"，让有创业热情创业能力的大学生通过连锁加盟的方式来规避创业风险、取得创业成功。

3.4 保障体系，营造"技术有支撑，资金有保障，场地能落实，组织能到位，教学全覆盖"的保障体系

3.4.1 组织有保障：全面构建多层次、系统化的创业管理组织，由学院一把手负责的"创业教育领导小组"、就业创业处一把手负责的"创业基地办公室"、系部一把手负责的"创客空间办公室"、系部团委书记负责的"班级项目化管理"。

3.4.2 场地有保障：学校积极利用地方政府、企业的资金和场地共同建设大学生创业基地，供本校学生使用。系部利用或改造实验实训室成立"创客空间"，供本系学生实践发明、创意创新。班级要有项目入驻"创客空间"，实现班级项目化。

3.4.3 资金有保障：学校有专项资金支持大学生创业基地建设。创业基金应达到上年学校年度学费总收入的0.5%，其年度使用率要达到60%以上。积极引进企业和社会捐助，成立"创投基金"。学校成立"股权众筹"机制，合理利用"众筹、众包、众创"解决初创企业的融资难题。对接社会融投资机构，打通创业项目转化、融资的通路问题。

3.4.4 技术有保障：由学院每个系部专业负责人牵头成立创业技术支持团队，积极引进校外企业家、专家、政府官员组成创业技术外聘智囊团，有效解决创业团队的技术研发、转化难题。

3.4.5 教学有保障：打造一支由各系部创业导师构成的专业教学队伍，外聘校外企业家、专家、政府官员组成创业师资库。更新教育理念，倡导全体学生参与；开放办学系统，打造良好导向机制；强调隐性知识，注重实践教学；以学生为中心，激发学习潜能。

参考文献：

[1] 尤莉，YOU Li. 公益性——现代高等教育的第一特性 [J]. 贵州师范大学学报（社会科学版）2010. doi：10.3969/j.issn.1001-733X.2010.04.022

[2] 张飞飞. 创业型经济背景下理工科高校创业教育研究——以天津地区为例 [D]. 天津大学 2012

[3] 郭万牛，Guo Wanniu. 五位一体构建我国大学生创业教育体系 [J]. 中国青年研究 2011. doi：10.3969/j.issn.1002-9931.2011.02.022

[4] 卓泽林，ZHUO Ze-lin. 世界一流大学如何为地区经济发展服务——耶鲁大学的经验 [J]. 复旦教育论坛 2016

[5] 鲁钊阳，廖杉杉，LU Zhao-yang，LIAO Shan-shan. 农产品电商发展的区域创业效应研究 [J]. 中国软科学 2016

企管沙盘对高职院校创新创业人才培养的作用①

张亚龄

（重庆工贸职业技术学院　重庆涪陵区　408099）

摘　要：近年来，创新创业教育成为了社会热点。本文以此为背景，分析了高职创新创业教育的现状及存在的问题，探讨了企管沙盘对高职院校创新创业人才培养的作用，希望能给同行一些启发。

关键词：企管沙盘　创新创业　人才培养

1　创新创业教育的背景

创业人才与创业教育是20世纪80年代后期西方国家提出的一种新的教育理念，主要特征是使毕业生不仅是求职者，而且成为工作岗位的创造者。

我国创业教育起步较晚，但已得到政府的高度重视。2010年，教育部下发的《关于大力推进创业教育和大学生自主创业工作的意见》指出，创业教育的核心内涵是面向全体学生，结合专业教育，将创业教育融入人才培养全过程。教育部在关于做好2012全国普通高等学校毕业就业工作的通知中，强调要全面加强创新、创业教育和创业基地建设，把创新创业教育作为培养创新型人才的重要途径，普遍建立地方和高校创新创业教育指导中心等机构，积极开发创新创业类课程，并纳入学分管理。为进一步推动大众创业、万众创新，国务院办公厅"国办发〔2015〕36号"文件提出深化高等学校创新创业教育改革，并规划了整体目标：即2015年起全面深化高校创新创业教育改革；2017年取得重要进展，形成科学先进、广泛认同、具有中国特色的创新创业教育理念，形成一批可复制可推广的制度成果，普及创新创业教育，实现新一轮大学生创业引领计划预期目标；到2020年建立健全课堂教学、自主学习、结合实践、指导帮扶、文化引领融为一体的高校创新创业教育体系，人才培养质量显著提升，学生的创新精神、创业意识和创新创业能力明显增强，投身创业实践的学生显著增加。2016年，教育部《关于做好2016届全国普通高等学校毕业生就业创业工作的通知》，要求高校要通过合作、转让、许可等方式，向高校毕业生创设的小微企业优先转移科

---

①　作者简介：张亚龄，女，重庆工贸职业技术学院市场营销教研室主任，讲师，主要研究方向：市场营销、营销策划。

技成果。《通知》明确提出，从 2016 年起，所有高校都要设置创新创业教育课程，对全体学生开发开设创新创业教育必修课和选修课，纳入学分管理。

由此可见，创新创业人才培养工作受到国家高度重视，并通过逐项政策将其细化落地，如何培养出创新创业人才成为了各高校亟待解决的重大问题。

2 高职院校双创教育的现状及存在问题

高职院校近年来也很重视创新创业人才培养，经历了几个阶段：第一阶段，引导为就业学生进行创业就业，创业教育当时是一种被动教育；第二阶段，教育部的引导，高职院校将创新创业教育引入第二课堂，组织部分学生参加行业组织的创新创业大赛；第三阶段，响应国家"大众创业，万众创新"的号召，各种创业中心、孵化基地在各高职院校纷纷建立；第四阶段，将创新创业教育学分化，引入学生必修课。整个过程让创新创业教育愈加落地，参与的人员越多，但问题也随之产生，主要体现在以下方面：

一是教师缺乏创业经验，师资难以保证。创新创业是关于创造一种新的职业工作岗位的教学实践活动，是真正解决当代大学生走上自谋职业、灵活就业、自主创业之路的教育改革实践活动。目前高校的教师很多都是从学校到学校，自己本来就缺乏实践经验，指导学生难免会像瞎子看病，讲不清楚，更不能很好地指导。

二是教学内容大众化，缺乏针对性。初步调查，高校创业创新授课的具体内容则包括创业的基础知识、创业的基本流程和方法，创业的法律法规和相关政策、创业精神、创业者与创业团队、机会与创业风险、商业模式的开发等。但在工作过程中，不同专业领域，创业的基础、遇到的问题会不尽相同，需要不同的专业人才进行指导。虽然许多高职院校又开设了专业创新创业，但是具体构建的教学内容并没有详细规定，也没有参考标准。这样大学生学完创新创业课程后创业激情倒是被点燃了，但是后续的路怎么走，出现了困难怎么解决就不清楚，很难得到持续健康地发展。

三是与企业联系不强，缺乏实践。全国高职院校地域发展不平衡，尤其是内地，很难联系到成功的、愿意奉献的创业者为学生讲座，鼓励创新创业。即便有院校联系到了成功创业者为学生做创业指导也很单一，人员数量也很少，关键是经历缺乏多样化。而且，高职院校学生与生俱来地更愿意实践，提升动手能力。缺乏实践教育的创新创业教学很难让学生持之以恒，与学生创业应具备的毅力精神相违背。

3 企管沙盘的简介

有学者提出，教育包含三个层面：理论教学层面、虚拟仿真教学层面、实践教学层面。这一观点可以运用到很多实践性学科中，创新创业教育也不例外。高校教师了解相关理论知识，解读相关创新创业政策相对于社会一般人士具有一定的优势，这个层面能很好地指导学生；互联网浪潮下，市场千变万化，很难通过顶岗实习、企业锻炼来弥补自身的实践经验，从而进行实践教学。而虚拟仿真教学通过依托虚拟现实与多媒体技术，融合多种互动硬件设置，对实验教学的各个环节进行真实的模拟仿真，在培养学生实践能力方面起到了重要作用。企管沙盘就是一款典型的虚拟仿真实训软件,能很好地解决高职院校在创新创业教育中存在的问题。

企管沙盘模拟经营最大的特点是在参与中学习,强调先行后知,以学生为中心,以提升实战经营管理水平为目标,与创新创业课程的目标具有一致性。为此,可以将企管沙盘模拟引入到"双创"课程。企管沙盘可分企管物理沙盘和企管电子沙盘两大类。企管物理沙盘主要是引导学生进行现实模拟和摆盘,在运营的过程中发现问题,引导和启发学生,并进行总结,对教师的教学经验和驾驭企业的能力要求比较高,普通教师由于缺乏实战经验很难驾驭。

近年来,很多公司都开发了企管电子沙盘,比较出名的就有用友的企管沙盘,中教畅享的企管沙盘。以中教畅享的企管沙盘为例,采用国际先进的商业模拟训练模式,将学生分为若干个团队,每个团队由4-6名学生组成,分别经营一家工业企业,大家在同一个市场环境条件下,按照同样的规则条件,连续经营6个年度,通过直观的企业沙盘,模拟企业实际运行状况,工业企业经营活动内容涉及整体战略、产品研发、设备投资改造、生产能力规划与排程、物料需求计划、资金需求规划、市场与销售、财务经济指标分析、团队沟通与建设等多个方面。老师讲解的基本流程是:首先,有教师介绍沙盘演练的知识、技能体系,然后引导学生了解市场规则;其次,学生根据市场需求和企业自身状况,逐项进行产品研发、市场开发与认证、广告投入、厂房生产线的购买安装、原材料的采购和融资交税等决策,如此反复经营4到6个会计年度;最后根据企业的综合得分确定各个企业的成绩。整个过程充满对抗性、趣味性,不断地激发学生去思考、创新、考验整个团队的磨合力、分析决策力,教师还可以引导学生总结思考,发现一些理论教学不能接触到的问题。

4 企管沙盘对双创人才培养的作用

企管沙盘作为一种虚拟仿真教学,避免了学生去承担创办真实企业失败后的后果,能逐渐让学生成长,具体体现在以下方面:

4.1 培养学生的团队协作能力

企业实际经营过程中,个人的力量很小,必须依靠团队的力量。企管沙盘经营的过程给每个人设定岗位、每个岗位要分工协作,共同思考讨论,还要注重效率,才能够取得较好的成绩。这样能培养学生的团队意识,彼此通过对市场规则的摸索,相互沟通交流,遇到困难时,彼此鼓励,走到最后,能让学生的团队很融洽,这是创业团队能够前行的必要前提。

4.2 增强学生抗风险的能力

过去学生自发的组建团队创业,缘起于一个好奇妙的点子。但是在奇妙点子转换为商业模式的过程中,由于缺乏实战经验,往往失败了之后就很难继续,缺乏抗风险与应对能力。企管沙盘中,每一年会有市场随机事件的发生,学生之制定预案的时候习惯地想出应急措施,培养了他们应对风险的能力。

4.3 促进学生从"需求侧"转向"供给侧"的转变

人民网创新创业教育的十大转变中提到：开展创新船业教育既要精准把握学生"想要什么"，更要关注自身供给上"能给什么"。企管沙盘经营中产品研发完成在才能生产就是培养学生注重自己能给什么的能力，而不是空想专家，眼高手低，难成现实，最后创业落到实处。

4.4 迎合了创新创业由"开小灶"向"大众化"教育的转变趋势

创新创业教育由以前的引导学生比赛式的星星之火到现在各高校都开设必修课程，成燎原之势。对高校师资是个挑战，解决了缺乏大量实战教师的困难，让学生在模拟经营企业的过程中具备经营企业必备的一些市场营销知识、财务知识和管理知识。

4.5 能降低经营真实企业的失败率

一群没有实战经验的教师带着一群大胆敢想的学生，是好事也是坏事，他们有激情，但是缺乏对公司运作过程中资金的预算、风险的预测与预警经验。企管沙盘通过给学生虚拟初始金的运作，一步一个脚印，从研发、生产到销售，了解整个企业的运营过程，出现问题后不断总结提升，可以增强学生对理论知识的领悟力，从而降低眼高手低，规避经营风险。

参考文献：

[1] 王振洪．创新创业教育，高职亟须实现十大转变，《人民网》，2016年5月

[2] 李晓红．我国高职院校创新创业教育发展的现状－问题及对策，《中国管理信息化》[J]，2012年3月

[3] 冯旭．沙盘模拟经营课程在大学创新教育中的意义，《技术与市场》[J]，2012 (12)

"众创"视域下高职学生创新创业教育的瓶颈及出路①
——以重庆三峡职业学院为例

彭茂辉

(重庆三峡职业学院　重庆万州　404155)

摘　要：随着"大众创业、万众创新"理念的提出和实施，一批以人为本、面向大众、崇尚创新、支持创业的"众创空间"应运而生。高职院校作为培养高等教育人才的主要阵地之一，高职大学生作为思维活跃及拥有娴熟技能的群体，俨然成为了我国创新创业的生力军。然而，高职大学生创新创业教育较为薄弱，因此，高职院校大学生创新创业教育要顺应时代发展形势，努力挖掘、汇聚具有众创之源的教育功能，整合现有资源，创新教育机制，培训创业导师，将创新创业教育融入到众创空间建设中，有效拓展创新教育的深度和广度，不断培养出能够适应新时代创新创业的优秀人才。

关键词：众创空间；高职学生；创新创业教育

2015年3月5日，李克强总理在政府工作报告中明确提出，要把"大众创业，万众创新"打造成推动中国经济继续前行的"双引擎"之一。"互联网+"实际上就是创新2.0下的互联网发展新形态、新业态，是知识社会创新2.0推动下的互联网形态演进，改变了人们生产、工作及生活方式，引领了创新驱动发展的新常态。众创空间战略的是实施必将带动创业服务平台的快速发展，为创业者提高更多的机会，大学生同样迎来了一个良好的创业契机。将众创空间用于高职教育领域其产生的效果将更加凸显，高职院校培养的是高技能型人才，专业知识扎实，动手操作能力强，思维活跃等特点可以让高职学生通过亲自动手设计、建构和迭代，参与创造性的高阶问题解决当中。这对高职院校辅导员来说既是机遇也是挑战，创新创业教育成为了辅导员工作的新要求，因此，要在众创空间视域下认真思考开展创新创业教育的新思路和新方法，引导高职大学生积极参与到学院众创空间建设，全面提升高职院校大学生的创新意识和创业能力。

---

① 作者简介：彭茂辉（1985 -），男，福建沙县人，讲师，硕士研究生，主要从事高职教育理论与实践研究。

1 众创视域下高职大学生创新创业教育的内涵

1.1 高校众创空间的内涵

所谓众创空间,指的是通过市场化机制、专业化服务和资本化途径构建的低成本、便利化、全要素、开放式的新型创业服务平台的统称。众创空间的基本标准为"四有一入驻"既有线上服务平台;有线下服务载体;有创业导师队伍;有创业投资服务及有创客和科技型企业入驻。众创空间建设的本质就是一群人在另外一群人的支持下,在一个空间里进行有价值创造的社会活动。对众创空间的类型归类,主要包括活动聚合型、培训辅导型、媒体驱动型、投资驱动型、产业链服务型、地产思维型及综合生态型这七种类型。高校众创空间属于培训辅导型,其服务对象为广大创业师生及社会人员,具有教育性、免费性和培训性等特征。

1.2 高校众创空间的特征

1.2.1 具有实体创意空间场所

高校的众创空间应该设置固定的场所让大学生创客们聚会,使得各种创意产品借助一定的头脑风暴,碰撞出新思想,设计出新工艺。大学生众创空间通常具有加工车间、工作室、互联网、实验室、交流室及会议室等线下平台,创客们在众创空间里可以共享资源和知识,寻找和组建创业团队,获得融资,同时获得创业导师的指导和帮助,实现自己的创业意愿。

1.2.2 社交型的学习群体

高校众创空间往往承担的是创业辅导和培训的角色。常见的模式包括邀请一些创业模范和专家对大学生创业者进行指导训练,或者是成员间进行相互指导及老生带新生。这对于结构较为多元化的创客群体,是一种很好的成员间社交活动,可以促进创客们相互之间的了解,为组成创业团队提供更多的机会。

1.2.3 灵活的活动组织形式

高校众创空间建设任务很多,包括创业理论和创业实践,创业理论包括对创业课程的学习,创业意识的培养,创业技能的学习;创业实践则包含从课程、工作坊到各类交流与比赛。基于众创空间模式的借鉴,高校的大学生创新实践教学不能只限于课程授课制,还应引入创客空间模式下常见的工作坊等模式。一般而言,工作坊是以一名在某个领域富有经验的主讲人为核心,小团体在该名主讲人的指导下,通过头脑风暴、讨论、短讲、路演等多种方式,共同探讨某个话题。工作坊体现了大学生的主动性,形式灵活多变,更适合大学生的身心发展特点。

1.2.4 开放式的创新创业要素资源获取方式

高校众创空间作为承载创客实践的平台,其核心要素还包括开放式创新的要素资源,包括线上、线下的开源设备、模块化的工具。创客开展研发设计任务需要多人的团队协作共同完成任务,也有可能依靠开源的个体生产的形式出现,高职生创客需要充分借助这些开放式的创新要素资源,尽可能地降低设计、制作的难度、成本、降低创意产品的研发、生产周期。

2 高职大学生创新创业教育的瓶颈

据了解,高职大学生创新创业的诉求较多,而高职院校开展大学生创新创业的现状堪忧,以学生创业自己摸索为主,学校虽然会定期邀请一些专家进行讲座,但缺乏对高职生进行系统的指导与帮助,高职生创新创业能力薄弱,无法适应新形势下大众创新,万众创业的时代发展趋势。

2.1 传统的创业教育模式滞后于社会发展要求

传统的创业教育模式禁锢了学生的创新思维,学生以学习书本知识为主要任务,成为了复制的机器,高职创业教育注重的是学习专业技能,传授现有工业文明成果,填鸭式的教学在高职教育依然普遍存在,学生被要求掌握的都是一些固定的结论,并非探究的过程和方法,久而久之学生并养成了被动接受知识的习惯,因此,现有的教育理念创新性不足,忽视了学生潜能和创新创业能力的培养,导致了学生对创新创业所必备的独立意识、创新创业精神、动手动脑习惯、团队合作能力及探索及解决问题能力都严重欠缺,最终会让学生陷入重书本轻实际,理论和实践脱节的状况,高职大学生变成了有知识没能力的群体。对创新创业仅仅依赖于开几次讲座,做几次创业培训就完事,高职院校大学生创新创业教育任重道远。

2.2 辅导员对学生的创新创业认识和能力不足

高职院校的辅导员队伍人数较多,包括专兼职辅导员,但其素质参差不齐,辅导员的工作重心主要放在学生的日常管理及思想政治教育上,很多辅导员对创新创业的知识涉猎较少,有些甚至根本就没有相关的知识储备和能力,他们主要忙于对学生的日常管理和思想政治教育上,认为学生创新创业是学生自己的事情,并不是辅导员的基本任务,无法有效地对高职学生开展创新创业教育及指导。这种现象普遍存在于高职院校的辅导员队伍中,如他们无法顺利地指导学生发明创造、技术创新、创业、开店,无法回答和解决学生自主创业中所遇到的一系列问题,更不要说对班上学生参加创业比赛进行科学、系统、合理的指导了,这导致了很多创新创业人才被埋没,高职辅导员的综合素养有待进一步提高。

2.3 创业活动多为竞赛导向,缺乏基于兴趣的常态化实践活动

高职院校的创新创业教育很大一部分依赖于每年开展的创业大赛活动和技能大赛活动,项目制的竞赛活动虽然能够较为高效的整合及利用高职院校的资源,并迅速启动相关创新实践活动,其选题一般都来自学生、指导教师的课题及研究成果,各类专题竞赛凸显了比赛的竞争性,有助于激发参与者的积极性。然而这种主要依赖于竞争和功利导向的创新创意活动只是昙花一现,对于基于高职学生的实践活动具有一定的局限性,没有形成高职大学生创客们以兴趣为导向的常态化的实践活动,导致了高职院校大学生创业者们的创意并没有很好的得到释放和挖掘,不利于创新创业教育的长远发展。

2.4 学生缺乏学习型群体的特质,借助外力发展创新创业不足

在日常创新创业活动中,高职院校的大学生创客们交流的不多,他们组建的团队很多是自发的基于班级、寝室或专业的小团体，很少有跨专业、跨年级和跨学校进行组队，大学生创客们虽然有创业的意愿，但不会甚至不敢与其他同学交流，缺乏应有的组织和常态化的活动，日常的讨论只是分工后分别进行查阅资料、制作模型或完成分配好的任务，团队成员间互相学习行为较少。同时，高职院校由于资源、设备及资金的比较紧张，很多学生无法找到专业的创新创业指导老师，对现有机器设备的使用还是盲区，对国家鼓励大学生创新创业政策缺乏深入了解，更谈不上寻找社会融资，通过路演实现自身创业项目的转化，获取创新创意资源的能力较弱。

3 众创空间视域下高职学生重新创业教育的出路

3.1 创设深度融合专业教育的创新创业教育新机制

要让高职学生达到创新创业的目标，需要思想文化在开放和互动的教育平台上汇聚和碰撞，更需要从教育机制入手进行改革，建立深入融合专业教育的创新创业教育新机制。在大众创业，万众创新的时代背景下，广大高职院校应该抓住发展机遇，全面进行教育体制的改革，在人才培养方案的改革中寻找创新创业教育的契合点，面向全体学生开设创新创业基础必修课。依托学院的众创空间，整合现有教育资源，设置创新创业课程，在基础部中设置创新创业教研室，主要负责创新创业基础、创新创业技能、创新创业实训、创新创业服务、创新创业教育研究所等课程体系。开发至少5门创新创业校本课程，每个高职学生必须修完这些课程才能顺利毕业。探索一种项目驱动，行动导向，扑捉灵感，注重实践的基于众创空间平台的创新创业教育7T新模式。所谓的7T即理论和实践导师并重，理论模块与实训模块并重，创新创业培训与创新创业服务并重，全员化教育与典型培养并重，学校创新创业资源建设与资源整合并重。学生创客聚集较多的学校还可以开设创新创业精英班，实现"一个门店一个项目，一个项目一个团队，一个导师一个团队"的培养目标。

3.2 培育一批校内外创新创业导师队伍

创新创业导师队伍建设对高职院校开展创新创业教育至关重要，决定了一所高职院校创新创业教育的成败，然而，高职院校在创新创业导师队伍方面还是薄弱点，创新创业导师的组成要广泛，应该涵盖创新创业教育专家、律师、会计师、企业家、投资人及工商、税务、宣传、人事等方面有专长的人才，学校创业的老师及辅导员队伍将成为创新创业导师。这些导师带给学生先进的创业理念和创业思路，为创业大学生提供有针对性的支持和帮助。学院的创新创业团队目前包括创业实体店指导老师、电子商务指导老师、三区科技人才、就业创业专家、特色农业指导教师、文化创意指导教师和万州区创业专家团专家等共四十多名。辅导员老师作为学生创新创业教育的第一人，在众创空间的推动下，辅导员老师应该转变角色，要正确引导学生探索创新创业，辅导员要保持良好和开放的心态，在做好日常管理的基础上，也要和学生一样成为"学习者"，不断摄取最新的科技发展及应用情况，掌握创业的相关知识，为学生提供辅导和帮助。学院建设的绿叶众创空间设有创客咖啡室，每周安排特别的创业服务日，创业导师们要轮流到创客咖啡室坐班，为广大有创业意愿的学子答疑解感,帮助他们完成工商注册、记账报税、办公孵化、组建团队、媒体宣传等等一系列个性化的服务。同时利用学院资源为学生创客们提供职业技能、企业管理等方面的专业培训,邀请成功企业家与广大创业学生交流经验和心得。

3.3 鼓励学生参加创新创业社会实践活动

参加创新创业实践体验活动对于想创业的学生来说至关重要,可以说是一种创业前期的试金,是成本和风险最小的创业活动。高校开展的有目标、有组织、有计划的使学生了解社会、融入社会、服务社会的实践活动,能够让学生理论知识和实践知识融合,完善学生知识结构,培养大学生创新精神,提升大学生的应用能力,实现书本知识与社会需求有效对接融合的培养教育活动。开展丰富多彩的创新创业实践活动,从班级到系部直到学院层层开展,让每个学生都参加创新创业技能比武,一方面,能够激发高职学生潜在的创新创业意识,挖掘每个学生的创新创业能力,发现有创意有价值的创业项目;另一方面通过这些活动可以了解相关创业知识,积累创业经验,培育大学生独立自主、团队协作和坚忍不拔的竞赛精神,辅导员老师要全程对学生开展指导和帮助。将丰富多彩创新创业实践活动变成一种常规化活动,变成创新型的第二课堂,让学生养成创新创业的意识和习惯,挖掘自身潜力,为以后创新创业做好准备。

参考文献:

[1] 潘晓萍. 大学生创业教育教学的探索与实践 [J]. 黑龙江教育学院学报,2013 (03):55-56

[2] 宋传玲. 以创新与创业能力为目标的人才培养模式改革与实践 [J]. 山东商业职业技术学院学报,2014 (14):36-38

[3] 李瑞军,吴松. "众创空间"视域下大学生创业教育的思考 [J]. 思想教育研究,2015 (07):82-85

[4] 李广坤. 高职院校创新创业工作的若干思考 [J]. 齐齐哈尔大学学报(哲学社科版),2015 (10):169-170

浅析虚拟现实技术发展方向①

王 庆

(重庆工贸职业技术学院 重庆涪陵 408099)

摘 要：虚拟现实技术发展到现在，技术层面已经没有太大的障碍，不再是技术实现的问题，而是发展策略规划的问题，从当今发展的情况来看，盲目地大量采用单目360度全景影像是最大的误区，现实世界影像的采集是虚拟现实技术中的重要资源，也是虚拟现实技术吸引观众的重要原因，在现实影像采集时应当以180度双目半球形3D影像采集为主，在全面提高画面清晰度的条件下，应尽量增大观看视野，尽量提高观看的舒适度，才有可能让虚拟现实技术尽快普及进入千家万户。

关键词：虚拟现实；超大视野；发展误区

虚拟现实技术是一门可以通过创建、记录并综合展示给用户，让用户产生真实体验的技术，用户在虚拟的计算机仿真世界中，通过计算机生成的模拟环境，进行多种源信息的融合，给用户交互式的三维动态视景和实体行为体验，让用户沉浸到虚拟的环境之中。虚拟现实技术的演变一般可分为四个阶段，第一阶段在1963年以前，主要是声形动态的模拟阶段，第二阶段1963-1972年为虚拟现实技术的萌芽阶段，第三阶段1973-1989年，是虚拟现实概念的产生和理论的初步形成阶段，第四阶段1990-现在，为虚拟现实理论进一步的完善和应用阶段。

虚拟现实是多种技术的综合应用，包括实时计算机三维图形技术，广角（大视野）3D显示技术，头、眼和手的跟踪交互技术，以及触觉/力觉反馈、立体声、网络传输、语音输入输出技术，虚拟现实技术依靠其不可替代的广泛的应用前景，被人们所追捧，到今年，被全世界人们广泛猜想会是虚拟现实技术的发展元年，人们猜想虚拟现实技术的发展会在今年实现大爆发，然而大家都遗憾地看到，事实并非人们想像的那样，究其原因，除了大家所批的资源及软硬件因素外，笔者认为一个重要的发展瓶颈就是目前在影像采集质量和设备清晰度及视野范围上的不完美，这才是现阶段需要广大科技工作者花大力气来主攻的方向。

---

① 作者简介：王庆，重庆工贸职业技术学院计算机讲师，主攻计算机及多媒体技术，独立获得过国家实用新型专利，在各级刊物公开发表过众多相关论文。

1 高分辨率和大视野是虚拟现实技术突破的关键

视觉是人类获取信息的主要途径，如果视觉感受不好，无论别的方面做得多好，都不可能让人产生逼真的沉浸体验。从目前虚拟现实技术在视觉展示方面的问题主要在两个方面，一是画面的清晰度也就是影像的分辨率，二是体验者的视野，只有在足够高的画面分辨率和足够大的视野下，体验者才能真正沉浸到虚拟现实环境当中，才能真正达到虚拟现实技术的要求。

2 高分辨率影像资源种类

随着计算机软硬件技术的不断提高，高分辨率影像资源已不存在任何问题。影像分辨率是衡量影像品质的一个重要指标，虚拟现实技术由于其超高的影像需求，对影像分辨率的要求远远高于人们日常摄影的展示要求，日常摄影，通常只是在电脑显示屏上展示，受制于显示屏的分辨率，要求并不高，最多也就是全高清、2K、4K 而已，而虚拟现实技术所要求的是 360 度全方位的高清展示，这对影像分辨率的要求就不只是高一倍两倍的问题，而是数倍甚至数十倍。当然，这只是直接从需求角度来看的，真正进入实用，自然可以找到各种有效的方法，来解决超高影像分辨率这个问题的。

虚拟现实技术所使用到的影像资源主要有两种，一是计算机全数字模型，二是现世界实影像采集。

采用计算机全数字模型展示，通过计算机即时计算来生成影像时，只要计算机的计算能力足够强，对影像分辨率自然可以随心所欲，这在游戏娱乐、科技教育等等许多领域都可以充分发挥其潜在优势。

对于不能用计算机全数字模型的情况，也就是在现实世界中实景影像的采集，受制于摄影器材质量，传输和存贮空间影响等，难度要高不少。笔者认为，在进行现实世界影像采集时，应当在保证高清晰画面的前提下，只采集观众前方半球形的区域的双目真 3D 影像，不必像现在这样采集 360 度的球形单目影像，单目球形影像在播放时观众必须要随时站起来旋转着身体观看，既很难保证影像的清晰度，又带来观看时的严重不便，还造成大量计算机及网络资源的浪费，完全没有太大的意义，而半球形影像在观看时，观者完全可以自由地坐在沙发上，仅作头部及眼睛的小范围运动便可，完全可以达到身临其境的效果。

以半球形的方式来采集真正双目 3D 影像，可以节约大量网络传输资源，大大减小显示运算上的巨大压力。进行双目 3D 影像采集，最简易的就是利用两只 180 度左右视角的鱼眼镜头水平方向排列便可，简单而又可靠，对影像采集器材及制作成本的需求可以达到最低，不用像 360 度影像采集，得要多只镜头进行画面组合，导致影像组合难度很高，摄影器材和制作成本巨大，效果还不尽人意。

对于现实世界影像采集的方便易用性和观众观看的舒适性，是影响到虚拟现实技术普及的重要因素，毕竟对真实世界中的影像观看需求，才是广大观众的最主要需求，真实世界的影像采集必须符合人们的真实需求，而不是一味地追求没有意义的所谓的 360 度全景影像，与共用这种画面不清的单目的所谓全景影像，还不如用双目的真3D半球面形高清影像，更能让观众在舒适的观看方式下，得到美的享受。

3 虚拟现实技术发展的瓶颈

超大视野展示是虚拟现实技术发展的主要的瓶颈。人的两只眼天生就可以看到180度以上的3D视野，这是人们在日常生活中的常态，虚拟现实技术如果达不到与此相近的表现，是很难真正让人沉浸在其中的，目前最大的问题是，虚拟现实技术的普及要求设备要轻便，要能随时随地使用，要获得体积超小而又超大视野显示，所带来的显示端的要求又是现今技术很难突破的，超大视野并非只要有超大和超高清屏幕就能解决的。

4 虚拟现实超大视野问题解决办法

4.1 超小超高清显示单元的选用

科学技术的日新月异，我们已经可以制造出超小超高清显示单元，像DLP微反射镜成像、OLED超轻薄显示屏、光场显示技术等，随着纳米技术的广泛应用，更多更小巧轻便的显示屏都可能会不断出现，但所有这些都必须依靠高精度的超大视野放大目镜来支持。

4.2 高精度超轻薄大视野目镜是超大视野的关键

要将超高清显示画面放大呈现到人眼中，需要有超大视野的高精度放大目镜，通常情况下，要实现超大视野高精度放大，必须要有多层镜片的组合，以解决球差、像差、色差、奇变等问题，但带来的问题就是目镜的体积和重量必然加大，难以满足虚拟现实技术的需求。

目前，人们普遍比较认同的方式，是采用非球面光学镜片，既能大角度放大，又不至于太大太重，但非球面镜片一般只能解决一两个方面的主要问题，在双眼3D显示中，很难做到在两眼视场范围内所有影像一至的良好表现，往往会出现人眼能明显感觉到的画面纠曲。

要解决这一问题，可以在人眼转动的时候，镜片也能作相应的运动，这样就可以解决掉非球面镜片的大部分问题，从而在轻便的基础上，实现高清大视野的要求。

4.3 目镜的人眼跟踪技术

最简易的实现方法，是利用传统的隐形眼镜的方式，把非球面放大目镜做成隐形眼镜，这样，在人眼转动时，隐形眼镜也同时转动，这样就能通过最简易的方式，来达到减小像差的目的。但在这种隐形眼镜方式下，对于使用者不说是一种负担，不仅使用不方便，同时也会在使用初期带来一定的不适应，最好能有别的解决办法。

比较可行的办法，是在非球面光学镜片的基础上，增加一套人眼跟踪系统，在人眼转动时，人眼跟踪系统带动目镜也相应同步运动，这样就不会对使用者带来额外的负担和不适。

人眼跟踪系统，可利用光学传感器来检测实现，但要在小小的空间里来实现难度肯定不小。

4.4 生物电波动态检测设想

要实现镜片随人眼同步运动，最好的办法是利用生物电波控制，前提是要找出人眼转动时的脑电波特征码，再通过控制电路，带动镜片相应运动。人眼的生物电波控制，可以与人的肢体运动的检测控制同时进行，虚拟现实技术的交互功能，要求能检测到人的肢体运动，像动作、手势、走路等，以便让人在虚拟现实场景中进行有效的交互操作，在此过程中，也可以同时检测人眼的运动状态，同步到呈像目镜的运动控制中。

利用生物电波来控制镜片的运动，没有使用上的不适感，简单方便，但在目前的技术条件下，生物电波控制仅仅只能是理想当中的一种设想。

4.5 高品质超大视野镜头的采用是最有前途的

高品质超大视野镜头，应当仍然是当今解决问题的最好途径，如果单片非球面单镜片能实现那是最好的，不行的话就应当通过设计更加复杂的组合光学镜头来实现，前提是镜头必须要从材料，结构等多方面来保证小巧轻便。

综上所述，虚拟现实技术发展到现在，技术层面已经没有太大的障碍，不再是技术实现的问题，而是发展策略规划的问题，从当今发展的情况来看，盲目地大量采用单目360度全景影像是最大的误区，现实世界影像的采集是虚拟现实技术中的重要资源，也是虚拟现实技术吸引观众的重要原因，在现实影像采集时应当以180度双目半球形3D影像采集为主，在全面提高画面清晰度的条件下，应尽量增大观看视野，尽量提高观看的舒适度，这才有可能让虚拟现实技术尽快普及进入千家万户。

高职院校众创空间建设的实践①
——以重庆工贸职业技术学院为例

曹子英　张国强

（重庆工贸职业技术学院　重庆涪陵　408099）

摘　要：高职院校众创空间是高职院校落实创新创业教育实践的重要载体。本文在从高职院校教育职能与学生创新创业活动两个角度，论述高职院校众创空间建设必要性。对重庆工贸职业技术学院众创空间建设进行了梳理总结，指出众创空间建设中的问题，给出推进高职院校众创空间建设的建议。

关键词：高职院校；众创空间；建设；实践

十三五期间，中国经济进入新常态，向形态更为高级，分工更加合理、结构更加优化阶段发展的趋势更加明显，但发展方式粗放、区域不平衡、不协调的矛盾仍然十分突出，出现了经济升级换档、结构调整阵痛与动能转化困难相互交织的局面。因此，创新成为十三五期间五大发展理念之首，创新驱动成为国家发展战略，构建创新型国家成为下一阶段国家发展目标，创新型国家构建需要创新型人才的支撑。高职院校是培养创新型人才的重要力量，而高职院校众创空间建设对培养创新型人才，推进创新型国家建设有着深远影响。

1 高职院校众创空间建设的必要性

职业教育以受教育者获取职业知识和职业技能为目标，并在此过程中，培养受教育者良好的职业道德，为社会培养技术技能型人才。高等职业教育是职业性、高教性和区域性三者的统一，落实创新创业，推进众创空间建设不仅是高职院校加强内涵建设的重要内容，也是高职院校学生提高创业就业质量，实现人生规划的内在要求。

1.1 创新创业教育是落实高职院校人才培养功能的具体表现

高职院校的人才培养偏重受教育者技能的培养，以提高学生动手能力为侧重，为社会生产制造服务业培养一线人才。随着中国经济进入新常态，各类新技术、新产品、新模式不断

---

① 作者简介：曹子英（1964－），男，黑龙江人，重庆工贸职业技术学院教授、硕士。研究方向：精细化工。张国强（1980－）男，河北唐山人，重庆工贸职业技术学院讲师。研究方向：金融职业教育。

涌现，中国经济结构转型升级的过程也就是经济增长动能转化的过程，高职院校人才培养也一定要适应这种急速的发展变化，并且为了实现创新驱动高职院校发展，在人才培养过程中一定要具有前瞻性，十年树木，百年树人，为实现中国"两个一百年"[①]的伟大目标做好人才储备，这就是创新创业教育的开展。

深入开展创新创业教育是高职院校落实教育创新的重要内容，结合社会发展和行业变化，改革人才培养模式，明确把科学精神、创新思维、创新能力和社会责任感的培养贯穿职业教育的全过程，实现高端创新人才和各产业技能人才"二元支撑"[②]的人才培养体系。创新创业教育的开展是高职院校适应互联网技术普及打破时空限制，新经济动能转换等时代变革的要求。国家大力推进信息产业发展，为西部高职院校缩小与中东部高职院校差距提供和技术支撑，为东部优质高职院校实现与国际接轨搭建了平台，同时，服务地方经济发展是高职院校的重要职能，随着经济结构转型升级，对人才技能的需求也出现变化，但对技能人才的规格要求普遍提高，这些都要求高职院校大力推广创新创业教育，通过人才创新引领新经济的发展。

1.2 高职学生是创新创业群体中的重要力量

高职院校学生形象思维能力优于一般学生，实践操作意愿强，这是高职院校开展技能培养的重要基础。高职院校与地方行业联系紧密，为学生了解行业发展提供了便利，使学生在大学阶段不仅了解企业核心岗位的重要技能，还对行业的周期性变化有更加深刻的了解，这不但为学生毕业后、或者在校期间开展创业实践提供了实践基础，也为学生在行业核心技术应用领域创新提供了可能。

高职院校学生毕业后一般从事生产经营一线工作，工作转换门槛低，学生创新创业束缚少，一线的工作经验能够让高职毕业生敏锐感受到市场发展的机会。高职院校的高教性能够为学生提供扎实的专业理论知识，为学生在行业细分领域创新创业提供知识保障，高职院校学生具有针对性的毕业前顶岗实习能够让学生在就业和创业两者做出更加适合自己的选择，高职学生顶岗实习能够稳定的建立起学校、企业和行业的联系，为学生在高起点上开展创新创业打下基础。

2 高职院校众创空间建设的实践

重庆工贸职业技术学院运营的众创空间——福临创业谷始建于2015年，经过近两年的建设，在众创空间建设过程中积累了一定的建设经验，现将学院创新创业教育实践两个阶段的实践进行梳理。

2.1 部门分管、局部落实阶段

2015年之前，学院开展创新创业教育处于部门分管，局部落实阶段。学院教务处针对具有创新创业经验的专业教师，为具有创新创业兴趣爱好的学生开设了选修课，如《大学生职业生涯设计》《大学生创业》《大学生科技创业》等，自编校本教材《大学生科技创业讲义》等多部，创新创业教育在人才培养过程中占有一定的比例，在具体操作过程中，是以共选修课—专业选修课—专业必修课的三级跨越形式体现。

学生处社团管理部门设有创业协会，勤工助学协会，科技创新协会等学生社团，将具有相关领域创新创业技能的专业骨干教师与经过创新创业培训、具有一定创新创业理念和技能的学生创客，进行分门别类的整合，充实创新创业教育第二课堂，开展社会实践，在增加学生经济收入的同时，让学生积累创新创业实践经验。创业协会、勤工助学协会和科技创新协会相互促进，创业协会主要负责企业孵化，勤工助学协会营造氛围，吸纳学生参与，通过补贴和奖励调动学生积极性，科技协会为创新创业提供技术支撑，为技术改良和创新提供及时准确的服务。学生处社团管理部门在注重借助社团平台开展创新创业教育实践同时，注重注重学生创新创业素质的培养，成立心理健康教育与咨询中心，通过性格分析，为学生开展创新创业实践提供建议，通过大学生暑期"三下乡"活动，让大学生加强对社会发展变化的了解，提高学生创新创业实践开展的准确性和可行性，通过关爱留守儿童、探望孤寡老人等活动，培养大学生社会责任感。

招生就业处与涪陵劳动和社会保障局合作，定期对高年级学生做大学生创业优惠政策宣传，并与涪陵科委共同搭建校企合作平台，通过"走出去，请进来"的方式，聘请中小企业主、行业专家等来学院定期作讲座，介绍创业心得，分享创新创业技能和经验，提高学院师生对社会创新创业实践活动的认识。招生就业建立毕业生信息资源库，能够将毕业生就业情况与创业信息进行深度分析，及时发现适合学生进一步发展的机会。

继续教育部把社会创业培训作为本部门的重要工作内容，同时发挥学院相关专业师资力量，力求在创业实践指导过程中提高创业科技含量。与涪陵区就业局合作开展的培训有大学生 SYB 培训、GYB 培训，与涪陵移民局合作开展三峡移民创业就业培训、微企技术技能培训，每年培训 5000 人次。通过创新创业培训活动的开展，深入掌握了涪陵周边创新创业市场动态，锻炼出一批业务精良，深得创新创业学院欢迎的创新创业培训师，为学院进一步推进创新创业教育积累了经验。

2.2 系统推进、深度融合阶段

2015 年之后，学院创新创业教育进入系统推进、深度融合阶段。为了加强创新创业教育建设的针对性，学院通过问卷网对大学生创新创业认识和意愿进行了问卷调查。共接受回访问卷 3852 人，大学生对创新创业还不十分清楚（十分清楚只占 8.44%，大致了解占 48.57%，不太清楚的占 42.99%），更多的同学认为创业就是开创自己的一份事业（占 43.25%），一般同学认为需要创办一家企业或公司（占 23.70%），有些同学认为是开发一些前沿科技项目（19.24%），73.34% 的大学生有过创业的打算，这说明创新创业已经进入当代大学生视野。43.09% 的同学认同大学毕业以后一段时间创业比较适合，30.87% 的同学认同大学期间进行创新创业实践，22% 的同学认为毕业后再创业。若创业失败，73.49% 的同学会等待机会，积累经验，21.68 的同学选择积资金，努力进行二次创业，只有 4.83% 的同学选择放弃。关于创新创业的目的，3200 人为了使自己成长，实现自己的价值，

1708 人认为可以解决就业问题，1537 人认为可以自己当老板，可见大学生创新创业更多的是为了实现自我价值。关于专业与创业的关系，66.72% 的同学认为创业与自己专业关系不大。关于创新创业需要得到的帮助方面，33.18% 的同学希望能够到创新创业基地参观考察，19.93% 的同学希望成立大学生创业基金，17.55% 的同学希望设立大学生创业启动项目，11.86% 的同学希望得到创业成功人士的经验，50.42% 的同学希望在自己感兴趣的领域进行创业。

学院出台了众创空间建设规划文件，包括《关于成立众创空间建设工作领导小组及其工作机构的通知》《众创空间认定评审办法（试行）》《关于聘任众创空间导师的通知》《众创空间建设与科技成果转化工作方案》《大学生创新创业训练计划管理办法》等。围绕创新创业工作，对各系部处室进行了分工要求，明确了任务指标，拟定了奖罚措施。进一步从组织领导、政策支持、智力支撑、科技转化和学生动员等方面为创新创业教育深度融入人才培养的全过程打下了基础。

福临创业谷建设项目作为 2015 年重庆市第九批科技计划项目正式立项，成为学院众创空间，是学院师生从事创新创业的专职服务机构，隶属于科研开发处。福临创业谷成立以来，系统分析学院创新创业现状，梳理学院创新创业资源，总体筹划。服务中心设在图书馆 502 办公室，相关服务场地包括创客中心、咨询室、路演厅和创客沙龙等。众创空间初步确立了主营机构与分支机构同步推进的建设格局。众创空间选用了专兼职工作人员多名。学院众创空间各分中心迅速建章立制，建立领导组织机构并进行责任分工，根据各分中心实际，开展各具特色的宣传和实践活动，比如社团活动和团日活动对创新创业政策进行宣传，通过班会，结合专业教育开展创新创业实践讨论，汇集创新创业实践难题并积极寻求解决之道，将 SYB 培训的知识和技能结合专业学习进行综合实践。福临创业谷组织的创新创业实践实现了横向到边、纵向到底的全方位、立体式覆盖。

学院创新创业教育分为基础教育与专业教育，创新创业基础教育在充分宣传国家和地市创新创业支持政策基础上，培养学生创新创业理念，掌握创新创业流程和实践技巧。由学院购买《创行－大学生创新创业实务》在线课程，充分利用互联网资源，打破创新教育时间和空间的限制，缩小创新创业教育与发达地区的差距。创新创业专业专业教育主要实现创新创业教育与不同专业的有机结合，突出实战、实用特性。

为了加强创新创业的服务水平，福临创业谷一开始就十分注重创新创业导师团队建设。除学院聘用的 33 位众创空间导师外，福临创业谷还拥有一支具备娴熟专业技能，与各专业学生联系密切的创业咨询师 6 人，创新创业导师 10 人，创业导师 10 人，在创业咨询师的积极引导下，学院涌现了一批以创业协会会员为代表，各专业优秀学生为中坚的创新创业骨干。福临创业谷工作人员对此与成功企业家接触，争取他们对学院创新创业工作的支持，以客座教授的形式，引进企业家 1 名，获取用于创业的赞助资金 5 万元。

为了突出高职院校众创空间建设专业优势，福临创业谷组织了一系列创新创业活动。

2015年12月9日，围绕"中国制造2025"的主题，举办了首场创新创业培训讲座。同时，向全校师生征集创新创业项目，在组织导师辅导创客创新创业的过程中，优化了创新创业导师队伍，提升了师生创新创业水平。2015年12月30日，福临创业谷组织了创新创业项目路演，17个项目负责人向导师展示了自己团队项目的进展和规划情况，导师对项目的进一步开展提出了中肯的意见，创新创业项目的可行性进一步提高。经过多次辅导，福临创业谷已有20个学生创新创业项目入驻，正在实现由创意到实体的切换，3个教师任法人代表的公司和一个学生任法人代表的企业接受福临创业谷的孵化，实现企业的转型升级，实现向科技型企业的跨越。目前，创新创业教育已经纳入各个专业必修课程，实现了创新创业普及教育到创新创业教育与专业教育紧密结合的阶段，为创客的培育打下了制度基础。2015年9月，学院对17支创业团队进行初选，推荐5支创新团队参加全国大学生创新大赛重庆赛区比赛，在近2000支队伍中，有二支队伍入围前150名。2016年10月，仲夏个性礼品定制中心项目参加涪陵区2016年创新创业大赛，经过初赛选拔和决赛展示两个阶段，获得优秀奖。仲夏个性礼品定制中心项目得到评委的认可，证明了福临创业谷创新创业辅导能力的提升。

在积极引导学院具有创业意愿的创客基础上，学院众创空间还积极联系具有创业意愿的毕业生，充分发挥已毕业学生专业技能水平高、对创业市场行情熟悉的优势。学院众创空间积极参与重庆市科委和教委关于众创空间建设的交流平台，吸收和借鉴众创空间建设先进经验。为实现与时俱进，福临创业谷建设过程中注重加强校外相关单位的联系，加入重庆企业科协科技信息服务——推广应用平台，通过专利数据库检索系统，为福临创业谷创新创业实践提高科技含量提供专利和服务支撑；与涪陵区金渠企业孵化器有限责任公司签订创新创业种子基金合作框架协议，保证福临创业谷融资渠道畅通；加入重庆市科委科技小巨人融资平台，向重庆市推荐高科技企业；加入市教委应用技术转化推广平台，通过福临创业谷，为新技术、新工艺拓宽需求市场，保证合理估值，促进交易完成，突出自身服务地方经济和社会发展职能。

为了将学院创新创业教育实践紧跟国际化步伐，学院与阿里巴巴集团合作，成立了跨境电商项目。2016年4月23日，首批针对全校学生开展的电子商务实战技能培训第一期正式开班，共有300多名学生参加培训。培训安排了五个板块的学习内容，包括内贸实践操作、村淘实践操作、速卖通实践操作、阿里巴巴国际平台实践操作、云客服实践操作。培训特邀了邹民秀等外聘教师，他们曾担任外贸主管、外贸经理，已成交客户遍布全球80多个国家。

3 高职院校众创空间建设展望

高职院校落实创新驱动发展战略，推进众创空间建设将成为未来人才培养、教改科研和社会服务等各项工作的引领。通过调研，我们发现部分西部高职院校运营的众创空间建设还存在一些深层次的问题，需要在未来建设工作中加强沟通。

3.1 高职院校众创空间建设的问题

经过对高职院校创新创业意愿与实践统计表明，学生对创业的认识不深，创业积极性不高，同时部分教师积极性未能及时激活，未能深刻理解创新创业是综合性实践，需要专业知识和技能，还需要相关知识配合，为市场提供完整的服务和产品，得到客户的价值回报。

激励政策差异化不明显制约其效果。大众创业万众创新面对的群体不一样，不同群体的关注点也不一样，比如优秀学生创客对综合测评比较看重，可以通过综合测评项目和权重调整来调动其积极性，但这涉及到教务部门、学生管理部门和科研部门等的协作，能够将创新创业实践对综合测评的影响树立标杆，传递到学生中并产生示范效应还需要一个过程。学生创客的创新创业活动需要有不同领域的专家来指导，这个报酬如何来认定，如何来进行激励，如果不能行之有效，很容易让创新创业指导流于形式；教师创新创业在校外开展可能会影响教学质量，在校内开展可能会影响学校教学秩序和管理。实现激励政策差异化需要学校在做好顶层设计前提下各部门的深度协作，在没有形成统一认识之前，很难落实差异化的激励政策。

缺乏市场检验更多变成纸上谈兵。由于没有足够的人员和资源，更多的创新创业项目止步于路演，无法付诸实施，这其中一部分原因是创客团队自身经验不足，如果贸然实施，更多会承担失败的风险，另一部分原因是良好的创新创业环境还没有形成，一些愿意参与创新创业的创客更多的出于感性认识，缺乏深刻的思考，还有对社会产品和服务的需求无法显性化。

3.2 推进高职院校众创空间建设的建议

（1）高度重视，协调利益，营造氛围。将创新创业真正作为高职院校各项工作的抓手。根据实际情况，协调相关参与主体利益诉求，整合相关部门工作内容，制定出行之有效的激励措施，实现创新创业活动的良性循环，做好创新创业教育氛围营造形式的创新。

（2）创新形式，有效传导，放管结合充分调动创客的创新创业积极性。优秀的学生创客要给予足够的时间、鼓励和指导；教师创客要鼓励其发挥自身专业特长基础上，配套所需资源，真正做到"扶上马，送一程"。

（3）加强与校外创新创业机构合作实现共建共享。将众创空间打造成为整合校内外创新创业资源的中枢机构。从突出众创属性转化为众创、众扶、众包、众筹相融合的"四众"平台。

参考文献：

[1] 吴光明. 高职创新创业人才培养质量的现状、问题与解决途径 [J]. 中国职业技术教育，2014，04：65-67

[2] 张琳. 基于多元智能理论的高职学生创新创业教育初探 [J]. 中国校外教育，1-3

[3] 张冰. 基于教改背景下的高职创新创业教育体制机制创新模式的研究 [A]. 辽宁省高等教育学会. 辽宁省高等教育学会2015年学术年会暨第六届中青年学者论坛论文集二等奖摘要集 [C]. 辽宁省高等教育学会，2015：1

[4] 孙兵. 基于战略协同的高职创新创业人才培养研究 [J]. 中国成人教育, 2012, 07: 95-97

[5] 马林, 赵炳起. 试论高职创新创业教育的载体建设 [J]. 创新与创业教育, 2013, 06: 75-78

[6] 陈勇. "互联网+" 视域下高职创新创业教育的探究 [J]. 南方职业教育学刊, 2016, 02: 84-87

注：

①实现中华民族伟大是中华民族近代的伟大梦想，中国共产党确立了"两个一百年"的目标，一是在中国共产党成立一百年时全面建成小康社会，一是在中华人民共和国成立一百年时建成社会主义现代化国家。

②2016年5月，中共中央、国务院印发《国家创新驱动发展战略纲要》，明确提出"二元支撑"人才培养体系，要求将创新人才与技能人才的培养紧密结合，实现职业教育创新发展。

第二篇

职教改革与职教体系研究

第二部

高职教育职能的探索与实践[①]

宋正富

(重庆工贸职业技术学院 重庆涪陵 408099)

摘 要：高职教育姓"高"名"职"，是高等教育的重要组成部分，必须承担起培养人才、科学研究、社会服务和文化传承创新四项基本职能。高职院校在具体办学实践中只要强化教育教学改革，充分发挥技术优势，立足区域实际需求，提高学生综合素质，才能真正体现大学的职能。

关键词：高职教育；大学职能；实践

我国《高等教育法》规定，高等学校应当以培养人才为中心，开展教学、科学研究和社会服务，以保证教育教学质量达到国家规定的标准。①2011年4月24日，胡锦涛同志在清华大学建校100周年大会上强调，全面提高高等教育质量，必须大力推进文化传承创新。[1]随着时代的发展，高等教育具有了培养人才、科学研究、社会服务和文化传承创新思想四项基本职能。高职教育姓"高"名"职"，是高等教育的重要组成部分，也必须承担起高等教育的基本职能。遵循大学教育规律、围绕大学功能建设、不断完善大学功能，是高职教育属性的根本性要求，也是高等职业院校实现科学化办学、可持续发展的题中要义。重庆工贸职业技术学院基于高职教育姓"高"名"职"的定位思考，深入理解大学内涵和高职教育本质，在制定办学思路和探索实践中注重体现大学功能，积极打造具有工贸特色的"知行文化"，将科学精神和人文精神有机结合，促进学生成长成才，推动学院长足发展。

1 现代大学职能的历史沿革

英国高等教育学家埃里克·阿什比在《科技发达时代的大学教育》中提出了一个著名论断：任何类型的大学都是遗传与环境的产物。大学自中世纪形成以来，根据自身的内在发展逻辑、社会生产力的提高以及社会的需要不断演化发展，大学的职能也在这个"进化"的过程中不断得以拓展。

探讨大学职能，就不能不追溯到现代大学的直接源头——欧洲中世纪大学。中世纪大学

---

① 作者简介：宋正富（1964－），男，重庆工贸职业技术学院院长、教授，主要研究方向：高等职业教育管理。

的组织形式、管理结构、学位制度等一系列制度和原则等成为现代大学的基本原型，对现代大学产生了极为深远的影响。作为当时的经济、社会、文化发展的产物，中世纪大学的职能也由当时的社会发展需要所决定。一般来说，法学、医学和神学是当时的主要专业，中世纪大学的职能就是培养这三种古典专业人才和官吏。[2]这一时期的大学着力于增长学生的智慧、陶冶学生的性情，崇尚高深的学问，以讲授和讨论为主要的教学方式，让学生通过反思、体悟等方式学习知识，从而实现对于学生理性的培养。此时的大学是游离于社会之外的保守的"象牙塔"，培养统治阶级所需人才是其主要职能。

从中世纪大学产生到19世纪前，大学以人才培养为单一职能，并沿着既定的模式缓慢发展，直到柏林大学成立并打破了这种沉闷的局面。19世纪初，德国威廉·冯·洪堡创办柏林大学，标志着世界高等教育历史进入了一个新阶段。柏林大学突破了传统大学的模式，开创了一种全新的先进的大学观念。洪堡认为"孤独和自由是大学的原则"，强调在新型大学中必须将教学与科学研究相统一。[3]他指出："大学教授的主要任务并不是'教'，大学生的任务也不是'学'，大学学生需要独立地自己去从事'研究'，至于大学教授的工作，则在于诱导学生'研究'的兴趣，再进一步去指导帮助学生去做研究。"[4]柏林大学实践了洪堡的教学与科研相结合的理念，发展了大学的新职能——科学研究，极大地促进了德国高等教育的发展和德国国家建设的现代化，也推动了世界高等教育的发展。

随着工业革命的兴起，科学技术有了突飞猛进的进步。在社会发展的新形势下，大学为经济发展提供智力支持和技术支撑有了极大的现实需求。1862年，美国总统林肯签署了后来被称为《赠地学院法案》的《莫里尔法案》。这部具有划时代意义的法案，"使高等教育实用的一面得到加强。这一段历史性的立法把联邦土地赠予各州，各州用出卖土地的钱来支持文科教育和技能培训，这就从根本上加强了正在兴起的农业和机械革命"。②在这部法案的影响下，大批新型农工学院建立，其中，威斯康星大学是充分体现实用主义的典型代表。该校通过传播知识和专家服务等手段，使教学、科研和服务都面向本州的文化和经济发展的需要，并促成教学、科研和服务一体化，形成了著名的"威斯康星思想"。[5]赠地学院运动的开展，威斯康星思想的实践，密切了大学与州政府的联系，提高了大学对社会事务的参与度，使大学从高居在上的"象牙塔"中真正走出来，服务于现实生活。大学的第三大职能——服务社会逐渐形成，并与人才培养、科学研究共同构成了现代大学的职能体系。

大学的职能应社会需求和自身发展逻辑而生，也顺应着时代的发展具有了延展的空间和维度。胡锦涛同志在清华百年校庆上提出的"文化传承创新"即是新时期大学职能的新丰富、新发展，是我国高等教育与时俱进的新任务。"文化"一词较早出现于《周易》，《周易》所载"观乎人文，以化成天下"暗含了文化的教育功能。作为聚集和传播科学文化知识的专业教育机构，大学本身的特性决定了文化传承创新是其必然担负的使命。文化是支撑国家民族长远发展的软实力。在经济全球化的今天，凸显大学"文化传承创新"的职能显得尤为重要。守护、传承、创新文化，增强国家民族发展的软实力，大学责无旁贷。

2 高职教育的大学职能

高职教育以大学的形象存世,是高等教育的一个重要类型,其与生俱来的类别属性决定高职教育理应承担起大学的基本职能。高职教育要凸显自身应用性、实用性的特点,同时也应秉持"大学理想"的追求,在人才培养、科学研究、服务社会、文化传承创新等方面发挥好应有的功用。

人才培养是大学的首要职能,也是高职院校办学的出发点和落脚点。高职教育是与社会衔接最为紧密的高等教育类型,肩负着培养适应经济社会发展需要的高素质技能型专门人才的重任。高职院校要在现代高职教育理论等科学的教育思想指导下,确立一系列围绕办学目标、合乎办学定位的人才培养措施,"用明天的技术,培养今天的人才,为未来服务",以人才培养目标反映高职院校鲜明的办学特色,以人才培养活动体现高职院校教育教学管理的水平,以人才培养质量展示高职院校的办学成果。

科学研究是大学的重要职能,也是高职院校增强自身生命力、竞争力的"动力源"。高职院校与学术研究型大学虽然在发展模式及科研能力积淀等方面有较大差异,科学研究往往是"短板"甚至被人们所忽视,但科学研究对于促进高职教育提高人才培养质量、增强服务社会能力等方面的作用与普通本科院校是一致的,科学研究仍然是高职教育的重大使命。南宁职业技术学院的陈建新院长就曾提出,高职院校同样需要科研,只不过,高职科研的方向不是关注国际前沿和国家重大需求,而是强调服务行业和区域。[6]

服务社会是大学的第三项职能,也是高职院校在与社会的友好互动中实现自身存在价值、提高办学质量的重要途径。"大学作为知识的生产者、批发商和零售商,是摆脱不了服务职能的。……如果大学拥有大量的为社会服务的知识,但是缺乏把这些知识用于实践的决心和责任感,那么,公众就会认为大学是无用的,失去了存在的根据。"[7]随着知识经济时代的到来,在社会生产力发展的客观要求下,高等教育为社会提供强有力的"软实力"支撑的作用将越来越突出和重要。服务社会既包括了培养的人才最终服务社会,同时也包括办学过程中对经济建设作出应有贡献,如开展技能培训、促进科技成果转化为现实生产力以及引领区域精神文明建设、发挥文化辐射作用等诸多方面。

文化传承创新是大学职能的新概括,也是高职院校存在、绵延的重要根基。大学之大,不仅是校园体量之大,更意味着思想的大格局、观念的大气象,能使学生获得终身受用的能力资源。培养高职学生,不能只抓技能培养,而忽视可持续发展能力及品质的培养。2002年9月1日,袁贵仁同志在大学文化研究与发展中心成立大会上的讲话中便深刻指出:"在一定意义上可以说,大学即文化。大学的教育教学过程,实质上是一个有目的、有计划的文化过程。"[8]大学以文化人,文化可谓大学之魂。高职教育除了紧紧围绕经济社会发展的需求展开办学活动外,也必须要有超越表层、技术、功利化的理想情怀去塑造独具特色的大学文化,在强调企业文化、行业文化引入的同时还要注重系统培育符合学校实际的大学精神、办学理念、行为文化、制度文化等,彰显大学的价值追求。

3 重庆工贸职业技术学院的探索与实践

3.1 强化教育教学改革，提升人才培养质量

学院根据培养人才的需要，坚持"校企合作、工学结合"，校企共同探索建立了"行业、企业、专业相衔接设置专业，岗位、能力、课程相衔接开发课程，政府、学校、企业相衔接建立人才培养体制机制"的"三个三衔接"人才培养模式，以多方联动机制建立点对面的互动平台，在以学生就业创业能力和素养培养为导向的引领下，优化育人过程，提高育人水平，努力培养"专业有特长、就业有优势、创业有能力、提高有基础、发展有空间"的高素质技能型专门人才。学院始终坚持高职教育与行业企业需求相融合，以服务地方经济社会发展为宗旨，以人才市场需求为导向，依托区域产业结构优化升级，在系统开展市场调研的基础上优化专业结构与布局，开设的34个专业覆盖了重庆市电子信息、汽车、装备制造、化工、材料、能源六大支柱产业和消费品产业。如建筑工程技术专业服务重庆市城乡统筹建设，应用化工技术专业服务重庆三大化工园区，生物制药技术专业服务太极集团等医药企业，机电一体化技术专业服务重庆装备制造业等。学院拥有中央财政支持的专业服务产业发展能力提升项目2个，重庆市教改试点专业1个，重庆市高技能人才培养专业3个，应用化工技术、会计电算化及服装设计专业在2011年重庆市高职院校专业测评中获第一名。

学院加强精品课程建设，以核心课程建设为突破口，以职业能力为本位，以工作过程为导向，依据职业标准开发课程。根据企业真实生产、技术革新和业务流程，改革教学内容、教学流程、教学方法和教学环境。运用信息技术改进教学，促进信息技术与教学内容、过程、方法和评价的深度融合。拥有市级精品课程2门、市级精品视频公开课2门。学院坚持实训基地建设的职业性、生产性和开放性，切实优化实训条件，强化学生技能培养，并不断加强校外实训基地建设，拥有校内生产性实训基地9个，其中，中央财政支持的实训基地4个，重庆市高职院校生物化工应用技术推广中心1个，校外顶岗实习基地123个。学院大力实施实训教学改革，各专业制定实训课程标准、教案标准和考核标准，加大实训教学比重，丰富实训教学内容，改进实训教学方法，强化职业技能培养，近三年，学生在职业技能大赛获国家级二等奖3项、三等奖2项、市级一等奖11项、二等奖5项、三等奖31项，毕业生双证率95%以上、就业率99%以上。

3.2 充分发挥技术优势，广泛开展科学研究

学院深入理解高职的本质内涵，准确把握高等教育的属性要求，在办学思路制定上特别突出高等性，把"研究和推广适应涪陵区、三峡库区、渝东南地区（简称'三区'）产业发展的新技术、新工艺"列为办学定位的重要内容，充分发挥智力优势和技术优势，积极为企业提供技术服务，研究和推广具有"三区"产业发展特色的应用技术。坚持内培外引，扎实推进师资队伍建设，着力提高教师的科研能力和教学能力，努力打造一支"学高"、"德高"、"技高"的高素质教师队伍，有重庆市和涪陵区科技特派员14名、涪陵区创新创业团队9个。加大科研经费投入，完善科研奖励机制，调动教师科研教改的积极性，激发教

师科研热情，整合科研力量，强化项目管理，取得较好成效。近三年，学院教师获得国家实用新型专利15项，承担科研项目71项，教改项目立项32项，主（参）编教材116部，发表科研教改论文1098篇，曹子英教授主持的《偶氮二异丁腈清洁生产技术与应用》列入2012年度重庆市第三批科技攻关（应用技术研发类）项目立项研究，项目获资助经费15万元；刘勋教授主持的《特效沉淀法分离提取氨基酸新技术的中试及推广应用》立项为"2013年重庆市高等职业技术院校应用技术推广中心新技术推广项目"，获得资助经费30万元。《西部欠发达地区高职教育开放式办学模式的探索与实践》获重庆市第三届教学成果三等奖，《高职生物制药技术专业"五融合"专业课程教学模式的探索与实践》获重庆市2013年教学成果奖二等奖。

3.3 立足区域实际需求，积极服务社会发展

学院重视社会服务工作，以服务地方经济社会发展为己任，立足于重庆市统筹城乡发展及"三区"经济社会发展需要确立办学指导思想，成立了"重庆工贸职业技术学院政校企合作理事会"，构建起政府主导、企业主体、学院主动的政校企深度合作的新模式，与涪陵区、两江新区、丰都县等地方政府签订战略合作协议，与123家企业签订校企合作协议。学院坚持"政府引导、院企主体、市场运作、资源共享、优势互补、发展共赢"的原则，围绕地方经济社会发展，利用先进的教育教学设施和人力资源，激发教师服务社会的内在动力，拓宽了校企合作的深度与广度，形成了应用技术研究、技术服务、咨询服务、社会培训、技能鉴定等多元服务的良好势态。近三年，开展应用技术研究79项、技术改造17项、推广技术16项、咨询服务97项，技术服务收入达到370.33万元；开展短期培训32632人次；对口支援贵州黔西南民族职业技术学院、重庆市涪陵职业教育中心等职业院校7所，资助经费15万元。学院多维度履行服务社会职能，取得了学生成长成才、教师专业素质提高和学院服务社会水平提升的多重收益，促进了地方经济社会的发展。

3.4 提高学生综合素质，推进文化传承创新

学院结合高职教育特点和自身历史、现实实际，探索形成了"知行文化"，力求最大限度地发挥文化育人的功能，推动学院内涵建设。学院"知行文化"中的"知行"，源于明朝思想家王阳明"知行合一"理论。"知行"关系是中国传统哲学中具有核心意义的命题。"知行合一"理论强调的是不仅要有认知、有意念，尤其应当有实际行动、有践履。学院倡导"知"与"行"要相一致的文化理念，提倡思想与行动的统一、学习与实践的统一，旨在培养学生成为既有扎实理论功底、又有过硬动手能力，既有知识文化修养、又有高尚道德行为的适应社会需求的高素质技能型专门人才。学院通过开展文体活动、营造文化氛围、加强制度建设等方面多方位、立体化地发挥文化育人的功能，着力培养学生的综合素质和适应社会的能力，使学生在文化的浸润滋养中获取适应社会进步与其自身终身发展所需的能力素养，同时在专业学习、就业创业、综合素质、长远发展等方面也更具竞争的优势。近三年，学生在市级及以上各类评优评先524人次，其中国家级163人次，在市级文体竞赛活动中获

奖300余人次。学院学生良好的职业道德、扎实的基本理论、过硬的职业技能、较强的创新意识,得到了用人单位的充分肯定,用人单位满意度90%以上。2009年,学院荣获"全国德育管理先进学校"荣誉称号。2010年1月,学院荣获由重庆市教育学会、重庆市高等教育学会、重庆市职业教育学会、重庆市对外文化交流中心和重庆商报社授予的"新中国成立60周年重庆教育功勋特色高职院校"荣誉称号。

发挥大学职能是高职院校"安身立命"的内在依托,体现着高职院校办学的自觉与自信。当前,随着高等教育大众化进程的深入和高职教育体系的日趋成熟,时代赋予了高职教育新的历史使命,更加充分地发挥大学职能是高职院校更好地适应社会要求、促进自身发展的必然路径。近年来,重庆工贸职业技术学院着力提升人才培养质量、提高科学研究水平、拓展服务社会路径、丰富大学文化精神,全面履行大学职能,不断增强办学实力,实现了健康、快速、可持续的科学发展。面对高职教育发展的新机遇,学院将继续大力加强内涵建设,自觉担当并有效发挥大学职能,为经济社会发展作出新的更大贡献。

参考文献:

[1] 胡锦涛:在庆祝清华大学建校100周年大会上的讲话[EB/OL]. 新华网. 2011-4-24

[2][4] 朴雪涛主编. 重建中国精英高等教育[M]. 哈尔滨市:黑龙江人民出版社,2002:50,52

[3][5] 黄福涛. 外国高等教育史[M]. 上海市:上海教育出版社,2008:124,148

[6] 翟帆. 高职的前程——访全国人大代表、中山大学原校长黄达人[N]. 中国教育报. 2012-3-7(5)

[7] (美)布鲁贝克. 高等教育哲学[M]. 杭州市:浙江教育出版社,1987:18,22

[8] 袁贵仁. 加强大学文化研究 推进大学文化建设[J]. 中国大学教学. 2002,(10):4-5

注:

①《中华人民共和国高等教育法》第四章第三十一条规定。

②E. L. 波伊尔. 学术水平反思——教授工作的重点领域,载于《当代外国教育改革著名文献 美国卷 第3册》. 北京市:人民教育出版社,2004,(10)

欠发达地区职业教育集团化办学的探索[①]

卢德炳　石乾福

（广安职业技术学院　四川广安　638000）

摘　要：广安在"十三五"规划中明确提出要构建现代职业教育体系，推进产教融合、校企合作，优化人力资源配置，充分发挥各领域人才作用。广安职业教育通过建立课程共建、基地共用、教师互派、学分互认的集团化办学体制，以中、高职贯通为突破口，通过立交式拓展，探索生源多样、学制灵活、师资变化、基地完善、手段现代的职业教育集团化办学模式，实现学校教育和区域产业发展良性互动，服务川东地区经济建设。

关键词：欠发达地区；职业教育；集团化办学；探索

为进一步推进广安市职业教育发展，改善教育结构，优化资源配置，推动人力资源转化为人才资源，广安市职业教育坚持以中国特色社会主义理论体系和习总书记系列讲话精神为指导，以推进部省共建"广安市教育改革发展试验区"为统领，以"改善条件、扩大规模、强化管理、提升内涵"为重点，以实施条件优化、教师发展、质量提升、终身学习工程等为着力点，整体提升职业院校办学水平，改革创新，优化资源配置，推进职业教育实现集团化办学试点工程跨越式发展。

1 广安市职业教育现状

近年来，广安市正努力整合职业教育资源，打造优势专业集群，紧跟产业转型趋势，整合、停办弱势专业，做大做精传统优势专业，积极拓展适应经济社会发展的新兴专业，基本形成了与区域经济和产业发展匹配紧密、结构合理、覆盖广泛、特色鲜明的专业结构体系。转方式调结构取得较大进展，精细化工、生物医药、电子信息、节能环保及新材料、新型住宅制造、高端装备制造等六大高端产业及百亿产业和电子商务、现代物流、现代金融、科技服务、健康养老、通信服务等六大新兴先导型服务业加快发展，创建为国家现代农业示范区和全省唯一的整体推进现代农业产业基地建设示范市，积极创建国家循环经济示范城市，三次产业结构持续优化，取得了较为突出的成绩。

但广安市的职业教育仍存在力量薄弱，发展速度缓慢，举措不硬等问题。要积极增强职

[①] 作者简介：卢德炳（1980 –），男，四川广安人，广安职业技术学院讲师，学士，研究方向：思想政治教育。石乾福（1979 –），男，四川广安人，广安职业技术学院讲师，学士，研究方向：思想政治教育。

业教育活力,广安市职业教育在创新办学体制机制上必须求得突破。大力发展职业教育,切实推进职教资源整合,做大做强职教中心或优势学校,推动职业教育向规模化、集团化方向发展。

2 集团化办学依据及基础

随着广安市被国家确立为四川唯一的川渝合作示范区和承接产业转移示范区,被赋予为西部地区开展区域合作提供经验和示范、为西部地区承接产业转移提供典型示范的重大使命。要努力把广安建设成为成渝经济区重要的经济增长极,广安职业教育就必须要开展区域合作,以服务广安企业为重点,校企紧密合作,建立课程共建、基地共用、教师互派、学分互认的集团化办学体制,凸显区域性、产业性、多样性、灵活性的职业教育办学特色,产学研用结合,形成与区域经济深度融合的动力机制。

2.1 以广安建设为己任,带动广安职业教育跨越发展

广安是连接重庆城市群和川东北城市群互动融合的重要城市,目前已形成国家级经济技术开发区、枣山物流园区、协兴生态文化旅游园区竞相跨越的多点发展战略格局,是川东北地区重要的经济增长极,专业技术、技能型人才的大量需求也为广安市职业教育提供了改革发展的机遇。同时,要在现有的职业教育教学资源的基础上,通过整合师资力量,构建职业教育集团化办学模式。通过五年一贯制、中高职衔接、联办中职等合作途径,实现师资、设备、图书等教学资源共享,推动广安职业教育跨越发展,为广安教育改革试验建设服务。

2.2 建立多途径升学和学习的互通式立交

拓宽中等职业教育与高等教育衔接的渠道,是构建开放式职业教育体系的重要环节,它将改变中等职业教育或专科层次的高等职业教育作为终极教育的弊端,激发人们接受职业教育的积极性。集团化办学要根据各试点学校的专业特点,共同制订中、高职一体化的人才培养方案,实现中、高职教育贯通。通过加强院校合作,建立途径升学和学习的互通式立交。

2.3 推进产学研用结合,互利共赢携手发展

"产学研用结合"是生产、学习、科学研究、实践运用的一种系统合作工程,是现代经济发展对职业教育提出的客观要求。集团化办学要建立生源链、产业链、师资链、信息链、就业链紧密联结的产学合作系统,开展共享知识产权,联合培养人才,以达成学校为产业界培养实务人才,提供增值再教育及关键技术知识引进、消化和创新的目标,实现学校教育和区域产业发展良性互动,携手发展。

3 集团化办学思路与举措

3.1 组建广安职教集团,实现组织衔接

3.1.1 建立组织机构

广安职教集团是由广安职业技术学院牵头,联合川东地区的职业院校、企业、行业协会、科研院所共同参与的非法人组织;本着互惠互利、自愿协作原则组建的相对独立的产学研联合体。集团设立集团董事会,下设秘书处、人才培养合作委员会等专门机构,由董事会

统一协调设备、人员等资源配置，构成集团化办学的组织体系。秘书处作为董事会常设办事机构，负责处理职教集团的日常事务，保持董事会成员的密切联系。人才培养合作委员会负责人才培养具体事务的实施工作，包括人才培养方案设计、教学团队共建、实训基地共建共享、人才培养过程监控与质量评估等工作。

3.1.2 搭建职教集团信息平台

通过建立职教集团宣传网站，展示集团成员企业的产品、企业文化、办学模式、课程设置、学生风采、招生及毕业生就业等信息，实现信息资源共享。通过举办集团大论坛和产学合作成果展等活动，在区域经济发展、产学合作、人才培养等方面开展深入讨论与交流，实现集团成员有效沟通，增加产学研用结合机会。

3.2 招生录取改革，实现生源衔接

结合联盟单位办学优势以及广安教育改革发展试验区建设需要，确定学前教育、建筑工程技术、旅游管理、机械加工、汽车应用、广告设计与制作等六个专业为首批集团化办学改革试点专业，五年一贯制、中职、中高职衔接等办学形式同时招生，实行联合招生，共同培养。通过初中应往届毕业生、中职应往届毕业生、高中应往届毕业生等多条途径招生，改革传统的招生录取制度，采用会考、中考、高考推荐入学等多种考核录取方式，联合自主招生。

3.3 改革人才培养模式，实现过程衔接

3.3.1 创新学分制，灵活课程体系

高职教育推行弹性学分制，按学分收费，职教集团建立学籍管理联网系统，实现中高职学分互认、中职之间学分互认、企业实践学分互认。学生可以根据自己的实际情况安排学习进程，在集团院校内自由选择学习地点，或早或晚地修满学分，提前或滞后毕业。

3.3.2 以职业能力为核心，构建中、高职一体的实践教学体系

（1）实践教学内容体系构建的步骤。第一，分析岗位能力，确定实践教学目标。第二，划分能力模块，设计实训项目。将实践教学内容按能力层次划分为基本技能、专业技能和技术应用三大模块，确定实训课程，将每一门课程的实训内容对应一个实训项目。第三，明确实训项目，注重理论联系实际，既要训练学生的职业技能，又要注意结合教学内容对学生进行职业素质的培养。第四，完善实训项目考核标准。注重过程考核和综合能力测评，以确保实践教学的质量，实现毕业与就业"零距离"对接。

（2）推进工学结合，建立实践教学支撑系统。发挥广安中小企业的作用，调动川东地区知名企业的积极性，通过会员联盟的力量，参与职业教育教学管理全过程，提供生产实习场地和选派业务骨干担任兼职教师，承担部分实训项目教学活动等，广泛开展委托培养、定向培养、定单培养，实现川东地区校企一体化办学。当学生在校学习一定理论知识同时，组织学生在集团所属企业开展实践教学，或者将工厂直接设置在学校内部，引入"师徒制"教学模式，开展企业委托加工等模式，推荐学生就业和增加企业效益。

3.3.3 以人为本，构建中高职一体的素质教育体系

把素质教育，纳入中、高职人才培养全过程，中职阶段重在养成教育，高职阶段重在职业道德和社会责任教育，构建通过"六大平台"建设来支撑：

（1）课程平台建设。统筹试点院校的师资力量，联合建设30门左右的课程，涵盖政治、经济、思想、文化、艺术、法律等广泛领域，课程在试点学校间共享。

（2）队伍平台建设。建立辅导员、班导师互换交流制度，聘请企业劳动模范、技术能手作为集团德育师，在集团院校内形成一支流动有序、素质优良的德育教育队伍，加大学生思想政治工作力度，为实施素质教育提供有力保证。

（3）基地平台建设。在集团院校内建立"德育教育基地"、"社会实践基地"、"学生国际交流基地"等素质教育基地，为开展学生养成教育和素质拓展提供强有力的依托，为促进学生全面发展发挥重要作用。

（4）素质拓展平台建设。创建职教集团学生素质教育网站，成立"学生创意、创新、创业联合会"等学生社团，为培养学生的综合职业素质提供平台，提高学生的职业素养、创新意识和实践能力。

（5）集团文化平台建设。通过职教集团学生素质教育网站、各试点学校校园网、校园广播等途径，广泛宣传先进人物事迹，弘扬"和谐、和睦、合作"的职教集团文化，营造良好的育人环境。

（6）考核评价平台建设。建立集团、各试点学校、班导师、学生为一体的素质教育考核评价体系，制定《班导师考核管理办法》、《学生素质教育学分实施细则》、《部门素质教育考核评价办法》等制度，形成科学、完善、长效的育人机制。

3.4 通过集团成员师资共育，实现团队衔接

3.4.1 支持部分中职学校建设高水平师资队伍

针对广安部分中职学校师资力量较弱的实际情况，制定师资专项帮扶方案，从培训、支教、引进三个方面着手，尽快提升该校师资队伍水平。一是培训，由川东地区高职院校抽调教学名师，制定培训计划，共同对广安中职学校专任课教师开展教学能力培训，提高专业水平。二是支教。广安职业技术学院每年选派3-5名教师到广安中职学校支教，通过传、帮、带培养，提升中职学校的师资水平。三是引进。通过公开招聘等渠道，有计划引进一些高素质的专业教师，加强教学团队力量。

3.4.2 打造专兼结合的集团教学团队

充分利用校企合作企业的人才优势，建立集团共享的"专兼职教师备选人才库"，积极聘请具有较高专业技术水平的行业人员及能工巧匠到试点院校从事兼职教学工作。充分利用实践教学基地作用，有计划地选派专业教师到基地企业挂职顶岗锻炼，提高专业技能，积累实践经验。鼓励专业教师积极参与企业的员工培训及产品客户培训，为企业提供相关产品的宣传与技术讲解，鼓励专业教师获得相应的专业技术职称或考取相应的职业资格证书。

3.5 通过实训基地共享共建，实现基地衔接

校内实训基地建设方面，一是充分利用广安职业技术学院校内实训基地，实现集团内共享；二是按专业发展要求，争取政府投入，帮助中职学校尽快在物流类、建筑类、机械类、汽车类等方面新建一批实训基地，改善实训教学条件；三是推行校企合作，建成一批具备实训和生产双重功能的车间厂房，结合各职业院校的专业设置，吸引大型企业投资，探索依法举办主要用于实习实训的企业实体。

职业教育教集团化办学是广安市乃至川东北地区职业教育的创新点之一，其理论与实践的探讨还处于起步阶段，是新形势下职业教育发展的一条有效拓展路径。广安市职业教育的改革、创新集团化办学思路，就要整合教育教学资源，实现资源优化配置，推动经济从要素驱动、投资驱动加速向创新驱动转型，按照建设职教强市的战略部署，积极稳妥地开展集团化办学的实践，自加压力、跳起摸高，保持专注发展定力，推动广安市及早迈入全省"千亿俱乐部"，为实现"十三五"时期宏伟目标、决胜全面建成小康社会、谱写好中国梦广安篇章而努力奋斗！

参考文献：

[1] 吕扬. 陕西省组建五大职教集团培养高素质技能人才 [N]. 陕西日报, 2008-04-12

[2] 崔永华, 张凯. 职教集团发展的困境与对策——以江苏省为例 [J]. 职业技术教育, 2008 (1)

[3] 王兆明. 职教集团需要政府引导企业参与 [N]. 中国教育报, 2009-10-26

[4] 郭苏华. 优化职教集团运行状况的几点思考 [J]. 教育发展研究, 2005 (10)

[5] 龙德毅. 坚持科学发展观，推进职教集团发展 [J]. 天津职业院校联合学报, 2007 (7)

[6] 杨柳, 夏金星. 职业教育集团化发展的经济学分析 [J]. 职业技术教育, 2007 (10): 27-28

[7] 曾小军. 教育集团化经营的新制度经济学分析 [J]. 民办教育研究, 2003 (6): 35-36

[8] 黄尧. 职业教育集团化办学的理论研究与实践探索 [M]. 北京: 高等教育出版社, 2009: 59

[9] 王平安, 郭苏华. 职业教育集团发展的实践与创新 [M]. 南京大学出版社, 2009: 121

[10] 赵丽萍. 职业教育集团化办学研究 [D]. 福州: 福建师范大学, 2007, 1-47

[11] 黄尧. 职业教育集团化办学的理论研究与实践探索 [M]. 北京: 高等教育出版社, 2009: 73

[12] 郭苏华. 论职业教育集团发展的核心问题 [J]. 职业技术教育（教科版），2005（14）

[13] 刘辉雄. 关于职业教育集团化发展的实践反思 [J]. 福建商业高等专科学校学报，2009（2）：25

高职软件技术专业"双实践+三模块"课程体系的设计与研究

魏红伟 袁江

(张家界航空工业职业技术学院 湖南 张家界 427000)

摘 要：基于软件行业人才需求及职业岗位能力的调查分析，以提高高职软件技术专业学生的职业能力为核心，构建软件技术专业的"双实践+三模块"动态课程体系，结合学生的个人能力和兴趣，以拓展学生可持续的职业技能学习能力，拓展学生的职业能力和社会竞争能力。

关键词：软件技术；职业能力；岗位群；课程体系

当今，信息化的水平是世界衡量城市或地区的竞争力与现代化程度的重要标志，信息化建设已成为城市综合竞争力的重要组成部分。这对用于信息处理的软件技术提出了更高的要求，同时促进了软件技术和软件行业的快速发展，人们公认"软件技术"已是的当今发展最为迅速的技术之一。世界各国都面临着"软件产品开发、软件产品使用、软件产品维护"人才的巨大需求。因此，通过企业对软件专业技术人员的职业能力要求的角度分析，以提高学生"职业能力"为核心，找准高职软件技术专业学生在人才市场中的定位，探讨高职软件技术专业课程体系的构成很有必要。

1 职业岗位分析

通过软件行业发展分析、市场调研、企业专家探讨，结合高职学生认知特点，高职软件技术专业方向可分为 JAVA 与 .NET 方向、嵌入式软件方向、软件实施与营销方向，可从事的服务外包岗位见表1。

---

① 作者简介：魏红伟（1980 -），辽宁葫芦岛，讲师，硕士，研究方向为职业教育理论与改革。袁江（1978 -），湖南邵阳，副教授，硕士，研究方向为职业教育理论与改革。基金项目：2015 张家界航空工业职业技术学院资助项目（ZJJKT2015 -015）。

表1 软件技术专业职业岗位与职业资格

职业岗位群	职业岗位	职业资格
Java 平台软件开发	Java 程序员；Web 网站开发与维护（Java 平台）；软件测试	Java 软件工程师；NIT－PRO 软件工程师；软件测试师
.Net 平台软件开发	.Net 程序员；Web 网站开发与维护（.Net 平台）；软件测试	.Net 软件工程师；MCTS；MCAD；软件测试师；NIT－PRO 软件工程师；
嵌入式软件开发	嵌入式软件设计；嵌入式软件测试；嵌入式技术维护	嵌入式软件工程师；嵌入式软件系统工程师
软件实施与营销	软件品质管理；软件销售；软件安装与维护；SAP 顾问；ERP 实施	高级营销员；SAP 认证

2 以"职业性"为核心作为培养目标

职业教育的最根本的特点之一是"职业性"。职业教育坚持以职业岗位能力为培养目标，重点培养学生的动手能力和实用技能，为社会企业和行业的需求提供发展性人才。因此，坚持以"职业能力"为核心，通过"职业能力"在课程的设置上给予落实，以注重学生的职业岗位所需要的专业知识为培养目标，将专业理论课程和专业操作技能有效的结合，满足职业学校学生的职业素养可持续发展，满足社会企业对人才的需求。而职业素养不是天生的，是在职业活动中通过不断训练而形成的，是在从事的职业工作中必须养成的作风和行为习惯。职业素养是观念意识树立、情感态度形成、思维方式建立和行为习惯养成四类过程相辅相成的结果，训练效果主要通过行为习惯养成来体现。见表2。

表2 职业岗位和职业素质要求

序号	职业岗位	岗位所需职业素质
1	程序设计员/软件开发员	1. 熟悉软件产品设计、开发等规范的工作流程； 2. 具有按照程序设计规格说明书编制并调试程序，写出相应的文档； 3. 按照系统设计要求进行开发出规范可靠的软件系统。
2	软件测试员/软件产品检验员	1. 熟悉软件产品测试等规范的工作流程； 2. 可根据测试计划对软件产品的运行进行测试； 3. 判断软件产品能否达到预期效果，编写并提交测试记录和缺陷跟踪报告。
3	信息系统运行管理员/信息处理员	1. 能够熟悉安全的进行信息系统的运行管理、安装和配置相关设备； 2. 能够处理信息运行过程中的处理记录和常见问题，记录信息系统运行文档； 3. 能够进行信息资源的收集、归纳、制作和发布，能够进行文字和多媒体信息处理。
4	软件销售员/技术支持人员	1. 使用、安装、配置计算机系统及其应用软件系统； 2. 向客户描述软件、硬件的功能和特点； 3. 解决客户使用产品过程中才晓得问题； 4. 熟悉客户接待礼仪。

3 以职业岗位技能，构建"双实践+三模块"的动态课程体系

高职软件技术专业模块项目化的课程体系主要由校企合作共同构建，是"双实践+三模块"的动态课程体系。由校企合作企业的资深工程师、专家，学院的专业带头人和专职骨干教师组成课程体系研发小组。课程体系开发建立在职业岗位能力的分析基础上，坚持"以职业技能为核心，以典型岗位工作任务为载体"的课程体系指导思想。兼顾学生职业能力、可持续发展能力和个性化发展要求的基础上，将专业课程中的知识点、岗位技能和职业规范融合在典型工作任务中，形成理实一体的课程模块。

3.1 "双实践"课程体系

实践教学主要培养学生的实际动手操作能力，达到步入社会后适应对应岗位的职业能力。在当前人才竞争异常激烈，并且科技技术更新日新月异的社会，实际动手操作能力对高等职业类的"蓝领"人才显得尤为重要。因此，在实践教学课程体系的构建中，以企业调查职业能力的研究基础上，设置课内实践课程和集中实训课程的"双实践"课程体系。

课内实践课程是以单独课程的相应内容进行实践教学，以教师的演示为标准，学生实践模仿操作，获得实践经验，形成一定的专业技能和动手操作能力。激发学生的学习热情，熟悉和掌握实践工作中的偏差，纠正操作过程中的不规范和错误的方法和手段。集中实训课程包括专业综合能力实践、岗前综合训练、顶岗实习等专周实训，重点培养学生综合处理和分析问题的能力，强化专业职业技能和动手操作能力。

3.2 "三模块"课程体系

"三模块"是指"公共基础模块"、"职业基础能力模块/专业基础模块"和"职业核心能力模块/专业方向模块"。"公共基础模块"主要培养学生必备的人文素质、身心素质、道德素质、职业素质等基本素质；"职业基础能力模块/专业基础模块"主要培养学生的计算机应用能力与系统维护能力、网页设计与维护能力等专业性的基本职业能力；"职业核心能力模块/专业方向模块"主要培养学生的程序设计与规划能力、数据库应用与开发能力、计算机网络应用与维护能力等职业核心技能。

根据软件行业需求，将专业核心技能的培养分为四个教学方向，即JAVA与.NET方向、嵌入式软件方向、软件实施与营销方向。设置五个职业核心岗位：程序设计员/软件开发员、程序设计员/软件开发员、信息系统运行管理员、软件测试员/软件产品检验员、软件销售员/技术支持人员。每个职业核心岗位对应1-2门专业核心技能模块课程和专业选修课模块。专业选修主要拓展学生的专业能力和培养学生的思维方法、分析问题、解决问题的综合能力及创新能力。软件技术专业"双实践+三模块"的动态课程体系图，如图1所示。

\"双实践+三模块\"的动态课程体系					
职业岗位	程序设计员/软件开发员	程序设计员/软件开发员	信息系统运行管理员	软件测试员/软件产品检验员	软件销售员/技术支持人员	职业岗位
理论教学	Java Web 程序设计,PHP 编程	Java EE 软件开发技术,Android 移动应用开发	oracle 数据库系统	软件测试	软件销售	实践教学
	专业选修			专业必修		
职业核心能力模块/专业方向模块					
理论教学	面向对象分析与设计,C 语言程序设计,数据结构,计算机基础,Linux 系统基础,Java 面向对象程序设计				实践教学
职业基础能力模块/专业基础模块					
两课,政策与形势		体育,心理健康,职业规划		高等数学,大学英语,计算机基础,应用文写作	
思想道德素质课程模块		身心健康课程模块		基础知识与能力素质课程模块	
公共基础模块					

图 1 软件技术专业课程体系

3.3 根据不同岗位群技能,灵活设置岗位职业技能课程体系

为提高岗位职业能力和提高岗位竞争能力,学生可根据自己的能力和兴趣爱好,可选不同岗位的职业技能,设置专业不同方向,开设职业拓展能力模块中的课程。如:学生的不仅具有语言表达能力强,而且具有较强的沟通能力,并"能说"和"会说",就可以选择软件销售员/技术支持人员的模块。学生具有耐心和细心,分析和判断能力强,就可以选择软件测试员/软件产品检验员的模块。

3.4 形成立体化的教学环境

以职业能力为核心,构建模块化的理论教学知识体系和项目化的实训教学技能体系。因此,每个专业模块要求建设相应的专业模块实训室和配备教师,以及教师示范和学生操作分组的实验设备以及多媒体教学设备、课桌椅等,形成立体化的教学环境。根据教学内容的需要,"教、学、做"的形式多样化,充分发挥学生的主体作用和教师的主导作用。

总之,以职业能力为核心,通过不同岗位群的职业技能要求,设置模块课程体系。使学生的学习过程转变为符合企业需求的工作过程,充分体现"职业能力"为核心的职业教育理念,使学生在"双实践+三模块"动态课程体系的过程中掌握知识、技能和技巧,提高学生的社会人才竞争能力。

参考文献：

[1] 徐承亮，曾文英，钟京，朱亚兴. 高职信息工程专业多途径项目化教学的实践探索[J]. 职业教育研究，2015，09：49-52

[2] 蒋根东，吴湘江. "以就业为导向"的高职软件技术专业人才培养模式研究[J]. 现代企业教育，2015，02：108-109

[3] 彭建华. 基于职业技能标准的课程体系开发与实施-以高职金融管理与实务专业为例[J]. 中小企业管理与科技（上旬刊），2015，04：279-280

[4] 柳淑花. 基于职业岗位的软件技术专业课程体系构建研究与实践[J]. 聊城大学学报（自然科学版），2013，03：106-110

[5] 魏红伟，袁江. 基于自我效能感对高职计算机专业英语教学改革的研究[J]. 职业，2015，35：35-36

"嵌入式"校企合作背景下人才培养模式研究①
——以教产学一体化人才培养模式为例

龚素霞

(张家界航空工业职业技术学院 湖南张家界 427000)

摘　要:"嵌入式"校企合作是高职人才培养模式构建与实践的一种探索。针对目前高职高专人才培养过程中存在的校企合作不够深入、人才培养方案不能完全适应行业等培养模式滞后的问题,"专业+产业"的教、产、学一体化人才培养模式提出了政府、行业、企业、学院多方联动的社会服务体系,能有效地提升社会效益、培养及提高学生的综合素质。

关键词:"嵌入式"校企合作;教产学一体化;人才培养模式

为有效解决目前高职高专人才培养过程中存在的校企合作不够深入、人才培养方案不能完全适应行业、企业发展及就业岗位需求等培养模式滞后的问题,张家界航空职院联合政府+行业+企业等单位在校企合作的人才培养模式、课程体系、教学资源、双师队伍建设等方面开展了研究、创新和实践,构建了"专业+产业"的教、产、学一体的人才培养模式。如图所示。

---

① 作者简介:龚素霞(1982 -),女,湖南常德,讲师,硕士研究生,主要从事高等职业教育研究及区域经济管理研究。基金项目:张家界航空工业职业技术学院院级课题"校企互动视角下的产学研合作长效机制研究"(课题编号:ZHKT2012018)阶段性研究成果。

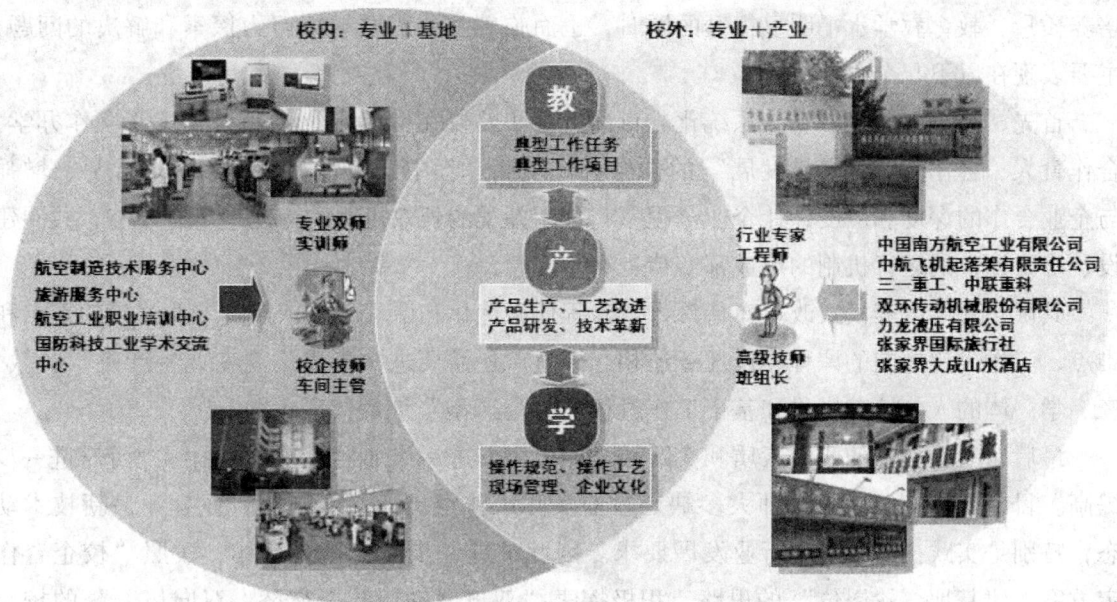

图1 "专业+产业的教、产、学一体化"的人才培养模式

"专业+产业"的教、产、学一体的人才培养模式是指以两个职教集团为平台，加大校企合作力度，校内校企合作建基地，校外校企合作促产业，按企业实际典型任务的工作过程组织教学过程，并在教与学中完成产品的生产，培养企业所对应工作岗位所要求的各项能力。校企双方功能性需求的相互嵌入与满足则是这种人才培养模式的基础动力来源。在专业建设思路上，按照"对接航空与旅游产业、联通岗位、优化课程、适应产业发展"的思路，牢固把握航空和旅游产业发展方向，优化专业动态调整及建设机制，动态调整专业格局。

1 研究背景

1.1 行业背景

"十二五"时期，是国家建立和完善军民结合、寓军于民科研生产体系、实现国防科技工业整体跃升的关键时期，是加快国防科技工业转型升级、建设先进国防科技工业的攻坚时期，也是大力发展军民融合产业、实现由军工大省向军工强省跨越的重要时期。我省军民融合产业将实施"双十工程、千亿产业"，即培育壮大先进装备制造业、航空航天产业、民爆化工产业等10个军民两用优势产业，加快建设长沙航空工业园、株洲航空产业园等10个军民融合产业基地[1]。

在国务院发布的国发（2009）3号文件中，首次明确提出：协调渝鄂湘黔四省市毗邻地区成立武陵山经济协作区[2]。武陵山经济协作区不仅拥有丰富的旅游资源，还聚集了众多的航空企业，区域内旅游与航空特色产业的发展需要大量的旅游与航空高技能型人才。上述情况都为高职院校优化调整专业结构，实施示范性高职学院的建设提供了重要机遇。

1.2 主要问题

调研表明，高职院校致力改革建设和内涵发展，在基础设施、实训条件大为改善和人才培养质量、教育教学水平明显提升的同时，也面临着一些需要继续努力探索和解决的问题，主要表现在以下几个方面：

首先，校企合作机制有待系统化。目前，高职院校在形成行业企业与学校"合作办学、合作育人、合作就业、合作发展"的校企合作机制过程中如何依托行业与区域优势，增强与企业合作的深度和广度，让企业全程参与学院办学的长效机制的构建，多方参与、共同建设、多元评价的运行机制的形成都有待进一步完善；

其次，人才培养模式改革有待深入。课程体系优化和课程开发依然是专业建设的重点和难点，工作过程导向的课程建设任务还相当繁重，还需要进一步优化"专业+产业"的教、产、学一体的人才培养模式和基于工作过程的"生产型"课程体系；

最后，专业教师的职业素质和实践教学能力需要进一步加强，教师的国际视野需进一步提高。目前职业院校专职教师大多缺乏行业实际工作经历，不能把握行业企业最新技术动态，特别是实践技能不适应行业发展要求。因此，进一步深化校企合作，按照"校企合作定方案、建基地、轮岗位"的思路，积极探索"双方联动、双岗交替、双向培养"的校企共建双师专业教学团队新模式有待完善。

2 研究思路

高职教育的特殊性决定其必须依托行业。在课程体系设置、实训基地建设、师资队伍构建、评价体系形成等多方面要进行广泛的校企合作，共同制定人才培养方案，致力培养服务航空与旅游产业需要的高素质技能型人才，全面提高人才培养质量、管理水平和社会服务能力，实现校企双方的互利共赢及长效发展。

在我院人才培养模式的建设与探讨过程中，牢牢把握"立足航空，面向湖南及武陵山经济协作区，服务航空产业转型升级，引领武陵山经济协作区旅游产业发展"的办学定位，按照"对接产业、联通岗位、优化课程、提升质量"的教学改革思路，以校企合作体制机制建设为重点，积极探索构建政、行、校、企四方参与合作的模式，打造湖南省航空职教集团和武陵山经济协作区职教集团；以职教集团为平台，完善专业动态调整和建设机制；以开发优质专业核心课程为目标，提出基于工作过程的"生产型"课程体系，共建生产型实习实训基地；进一步深化学院人事分配制度改革，构建适应人才培养模式运行需要的教师引进、培养、评价及聘用体系，建设"双专业带头人"引领、具有国际视野的双师型教师队伍；以信息技术（特别是网络技术）为管理手段，以"职教新干线"为平台，引入三方评价机制，构建科学化、规范化、系统化、数字化的多元管理体系。

3 研究与实践

3.1 立足航空，面向湖南及武陵山经济协作区，服务航空产业转型升级、引领武陵山经济协作区旅游经济产业发展，培养适应航空、旅游产业一线中高端技术岗位需要的高素质技能型人才

学院深度融入航空与旅游产业链的发展，及时跟踪产业优化升级和发展方式转变态势，

坚持"立足航空，面向湖南及武陵山经济协作区，服务航空产业转型升级、引领武陵山经济协作区旅游经济产业发展"的服务面向定位，着手打造湖南省航空职教集团和武陵山经济协作区职教集团（如图2所示）。在此基础上，深化"专业+产业的教、产、学一体化"人才培养模式改革，立足中端技术岗位群，向高端技术岗位迁移和提升，培养适应航空、旅游产业一线中高端技术岗位需要的高素质技能型人才。

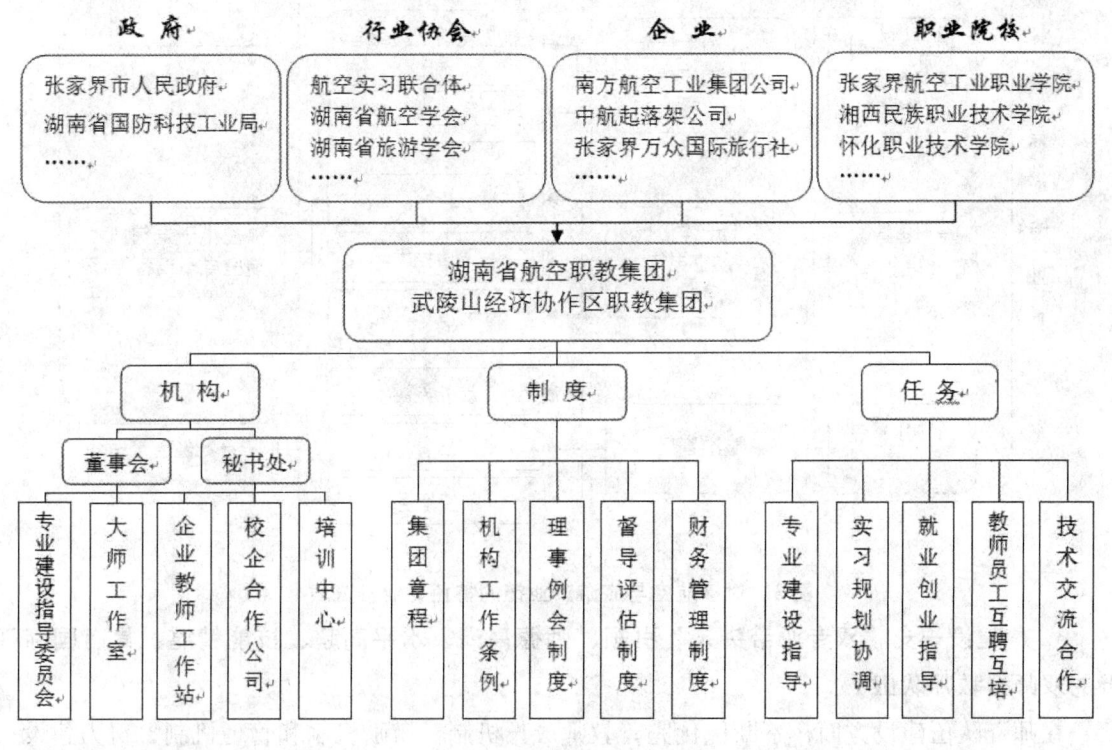

图2　职教集团

3.2 以职教集团为平台，进一步优化"专业+产业"的教、产、学一体的人才培养模式和基于工作过程的"生产型"课程体系，重点建设四个核心专业

按照"对接航空与旅游产业、联通岗位、优化课程、适应产业发展"的专业建设思路，牢固把握航空和旅游产业发展方向，优化专业动态调整及建设机制，动态调整专业格局。

通过政府、学校、行业、企业专家论证，我院以湖南省航空职教集团和武陵山经济协作区职教集团为平台，依托航空行业企业和区域内旅游行业企业，校企合作组建专业建设指导委员会。主动融入航空与旅游产业发展，及时跟踪航空与旅游产业转型、优化和升级态势，深入开展调查研究和科学论证，调整、设置和建设相关专业，形成全面对接航空与旅游产业链的特色专业体系（如图3所示）。

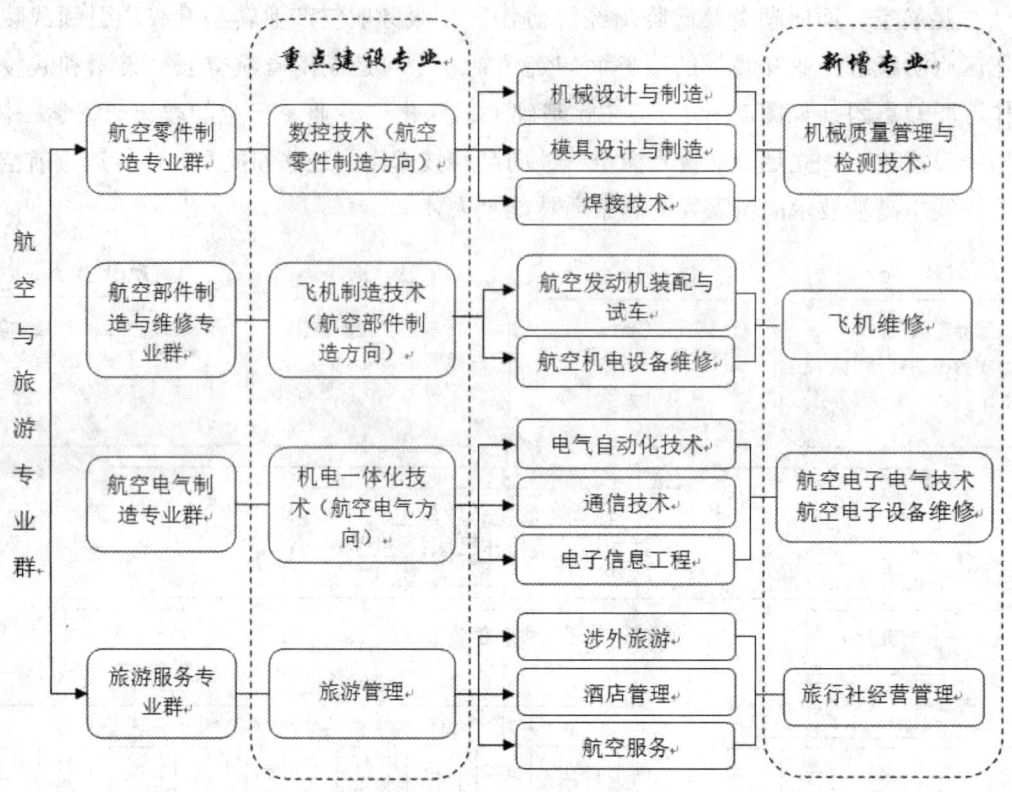

图 3 对接航空与旅游产业链的特色专业一览表

3.3 建设一支"双专业带头人"引领、师德高尚、水平高超、技能精湛、具有国际视野的双师型教师队伍

在师资队伍建设方面，不断优化完善教师成长机制、激励机制和管理机制，努力建设一支"双专业带头人"引领、师德高尚、水平高超、技能精湛、结构合理、具有国际视野的双师型教师队伍。根据高职院校教师双理论、双实践的"两双"要求，重点加强技能型教师、兼职教师的业务理论进修培训和专任教师的企业实践能力培训。以"内培外引、企业历练"为手段，建立吸引、稳定、激励教师队伍的长效机制，提高教师专业水平、实践技能和"双师"素质。通过国际交流与合作、重点项目的申报与建设、课题立项与研究、技术开发与社会服务、出国学习与交流、企业挂职等途径，培养专业带头人，并依托行业、企业人力资源优势，实现所有专业从相应的行业、企业选聘一名技术专家或能工巧匠担任本专业的专业带头人，与院内选配的专业带头人一起，共同领导全程参与专业和课程建设，推行"双带头人"制。

3.4 以"职教新干线"为平台，引入三方评价机制，构建科学化、规范化、系统化、数字化的多元管理体系

我院深化学院内部管理体制改革，创新符合现代职业教育规律的管理体制机制。在明确学院的内设机构与岗位职责下，以"职教新干线"为平台，以信息技术为手段，引入三方评价机制，构建基于"职教新干线"的信息化管理平台（图4），在提升学院管理水平上全面推行信息化管理，实现各项管理工作的数字化、系统化、科学化和规范化。

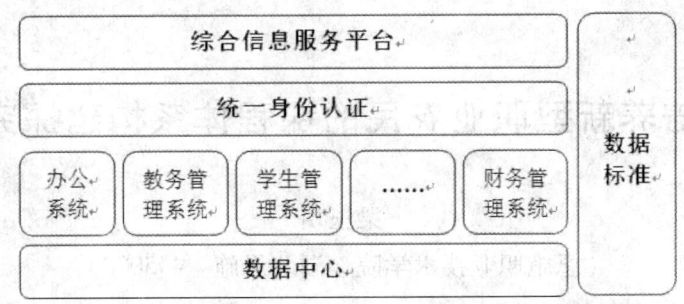

图4　信息化管理平台系统结构

4 结语

在我院改革与发展过程中，按照"质量立校创新教学，特色强校全面发展"的建设思路，将素质教育贯穿人才培养全过程，提升学院办学实力和辐射能力，彰显学院航空与旅游特色。

"专业+产业"的教、产、学一体化人才培养模式具有人才培养目标明确、政府、行业、企业、学院多方联动的社会服务体系能有效提升社会效益和经济效益、培养学生综合素质高等特点，但同时该模式在实际运行过程中也存在着诸如在教与学中完成产品的生产不理想而影响实践的效果，企业的典型工作任务、工作流程不能很好引入教学过程、学生立足中端技术岗位群向高端技术岗位迁移和提升过程中知识体系的掌握不完整、先进管理模式融入学生素质培养的效果不佳等问题。因此，高职院校的"教、产、学一体化"人才培养模式还需要进一步的探索和实践，使其在高职院校人才培养过程中能发挥出更大的作用。

参考文献：

[1] 唐爱平. 实施"双十工程"打造"千亿产业" [N]. 湖南日报，2011-09-21

[2] 戴楚洲. 国家发改委启动《武陵山经济协作区发展规划》编制工作 [EB/OL]. 2010-04-12/2010-10-18

[3] 王莹. 基于能力本位的高等职业教育人才培养模式探索——体化模块式教学的理论与实践 [D]. 山东师范大学，2006

[4] 李和平，张广红. 高职院校"2+1"人才培养模式的探索与实践 [J]. 教育理论与实践，2013，(7)：21-24

[5] 湖南省示范性高等职业院校建设实施方案 [Z]. 张家界航空工业职业技术学院，2012，5

[6] 李忠文，葛淑兰. "二元一体四融合"人才培养模式创新研究与实践 [J]. 中国成人教育，2014，(21)：62-64

[7] 苏会侠. 职业院校校企合作运行实践与探索 [J]. 经济研究导刊，2015，(6)：216-217

培养新型职业农民的课程体系构建探究

梁玉玥

(恩施职业技术学院 湖北恩施 445000)

摘 要: 新农村建设造就了新型职业农民的发展,高职院校培养新型职业农民需要加快构建合适的课程体系。针对新型农民教育者的特殊情况,以"实用性"为基础的理论依据,科学合理地确定课程目标、确定不同层次的课程开发、设定"成果导向"的课程评价方案

关键词: 新型职业农民;课程体系;课程目标;课程开发;课程评价方案

面对当前和今后一个时期,农村劳动力不断减少,农业农村发展面临重重阻力的不利形势下,新型职业农民培养研究已成为了一个世界性的大课题。近年来在中央、国务院已将新型职业农民培养提高到国家战略高度,在2014年中央一号文件《中共中央、国务院关于全面深化农村改革加快推进农业现代化的若干意见》中特别强调:"加大对新型职业农民和新型农业经营主体领办人的教育培训力度。"作为职业院校,在新型职业农民培育方面被赋予了更多的责任和使命。

1 研究背景

根据《湘鄂黔边欠发达地区农村信息需求与服务模式研究》的相关调查数据,从2012年的调查数据来看,以湖南湘西、湖南张家界、湖北恩施、重庆黔江和贵州铜仁地区等7县7镇7村的700余户农民展开调查,调查表明以从事传统农业为主,350人,占调查样本总人数的66.1%,从事乡村管理的农民105人,占调查样本总人数的19.6%,非农产业的农民74人,占调查样本总人数的14.3%;从文化程度看,传统农业农民文化程度较低,初中及初中以下文化程度占这一群体的81%,乡村管理农民文化程度最高,高中及高中以上文化程度占这一群体的76%。从上述数据描述来看,在湘黔鄂边区目前农业从业人员队伍素质难以适应农业现代化的发展需求,在一定程度上制约了农业和农村的发展。

现代农业需要培养职业农民,新型职业农民具有"全职务农、高素质、高收入、社会尊重"的基本特征,是一群活跃在农村的现代农业者和新农村建设者,通过新型职业农民的带动,可以形成一支满足农业现代化发展需求的农业从业人员队伍,于是针对职业农民的培养,结合自身实际进行课程体系的改革与构建,深化高等职业教育的教学改革,使课程设置和实施更加契合农民的切身利益和现实需求,从而提高新型职业农民的培养实效。

2 新型农民培养课程体系构建的必要性

从教育性质来看，新型农民培养是一种典型的成人教育，有别于传统的高等职业教育，而新型职业农民培养有其自身的特点和规律，在人才培养上，抱有功利主义人才观，片面注重人才资源的"开发"，偏离了新型农民的培养目标，而课程本身是教育事业的核心，也是培训活动的载体，是教育运行的手段；没有课程，教育的意义就显得很苍白，这就使得高等职业学校需要积极探索培养新型农民的特殊路径，加快构建符合职业农民学习特点的课程体系，通过开发高水平的新型职业农民培养课程的课程目标、课程内容开发以及课程评价方案等方面提升新型职业农民的培养水平。

3 新型农民培养课程体系构建的理论基础

培养的目的是为了农民，必须建立在农民的实际情况的基础上进行课程体系的构建，从新型农民关注以下几个方面的预设：一是新型农民在前期存在基础差异，但后期有相当丰富的实践经验，经过专业的学习，使得新型农民有更高的培养要求；二是新型农民的培养有非常明确的目标，有较强的学习动机；三是新型农民对现代农业生产知识和技能的需要是最为迫切的，"即学即用"是他们的主要特征，即希望所培训的内容与日常工作能够直接无缝对接；四是教学模式的不同，新型职业农民培养需要更强的灵活性，以适应培养对象的特征。于是在建立课程体系的时候，不能等同于简单的职业培训，首先必须要遵循教育的一般规律，充分发展每一个人的个性，使得新型农民达到自我发现和自我实现的目的。其次新型农民培养是实用性生产生活教育，农民更加看重的是农业生产能力的提升、质量的提高、产量的增加、收入的增加，因而在培养过程中，理论知识应该以"够用"为原则，更加注重的突出实践教学，具体对课程内容的选择、课程设计、教学方法、教学评价等方面鲜明体现成人教育课程开发的基本特点——"以实用为基础"。

4 新型农民的培养策略

4.1 科学地确定课程目标

课程目标的制定是否科学与实用，直接影响着整个培养教学的效果，而新型农民的培养课程相对于职业教育来说，有如下的几个特征：一是课程的多样化。课程目标的基本来源是学习者的需要、当代社会生活的需求、学科的发展，因此新型农民培养的课程目标需要整合区域现代农业发展、新型职业农民培养、现代农业发展趋势等方面，将这些多种因素融入到新型农民的培养课程目标中来。二是课程要注重学生的学习兴趣，新型农民面对的是社会学生，不同层次的基础，以及学生层面的目的性很强，看重农业生产能力的提升、质量的提升、产量的增加等方面，所以在课程目标中要基于培养学生的学习兴趣，注重与所从事的职业生活相关联，要通过与其日常经验的结合以激发其参与兴趣。三是重视课程设计方法，培养学生有着丰富的生产经验，自身的理论知识缺乏，考虑到培养学生的成人特点，在针对新型农民课程教学设计过程时，应以"项目"为导向，充分借助及发挥学生丰富的生产经验，突出成果与解决问题，同时提升学生学习的积极主动性。

4.2 确定不同层次的课程开发

新型职业农民是指以农业为职业、具有一定的专业技能、收入主要来自农业的现代农业从业者，主要包括生产经营者、专业技能型和社会服务型职业农民。同时《方案》将新型职业农民培育分为五个专业类别，要求每个专业类别开设相应的专业课程，如种植内专业包括粮食作物生产、经济作物生产等不同的专业方向开设不同的专业核心课程。基于此，新型职业农民培养既要针对职业农民的三种类型，又要符合《方案》提及的大多细致而全面的核心课程，使得课程内容具有针对性，必须围绕一个问题为纽带，解决一个问题的方式参与教学。

根据《方案》的要求灵活设置课程，将培养课程分为公共基础课、专业核心课、能力拓展课，课程的设置选择为开放式课程，学生可以根据实际情况进行选择学习课程的学习，适当调整理论课程和实践课程的比例，可以适当向实践课程倾斜，尽可能地安排学生下地作业，使他们通过实际训练掌握正确的操作技能，同时巩固了理论知识，同时在"互联网+"的大背景下，要加强对农民信息化教育的培养，利用微课、信息化教学等网络化资源，引导学生线上线下相结合，增加学习的兴趣和积极性，更好地带动农村教育质量整体提升。

4.3 设定"成果导向"的课程评价方案

课程评价是课程实施不可或缺的一个重要环节，也是修正课程开发与课程目标偏差的重要方式，同时也是开发适合新型职业农民培养的课程评价方案中最重要的一个部分。基于新型农民培养的性质，构建"成果导向"的课程评价是较为合理的选择。

一般的考核方式分为过程性考核和终结性考核。这个成果既可以是过程性考核中的一个成果，也可以是终结性考核中的一个综合成果。在针对能力拓展课程，也可以是最终的成果。所以高职院校培养新型农业农民的课程的评价应包含以下几方面要素：第一：评价主体多元化，针对三种不同类型的职业农民，课程评价不仅要对成果进行考核，还要对课程设计、教学方式方法等方面进行评价和反思，反馈学生的学习情况，以便修正课程，保证课程实施的有效性。第二，评价手段多样化，针对不同的成果，考核的手段可以多样化，建立相应的评价体系，确定评价指标，切实推动农民学习的有效性，充分利用评价效果，及时获取反馈，从反馈中找到存在的不足，从而修订课程目标和调整课程内容及结构。只有不断地加强教师和学生之间的磨合，不断地自我反思与自我修正，才能使得新型职业农民培养的课程体系得以提升和完善。

参考文献：

[1] 吴易雄. 中国职业技术教育 [J]. 新型职业农民培养机制体制建设的研究. 2014, (36): 47-51

[2] 朱海燕. 现代化农业 [J]. 新型职业农民培养的意义及培养机制探讨. 2015, (3): 46-48

[3] 唐智彬. 江苏教育. 职业教育 [J]. 新型职业农民培养课程开发探究. 2015, (4): 20-25

[4] 李庆玲, 朱庆峰. 教育与职业 [J]. 新型职业农民培养体系建构策略机制分析. 2013, (33): 174-176

[5] 吴易雄. 河北农业大学学报（农林教育版）[J]. 新型职业农民培养研究动态及其展望. 2016, (3): 120-126

[6] 王晨倩, 孙培东. 农民发展 [J]. 中等职业学校培养新型职业农民的课程体系构建探析. 2016, (14): 154-157

[7] 黄永强. 农产品加工 [J]. 农业职业教育和培养新型职业农民对接路径的实践与研究——以太原生态工程学校"送教下乡"办学模式为例. 2014, (6): 80-82

[8] 李小丽, 徐险峰等. 农业图书情报学刊 [J]. 欠发达地区不同职业农民信息需求分析——以湘鄂渝黔边区为例. 2012, (12): 120-124

中高职教育有效衔接模式研究
——基于职教集团平台的构建

文 璠

(恩施职业技术学院 湖北恩施 445000)

摘　要：中高职教育的有效衔接是职业教育发展的必然趋势，而职教集团的构建是实现中高职教育有效衔接的主要途径，本文对在职教平台下中高职的衔接模式进行了剖析。

关键词：中高职衔接；模式；职教集团

近年来，结构性失业在社会生活中愈演愈烈，高职毕业生的就业形势更是不容乐观，而在沿海地区、企业高技能人才领域却出现了"用工荒"的情况。企业高技能人才招聘难、中职学生升学难、中职学校专业建设难、高职学校招生难，这些都对职业教育体系的转型提出了迫切需求。为了适应产业升级和经济发展的需求，为学生多路径成才搭建"立交桥"，中高职的有效衔接势在必行，中高职教育的有效衔接也是职业教育发展的必然趋势。

1 中高职衔接的现状

1.1 中高职课程设置重复，课程内容脱节断层

由于中高职教育在人才培养的目标上具有一定的相似性，因此在课程设置上很容易出现相同或相近的现象。如学前教育专业，学前教育学和学前心理学都是核心专业课程，高职教育为了保证学生职业资格的通过率与课程体系的完整性，同样也要开设这两门课程，致使中职升高职的学生重复学习这两门课程。这种重形式轻内涵的衔接方式造成了教育资源的浪费，高度相似的课程设置及教学内容也会在一定程度上使学生产生厌学等不良情绪，同时也背离了高职教育作为中等职业教育之后更高层次、更高阶段的定位。另外，中职学生没有经历普通高中的学习，数学、物理等文化课基础较差，进入高职阶段之后，需要学习基础理论课，如果直接进行大专课程教学会导致与学生的知识水平脱节的问题。

1.2 中高职教育在专业设置上不对口

高职教育作为中职教育的延伸，为中职生提供了继续深造的途径，但前提是中高职教育在教育层次、培养目标、专业设置、课程设置、教学内容等方面的科学、合理衔接，其中专业对口衔接是中职毕业生选择继续学习的关键因素。但实际情况是，中职教育开设的专业往

往多而细，高职教育因其在专业设置上与地域经济需求更密切相关，开设的专业少而宽。这种专业设置上的差异导致中职毕业生在继续深造时感到困惑。

1.3 中高职衔接的招生考试制度缺陷

近年来，中职毕业生人数和就业人数逐年增加，中职在校生占了高中阶段教育的"半壁江山"，但是众多中职毕业生对口升学几率小，不得不选择毕业后就业。有研究显示，中职毕业生仅有5%升入高职院校继续学习，但是约有六成的中职生把升学作为毕业后的重要选项，可见大部分中职生对继续求学的渴望。这种状况不仅制约了中职院校招生的数量，不利于中职院校的发展，同时也影响到高职院校的招生和发展。所以，需要打通中职和高职间的升学通道，进一步拓宽中职学生的生存与发展空间。

而现行连接中高职纽带的技能考高考、对口单招考试则偏重于语、数、外文化课考试，对职业技能的考核重视不够，有的专业技能考试只考通过性强的项目，使专业技能考试流于形式，考试效度低。这种考试形式映射到中职教学中，专业课程教学的主导地位被动摇，各类实践实训课被大量压缩，不仅违背了中高职一体化发展的要求，同时与普通高中的区分度也难以体现出来，更别说显示出职业教育的优势了。

2 职教集团平台下中高职衔接的诉求

中高职教育的有效衔接形式多样，职教集团的组建则是实现中高职教育有效衔接的主要渠道。职教集团是以产业（专业）为纽带，重点高职院校为龙头，其他高职、中职学校为基础，政府主导、行业指导、企业参与的职业教育办学联合体。职业教育集团化办学重在建立"人才共育、过程共管、成果共享、责任共担"的校企合作办学体制机制，加强政府、行业、企业、学校四方联动的多元化合作，形成融人才培养、教学科研、职工培训、技能鉴定、项目研发、信息咨询、技术服务等功能于一体的职业教育办学联合体。[1]

目前中高职教育与实际工作衔接中的种种弊端，中职学校专业建设难、高职学校招生难等这些困境，以及社会对高技能人才的强烈需求，都使得聚集职教资源、探索更为科学有效的中高职衔接模式势在必行。而职教集团的组建打破了"校校壁垒"、"校企壁垒"，有力地克服了中高职衔接中的种种弊端。

2.1 中职学校专业建设的困境

中职学校的专业设置多而细，为地方的生产、服务和管理等提供了大量技能型人才，但是中职学校囿于其人才定位和发展层次，确实存在着专业设置不科学、课程体系不健全、师资力量薄弱、实训条件欠缺等诸多弊端与不足。组建职教集团应遵循"共享共赢"的原则，建立职业院校之间、院校与企业之间的相互依存、相互促进、互惠互利、共同发展，很好地缓解中职学校专业教师缺乏和实训条件欠缺等突出矛盾。

2.2 高职学校生源不足的劣势

近年来，高职教育得到了长足发展，但是前景却不容乐观。中职学生对口升学几率低，高中阶段报考高职高专的一般都是经过层层筛选最后留在最底层的学生。从招生的录取情况看，很多高职院校录取的学生数低于计划数，生源数下降严重。从现在的招生形势看，今后中职毕业生将成为高职生源的重要来源，所以，打通中职学生的升学空间，依托于职教集团实现中高职的有效衔接，是保障高职生源的重要措施。

职教集团的基本原则是"双赢"，不仅体现集团的群体优势，而且突出各成员的特色，中高职院校能够在职教集团的管理下即，从考试招生、专业设置、人才培养、教育教学以及就业等方面实现有效的衔接。中高职院校的相近专业在培养目的、招生、教学、管理以及就业等方面全面贯通。从而能够增加中高职院校的招生规模，实现职业教育资源的共建共享，能够使两者之间进行优势互补。

3 职教集团平台下中高职衔接的模式

以职教集团的建立为平台，中高职教育衔接的运行模式可以从以下几个方面来进行：

3.1 构建职教集团共享型实践平台

职教集团成立的目的是为区域行业和企业培养出高素质的技能人才，要具有鲜明的人才培养特色，应该采用集团化的职业教育体系，积极开展校企合作。职业教育与普通教育最大的区别在于其技能型和实践操作，因此要高度重视实践实训，积极构建职教集团的实践平台。中高职教育的实践包括校内实践和校外实习。实践平台可以通过职业院校自身建设，也可以通过校企合作来构建。一方面，促进高职院校实训中心向中职学校开放，承接中职学校学生分批实习。另一方面职，教集团应该借助于产业集群的优势构建大型的实践基地，与企业合作，为职教集团的顺利发展提供有利的场所支持，不断扩大中高职教育实训和实习平台的规模，为学生创造更多的实训和实习机会，使学生掌握最新的现场操作环境。

3.2 开发职教集团引领衔接的人才培养方案

成立中职学校教师、高职学校教师、行业专家、企业专家等组成的集团专业指导委员会，集中开发中高职一体化的人才培养方案。中职教育培养的人才应该具备较强的操作能力，并且具有一定的专业基础知识，此外，为了能够使中职院校的学生适应区域经济发展，还应该掌握相当于高中的基础知识体系，从而能够为一部分中职学生升入高职院校做准备。高职教育应该根据中职教育的实际，在中职教育的基础上，提高学生的专业理论及专业技能，从而实现高职教育的培养目标。

3.3 探索职教集团引领衔接的课程内容

课程衔接是中高职教育衔接的最终落脚点，也是衔接的核心，是深化职业教育教学改革的关键。通过职教集团平台，中高职教育在教学内容上也应该做整体部署安排。根据课程内容进行归类、整理，明确课程的基本结构，有针对性地进行分层次教学，合理地设置教学内容。切实加强实践教学，构建以综合职业能力为本位、以职业实践为主线、以项目课程为主体的模块化专业课程体系。大力开发选修课程，增强课程的可选择性。课程体系应该以职教集团为依托，充分地考虑中职院校和高职院校学生的不同特点，构建能够提升学生职业技能的课程体系，实现中高职学生应用能力的培养。

3.4 推进职教集团引领衔接的教学质量评估体系

建立学生学分信息库，积极推行中高职学分互认机制，对系统信息进行累积与转换。制定中高职学校的学分互认制度，相近课程学分可互认，或折合成相应学分，并将学分互认作为职业教育集团建设的重要内容。建立绩点分和学分双重指标体系，加强实践技能的考核，实现理论教学与实践教学相统一，推进中高职课程教学质量评估体系的衔接，从而全面实现中高职的衔接。

3.5 探索职教集团引领衔接的考试模式

职教集团负责牵头制定技能考试标准和专业综合理论大纲，细化各专业科目的技能考试权重内容，并组织在集团内的专业技能考试，实现技能考试标准化。以职教集团为中高职教育交流的平台，不仅可以发挥职教集团的辐射作用，还能在对口单招考试中起到引领作用。通过与中职学校进行广泛的交流，根据中高职学生的知识、能力和素质结构，设计出人才培养模式架构，组织编写具指导作用的专业技能实训指导书，与此同时，对各相关专业技能考试进行统一指导，明确教学重点和难点，调整课程结构内容，减少中高职课内容的重复率，提高中高职课程衔接质量，着力构建职业技能教育体系，充分体现职业素质教育内容的针对性、整体性和渗透性。

4 结束语

中高职衔接是在建设现代职业教育体系的大背景下提出的，既需要高屋建瓴的顶层设计，也需要扎实的实践探索。职教集团化办学的主要目标之一就是推进优质职业教育资源的集聚，推进人才培养模式改革及培养途径优化，切实提高职业教育教学质量，提高学生技能水平和就业质量。所以，在国家顶层设计尚未完全出台的情况下，充分发挥职教集团的平台和纽带作用，开展中高职衔接的扎实有效的实践探索很有必要，也很有意义其不仅能够满足地区经济发展对人才的需求，而且能够有效地实现职业院校毕业生的顺利就业，逐步实现中高职教育的有效衔接。

参考文献：

[1] 湖北省教育厅关于推荐职业教育集团化办学的意见 [Z]. 鄂教职成 [2012] 11 号

校企共育：促进高职教育与区域产业人才对接

胡昌荣

（重庆工贸职业技术学院　重庆涪陵　408099）

摘　要："校企共育"是高职院校联合区域企业共同培养合作企业所需技术技能人才的一种人才培养方式，是高职院校与区域企业在形成人才共育理念共识基础上的对接性人才培养措施与手段。它既是高职院校增强人才培养针对性的现实需要，也是区域企业获得高素质技术技能人才的路径选择。"校企共育"需要以"人才供需联合体"和"共育性人才培养机制"为保障，为高职教育与区域产业的人才对接提供有力支撑，推动高职教育教学改革，提高人才培养质量。实施技术技能人才的"校企共育"，将有力促进高职教育与区域产业的人才供需对接、人才能力对接和人才成长对接，提升高职教育服务区域产业发展的能力。

关键词：高职教育；区域产业；校企共育；人才对接

高职教育承担着为区域产业发展培养高素质技术技能人才的重任。高职教育与区域产业虽然社会功能不同，但它们因技术技能人才的纽带作用而紧密联系在了一起，二者相互依存、相互影响、相互协作并相互促进。技术技能人才的纽带作用体现在高职教育与区域产业的"人才对接"中，由于"人才对接"的程度与效果取决于高职院校所选择的人才培养方式，且"人才培养方式是制约高职院校人才培养质量的重要因素"，[1]因此高职院校应该结合区域产业发展对技术技能人才的需求创新人才培养方式，以有效促进高职教育与区域产业的"人才对接"和技术技能人才培养质量的提高。

1 "校企共育"及选择理由

1.1 "校企共育"的基本涵义

"校企共育"是高职院校联合区域企业共同培养合作企业所需技术技能人才的一种人才培养方式，是高职院校与区域企业基于"订单式校企合作"的深度型"合作教育"，是实现高职教育与区域产业"人才对接"的育人路径，是提高技术技能人才培养质量的有效举措。"校企共育"要求高职院校与区域合作企业都应是技术技能人才的培养主体，并共同策划合作企业未来人才的培养方案与培养活动，充分发掘、利用高职院校与区域合作企业双方的教育资源，共同参与人才培养过程，以满足区域合作企业职业岗位对技术技能人才的知识、能力及素质需求，切实提高技术技能人才的培养质量。

1.2 "校企共育"的选择理由

1.2.1 高职院校增强人才培养的针对性则需要选择"校企共育"

尽管高职院校采取了多种校企合作形式开展人才的培养活动，期望合作企业给予高职院校人才培养更多、更全面的配合与支持，以提高技术技能人才的培养质量，但是，在国家关于校企合作的法律法规不够健全的背景下，"企业缺乏参与高职院校人才培养的积极性"[2]是普遍现象，多数企业只是将高职院校当作企业人力资源的储备场所，至于是否参与高职院校的人才培养活动并非企业的重要考虑因素。在这种背景下，高职院校的人才培养与区域企业的人才需求出现了"错位"，一方面高职院校根据区域产业的普适性需求实施技术技能人才培养，尽力提升其职业能力与素质；另一方面，招聘毕业生的区域企业则认为高职院校的人才培养质量并不高，毕业生进入企业不能很好地适应一线岗位的需要。造成"错位"的原因在于高职院校的普适性人才培养不能满足具体用人企业职业岗位对技术技能人才的需求，即高职院校人才培养的针对性不强。因此，高职院校需要寻求能够解决针对性人才培养的方式与路径，以解决人才培养与人才需求的"错位"问题。

"校企共育"的宗旨是将高职院校的人才培养与区域企业的人才需求融为一体而开展有针对性的人才培养，这对提升技术技能人才培养质量具有重要意义。高职教育人才培养需要解决"为谁培养人才"、"培养什么样的人才"和"怎样培养人才"的问题，而解决这三个问题的关键在于寻求能够将高职院校的人才培养与区域企业的人才需求融于一体的校企合作及人才培养方式。因此基于"订单式校企合作"的"校企共育"便是高职院校针对性人才培养方式与路径的必然选择。

1.2.2 区域企业获得符合用人需求的高素质技术技能人才则需要选择"校企共育"

区域企业需要高素质技术技能人才，因为在其赖以生存和发展的生产要素中，人才资源是最宝贵的第一资源，而且技术技能人才是价值及经济效益的直接创造者，是科学技术向生产力的直接转化者，是技术进步与创新的实践者。技术技能人才是技术性技能人才，他们既具有过硬的实践能力与操作技能，能够高质量地完成企业生产、管理以及经营、服务等职业岗位的工作任务，又具有较强的技术问题解决能力，能够综合运用所学理论知识与技术知识解决企业在生产、经营、管理和服务等活动中出现的技术类问题，并且还具有创新能力，能够结合企业的生产、经营、管理和服务等现状，提出关于企业在技术改造、工艺改进、产品升级、供应链建设、市场发展、效益提升等方面的创新解决方案。区域企业只要拥有职业能力强、综合素质高的技术技能人才队伍，企业就具有旺盛生命力，能够在激烈的市场竞争中站稳脚跟并获得长足发展。

然而，区域企业在较为松散的校企合作方式下获得符合企业用人需求的高素质技术技能人才是不现实的，因为松散型校企合作方式下的高职人才培养活动没有针对具体企业的用人需求，而是按照区域产业职业岗位的普遍需求进行培养的。区域企业只有与高职院校开展深层次的"订单式校企合作"，实质性参与"校企共育"的人才培养活动，并充分利用高职院校及合作企业的双边人才培养资源，以合作企业的职业活动为载体实施企业未来人才的培养，这样才能培养出符合企业用人需求的技术技能人才来。因此，基于"订单式校企合作"的"校企共育"便成为了区域企业获得符合企业用人需求的技术技能人才的可靠路径选择。

2 "校企共育"的支撑条件

"校企共育"需要汇集校企双方的人才培养资源优势，共同致力于区域合作企业所需技术技能人才的培养。为了达成预期的人才培养效果，"校企共育"的有效开展需要满足以下条件：

2.1 建立"人才供需联合体"

"人才供需联合体"是指将高职院校的人才输出与区域企业的人才需求相互联接所形成的区域性校企联合体，也可理解为高职院校与区域企业建立的区域性校企人才供需合作组织。高职院校与区域企业能够组成"人才供需联合体"，是因为高职院校与区域企业之间存在着相互依存、相互促进的关系，高职院校以区域企业的技术技能人才需求为发展动力，区域性企业因高职院校的技术技能人才输送而生存和发展。由于高职院校输出的技术技能人才将构成区域企业的生产与发展要素，即高职院校处于区域企业"供应链"的分支点上，因此高职院校与区域企业以技术技能人才为"黏结剂"而联接成为"人才供需联合体"。

开展"校企共育"人才培养，首先需要建立了"人才供需联合体"，因为只有建立"人才供需联合体"才能将校企双方紧密联系在一起，从而为"校企共育"人才培养创造条件。"人才供需联合体"的建立有赖于深层次校企合作。为了开展深层次的校企合作，高职院校需要主动出击，在调查区域产业相关企业的技术技能人才需求状况基础上，"寻求与办学定位和特色专业对接较好的企业",[3] 了解其未来多年的人才需求战略规划，并通过"订单式校企合作"实现高职院校的人才输出预期与区域企业的人才需求规划的有机融合。这种"订单式校企合作"不同于普通型的"订单培养"合作，而是集区域合作企业的人才数量订单、人才培养目标规格与培养方案制定、课程体系规划、核心课程开发及教学内容遴选、实践教学基地建设、双师队伍结构与培养、课程教学模式选择、职业能力评价等于一体的深层次校企合作。

2.2 建立"共育性人才培养机制"

"共育性人才培养机制"是一种以人才共育为特征，体现"深度合作、定向培养、校企共育、能力对接"的人才培养机制。它既是"以就业为导向"、"以能力为本位"的人才培养机制，又是校企双方"以职业活动为中心"共育合作企业所需技术技能人才的培养机制，其最终目标是确保技术技能人才的培养质量。

"深度合作"强调技术技能人才培养必须建立在"人才供需联合体"基础之上，校企双方既开展技术技能人才培养合作，又开展技术研发与社会服务等多方位合作，营造互惠互利、共生互荣的协同发展格局；"定向培养"强调技术技能人才培养必须"以就业为导向"，将区域企业的人才需求战略与高职院校的人才培养预期有机融合，培养"人职相符、人岗相适"的技术技能人才;"校企共育"强调技术技能人才培养必须要实施"以职业活动为中心"的联合培养方式,充分利用校企双方的人才培养资源,共同策划合作培养专业的方向和企业版人才培养方案,共同参与人才培养活动及过程,确保人才培养的质量;"能力对接"强调技术技能人才培养必须要"以能力为本位",以合作企业职业岗位的能力需求为对接目标,有针对性地培养学生的职业能力与综合素质。

实践证明,"共育性人才培养机制"的建立必须要"情投意合",必须基于高职院校的人才培养同区域企业人才需求的有机融合,并在形成"人才供需联合体"中寻求校企双方的利益契合点。如果只是"一厢情愿",而没有"订单式校企合作"作为基础保障,校企合作程度将不能深化,"校企共育"将会流于形式,能力对接性人才培养也将是空头口号。同时,只有这样的人才培养机制才能充分调动区域企业参与技术技能人才培养的积极性与主动性,"校企共育"才能名副其实,"以就业为导向"、"以能力为本位"和"以职业活动为中心"的理念才能落地生根,才能确保合作企业相应职业岗位所需技术技能人才的培养质量。

3 "校企共育"对高职教育与区域产业"人才对接"的促进作用

区域产业是指在特定区域内的生产同类产品或提供同种服务的企业集合,是区域经济的发展实体及重要支撑;高职教育是为区域经济与社会发展服务的、以培养技术技能人才为主要任务的一种社会行业。而"人才对接"则是指高职教育与区域产业在体现各自社会功能和社会价值中以人才为核心的多位对接与契合。虽然高职教育与区域产业属于两种不同性质的社会资源,都存在各自内部及外部的诸多发展制约因素,但是在这些发展制约因素中,技术技能人才是它们的联接纽带,而"校企共育"则是促进高职教育与区域产业关于技术技能人才无缝对接的具体方式与途径。"校企共育"对高职教育与区域产业"人才对接"的促进作用体现在以下三方面。

3.1 "校企共育"促进高职教育与区域产业的"人才供需对接"

"人才供需对接"是指高职教育的技术技能人才输出与区域产业的技术技能人才需求的对接。"毕业生能否顺利就业,就业后能否适应人才资源市场的需求与变化,是评价一所学校办学成功与否的主要依据",[4]因此,毕业生的就业对于高职院校的发展至关重要;区域产业的人才资源是其重要的生产要素,人才稳定供给对于区域产业的可持续发展影响深远。高职院校与区域产业相关企业联合开展的"校企共育"人才培养,由于具有深层次"订单式校企合作"基础,因而体现了"以就业为导向"的办学理念。通过预选合作企业准员工组建校企共育班级,实现人才的供需"前置"和人才的共同培养,不仅能够畅通高职毕业生的就业渠道、提升毕业生就业率和就业质量,而且还能确保区域产业技术技能人才的稳定可靠来源。因此,"校企共育"能够促进高职教育与区域产业的技术技能人才供需的对接。

3.2 "校企共育"促进高职教育与区域产业"人才能力对接"

"人才能力对接"是指高职教育的职业能力培养与区域产业的职业能力需求的对接。"以能力为本位"的学生职业能力培养是高职教育的人才培养理念及永恒主题。高职教育人才培养的功能是不断满足区域产业发展对于技术技能人才的职业能力需求,即高职院校开展的学生职业能力培养必须要与区域产业相关职业岗位的职业能力需求有效契合与对接。实现职业能力培养与职业能力需求的对接,依靠浅层次的校企合作是难以办到的,因为浅层次的校企合作不能实现高职院校的人才培养与区域企业人才需求的融合,企业不乐意参与"只培养人而不使用人"的行为,因而不愿意耗费人力、物力、财力和时间来参与高职院校的人才培养活动。但是,"校企共育"的人才培养机制则不同,它通过深层次的"订单式校企合作"形成"人才供需联合体",合作企业参与人才培养是"自培自用"行为,因而其合作育人的积极性不言而喻。

只要合作企业参与基于"订单式校企合作"的"校企共育",他们便会与高职院校共同坚持"以能力为本位"的理念支撑,共同研制企业版技术技能人才培养方案,共同建设能力对接型课程体系与课程标准,共同建设以合作企业技术资料为支撑的教学内容,共同建设有利于能力对接培养的双师型师资队伍,共同建设有利于能力对接培养的校内外实践教学条件,共同建立有利于职业能力评价的体系与方式等,而且他们还会实质性参与能力对接培养的教育教学活动和人才培养全过程。这种具有能力对接特征的人才培养方式所培养的学生职业能力与合作企业一线技术技能人才所需能力是完全对接的,因此,"校企共育"能够促进高职教育与区域产业的技术技能人才能力的对接。

3.3 "校企共育"促进高职教育与区域产业的"人才成长对接"

"人才成长对接"是指高职院校的学生成长与区域企业的一线准员工成长的对接及同步。由于高职院校的学生成长与人才培养方式及过程密切相关,因此,若要实现学生成长与一线准员工成长的对接与同步,高职院校的人才培养活动就必须融进区域企业的育人元素,区域企业也必须发挥育人优势并实质性参与高职院校的人才培养活动。只有这样,技术技能人才的培养质量与一线准员工的素质才能在双向参与的培养活动中得到有效提升。

促进学生成长与一线准员工成长的对接和同步需要树立"以职业活动中心"的高职教育教学改革理念,将学生的技术技能培养活动与职业领域的真实职业活动相融合。由于这种融合需要建立在合作企业实质性参与"校企共育"基础之上,否则"以职业活动中心"将成为空中楼阁,因此"校企共育"是高职教育教学改革路径的必然选择。由于"校企共育"的前提是通过"订单式校企合作"由合作企业预选准员工组建校企共育班级,学生以双重身份接受校企双方的共同培养,因此能让"以职业活动中心"的教学改革变成现实,促进学生成长与一线准员工成长的对接与同步。共育性班级学生的培养按照校企双方共同研制的人才培养方案进行,并且整个培养过程紧紧围绕着"以职业活动中心"加以展开。一方面,"以职业活动中心"的教学改革结合真实职业岗位及活动开展针对性理论与实践教学,能够促进学生专业知识、专业能力和岗位技能的增长与发展,增强其对未来职业岗位的适应能力,既可促进学生成长成才,又为其入职后的可持续发展奠定了坚实基础。另一方面,合作企业将学生视为准员工,利用企业真实职业岗位"以职业活动为中心"施以岗位能力与素质培养,促进准员工沿着合作企业的希望方向成长及发展;学生毕业进入企业后须进行适岗培训便可正式承担企业任务,增强了他们立足岗位成长成才的信心与实力。这种培养方式所培养的技术技能人才可以做到"人职相符、人岗相适",充分体现出学生成长与一线准员工成长的同步,因此,"校企共育"能够促进高职教育与区域产业的技术技能人才成长的对接。

总之,促进高职教育与区域产业技术技能人才的对接是高职教育人才培养及其教学改革的出发点与归宿,而"校企共育"则是增强促进作用的引擎,因此,我们应以"校企共育"为基点构建符合学校实际与区域产业发展实际的专业人才培养模式,让它在促进高职教育与区域产业"人才对接"和提高技术技能人才培养质量中凸显特色。

参考文献:

[1] 沈建国. 高职院校人才培养质量目标探析 [J]. 教育与职业, 2012 (8): 47 – 48

[2] 王瑾. 对接产业发展视角下高职品牌建设策略 [J]. 教育与职业, 2014 (24): 18 – 20

[3] 沈雕. 高职教育校企合作面临的问题及对策研究 [J]. 教育与职业, 2012 (15): 34 – 35

[4] 段志坚. 以就业为导向构建高职人才培养模式 [J]. 职业技术教育, 2004 (28): 33 – 35

注:此论文于 2016 年 7 月发表于《继续教育研究》2016 年 07 期(总第 215 期)。

西部高职院校产学研协作动力机制研究①

张国强

(重庆工贸职业技术学院　重庆涪陵　408099)

摘　要：产学研协作是西部地区落实创新驱动战略、缩小区域差距的关键措施，西部高职院校在产学研协作过程中应该发挥出中心环节作用。构建产学研协作动力机制能够缩小西部地区与中东部地区高职院校的差距，但目前由于产学研协作参与主体利益不对称而导致动力不足，协作内容不稳定制约了其机制的衔接，本文建议通过动力机制的顶层设计以保障激励的多元性和有效性，通过互联共享技术交流平台实现机制驱动内容创新。

关键词：西部；高职院校；产学研协作；动力机制

产学研协作是知本时代企业、学校、科研机构密切配合，发挥各自优势，充分利用现有资源创造价值的高效组织形式。随着技术创新的不断涌现，新技术的普及和迭代速度都在加快，政府及用户等主体在产学研协作体系中的作用日益凸显，但价值创造、人才培养和技术创新三者协作的框架却没有发生根本性改变。高职院校以培养技术技能人才为己任，联系相关产业，服务地方经济，追踪行业技术发展前沿并做好技术储备是技术技能人才培养的必要措施。产学研协作已经成为高职院校加强内涵建设，实现创新驱动发展的共识，但如何实现动力机制的构建则需要根据实际情况进行制度性创新。

互联网应用技术的普及为西部高职院校缩小与中东部地区高职院校差距、共享国际教育资源提供了技术可能，国家对信息应用技术的推动，对西部职业教育的重视为西部高职院校改革现有人才培养模式、加强高职院校产学研协作提供了政策保障。根据《高等职业教育创新发展行动计划（2015 - 2018 年）》的精神，高职院校在"十三五"期间产学研协作的核心内容主要是扩大优质教育资源、增强院校办学活力，西部高职院校能够通过产学研协作创新实现这两个方面的跨越式发展。在这个过程中，西部高职院校能否在产学研协作的相关主体间发挥出引领和中枢作用就显得至关重要了。

---

①　作者简介：(- 张国强（1980 - ）男，河北唐山人，重庆工贸职业技术学院讲师。研究方向：金融职业教育。

1 产学研协作动力机制对西部高职院校的意义

一般来讲，教育发展决定了一个地区的未来，职业教育发展决定了一个地区产业的兴衰。随着人口流动性的增强，地区经济活力和产业结构也在深刻影响着人口的构成和教育的发展。从功能上讲，职业教育服务于地方的特征明显。对于西部地区来讲，高等职业教育与产业、科技协同发展是缩小地区差距的最佳选择，也是其在新时期加强内涵建设的重要内容。

1.1 产学研协作动力机制是缩小高职院校差距的重要手段

受经济发展程度约束，西部经济市场化程度相对比较低，资源优化配置程度低，许多高职院校来源于中职院校的整合，为了节约建设及管理成本，大多数高职院校都建设成了本科院校的"压缩饼干"，这种"成效"显著的模式明显的特点是与行业企业的联系较少，学生就业质量不高，科研成果的市场需求度低，进而制约了西部高职院校服务于地方经济职能的发挥，影响了人才培养质量的持续提高。

缩小西部高职院校与中东部高职院校的差距需要更新理念，借鉴中东部产学研协作模式，还需要在产学研协作过程中协调好企业、科研机构等的利益诉求，形成具有吸引力的联系机制，打造突出参与主体价值，服务地方经济创新发展的动力机制，人才，尤其是大批具有技术技能的专业人才是一个地方经济发展的第一动力，高职院校产学研协作动力机制构建是缩小东中西差距、彻底改变经济发展方式的必要条件。

1.2 产学研协作动力机制是加强内涵建设的重要内容

高职院校技术技能人才评价的主体最终应该是专业所对应的企业，西部企业对当地高职院校的人才需求强度在持续增加，而高职院校在宏观上不能准确把握行业发展动态，在微观上与相关企业联系不够紧密使产学研协作更多地流于形式，产学研协作动力机制构建是西部高职院校"十三五"期间落实创新驱动发展的重要内容，在应用最新信息技术的基础上，不仅应让西部高职院校内部分化出服务产业发展、人才培养和科学研究等职能机构来，还要将这些机构与当地的社会部门紧密衔接起来，实现"社会即学校"的蓝图。

高职院校不仅要重视人才培养职能，还要充分发挥科研研究、服务社会和文化传承等重要职能，这在西部地区社会分工不十分成熟的背景下，对于突出地方实际、协调区域发展失衡与显得更为重要。西部地区在落实"双创"和"四众"*政策过程中，高职院校应当发挥桥梁与纽带作用。在承接时代重任的过程中，需要创新人才的培养模式，改革教职工评价标准，将高职院校的发展深度融入于当地的经济社会发展中。

2 西部高职院校产学研协作动力机制的问题

高职院校产学研协作主体至少包括企业、学校和科研机构，通过产学研协作，企业可以获得所需要的优秀人才，生产经营所需要的先进技术；高职院校可以通过协作过程中信息充分的沟通匹配，提高学生就业质量，通过在协作过程中解决企业的实际问题来提高人才培养的效率；科研机构可以通过协作使科研技术得到验证与推广，实现社会价值，这些利益虽然显而易见,但都是非确定性的,难以量化,且协作需要支付人员和财务等确定性成本,支出的刚性制约着高职院校产学研协作动力机制的形成,西部高职院校能够将协作收益转化为现实价值是动力机制的核心。

2.1 产学研协作参与主体利益不对称导致动力不足

西部高职院校兼有人才培养和科学研究职能,为了分析方便,我们将学校与科研机构合并,称为学研机构。为了更好地分析产学研协作参与主体利益得失和参与动力关系,我们用博弈论进行分析。学研机构和企业在产学研协作的过程中,都有协作与不协作两种策略,两个参与者选择协作,能够共享信息,实现资源优化配置,共同创造价值,弥补刚性支出成本,各获得10单位收益;如果企业选择不协作,学研机构选择协作,企业可以通过学研机构的协作中获得较好人才和技术,获得5单位收益,而学研机构则只能获得不足以支撑改革创新的表面信息,获得1单位收益;如果企业选择协作,学研机构选择不协作,企业难以获得有效的人才和技术,获得1单位收益,学研机构可以获得行业发展及人才需求信息,获得5单位收益;如果双方都选择不协作,双方只是达成表面上的协作,双方只能获得1单位的收益。学研机构与企业都无法控制对方协作付出,出于降低成本的动机,双方的最优策略都会是减少协作付出,最终选择不协作。

表十　学研机构和企业协作与否及其结局的矩阵图

		企业	
		协作	不协作
学研机构	协作	(10,10)	(1,5)
	不协作	(5,1)	(1,1)

学研机构与企业在产学研协作的最优策略都给双方各自的发展带来了巨大损失,西部企业无法获得优秀人才,无法持续增强技术革新的竞争力,在竞争国际化的背景下甚至影响了正常经营,学研机构培养的人才无法适应企业和社会发展的需求,影响了人才就业质量,造成人力资源的巨大浪费,实用技术无法得到应用及推广,最后进入投入不足和成果无效的恶性循环中。从长远来看,产学研协作对学研机构、企业等参与主体都是经济利益增长点,同时也是西部高职院校实践工学结合、知行合一,实现与当地经济社会同步发展的内在要求,巨大的社会需求必将击破因参与主体利益不对称而形成的不协作闭环,产学研协作动力机制需要协调经济利益与社会利益的关系,量化产学研协作投入,将产学研协作投入与产出进行匹配。

2.2 产学研协作内容不稳定导致机制不畅

西部高职院校产学研协作内容的从虚到实严重冲击着其机制的稳定性,目前协作成果更多地倾向于用货币来衡量。从企业角度来讲,社会招聘的短期收益要远高于校园招聘,挂职锻炼的短期性增加了企业管理的成本，联合技术研发的不确定性与模仿或购买专利的低成本性相矛盾，学研机构人员的稳定性与需求多样性相叠加，因此，企业同时具有了参与产学研协作的投入动机和"搭便车"的冲动。高职院校培养技术技能人才的教育定位使其希望能够到合作企业参观考察、校外实训、顶岗实习和兼职教学等活动缩小办学与行业发展的差距，但在西部高职院校的评价主体中，企业、学生和社会的权重要远远小于主管部门，导致高职院校产学研协作更多地是为了达到高职院校主管部门的要求。

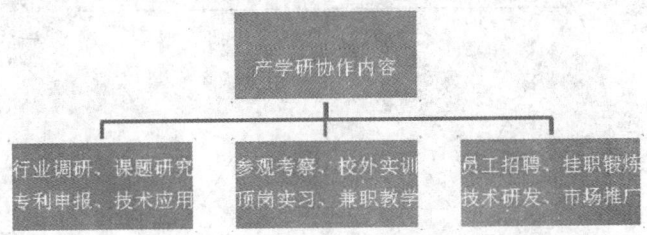

图1　产学研协作参与者实践内容

科学研究是产学研协作的重要内容，也是西部高职院校实现培养技术技能人才、服务地方经济发展等职能的必要环节，由于目前产学研协作的科学研究没有明确的评价标准，更多地是以研究型大学的科学研究为标准，由于西部高职院校从事科学研究人员的水平和工作领域的限制，其成果更多地成为符合形势要求的"初级版"，这种科学研究不能紧密联系并满足市场的需求，不能得到用户及时反馈而进行改进，导致了大量无效投入。西部高职院校产学研协作内容应该更加充分地面向市场，接受市场检验，区分于研究型大学科学研究的评判标准，通过市场激励保证产学研协作内容的实用性和连续性。

3 构建产学研协作动力机制的对策建议

西部高职院校产学研协作动力机制的构建核心有两点：一是匹配供求，在保证交易频度的基础上能够给予参与各方协作投入进行定价，通过政府购买服务和企业付费等形式稳定参与各方的投入积极性，实现经济转型升级及社会管理改善的目标；二是营造氛围，无论是机构还是个体，产学研协作需要前期大量的基础性投入，在这个过程中，需要充分调动参与者的主观能动性，通过宣传教育，形成崇尚创新、参与创新的文化氛围。

3.1 做好动力机制的顶层设计，以政策保障激励的多元化

随着社会发展对产学研协作需求的迫切性加剧，政府、用户等主体在产学研协作体系中发挥的作用越来越大，这为产学研协作动机机制顶层设计构建创造了条件，政产学研用向政用产学研的转变体现了供给侧结构改革的必要性。西部高职院校产学研协作激励应该从政策和财政转向经济及市场，从经济社会发展的高度，完善以经济与市场激励为主导的动力机制。

西部高职院校产学研协作动力机制的建设应该由从无到有和从有到无两个方面展开，从无到有主要是以形式建设促进内涵和实质建设，比如政用产学研联盟的建立、需求调研常态化到问题解决多样化，从完成产学研协作形式要求转向解决企业及社会发展实际问题，比如

实用技术推广、核心技术积累等。从有到无主要是从经济价值创造向社会效用提高转变，主要包括文化传承及社会风气引领。西部高职院校在这个体系中，应该将经济激励恰如其分地贯彻到产学研协作过程中，然后通过文化传承，更大地发挥出精神激励的认可度。

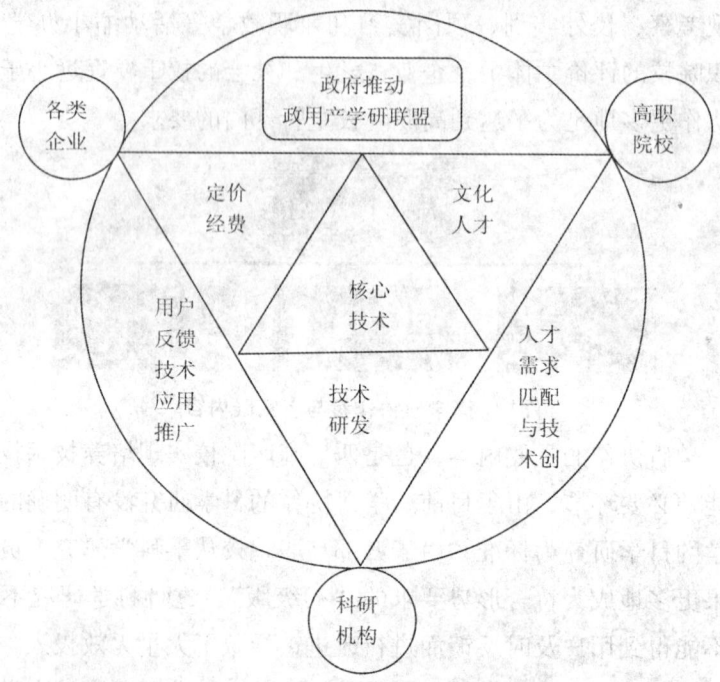

图2　西部高职院校政用产学研协作顶层设计示意图

3.2 搭建互联共享技术交流平台，实现机制驱动内容创新

高职院校互联共享技术交流平台以其参与主体的广泛性将成为未来创新型社会建设的基础设施，西部高职院校产学研协作互联共享技术交流平台将是缩小地区差距的制度性保障，它将集合最前沿科技、汇集最真实的产业发展状况，帮助新的产品及项目进行快速设计、研发、实施和收益，极大地降低失败的风险及投资成本。

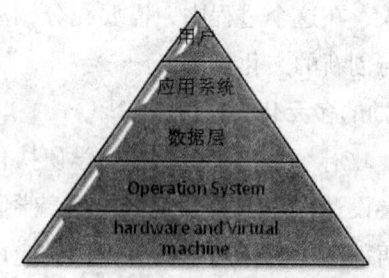

图3　互联共享技术交流平台系统层次

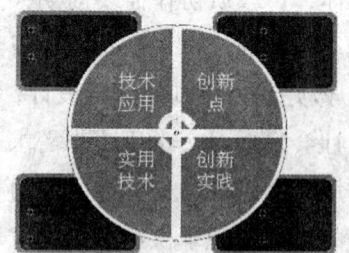

图4　产学研协作内容驱动机制

互联共享技术交流平台能够为产学研协作降低运营成本，提高协作效率，但要真正发挥产学研协作功能还需参与主体的积极投入，以实现协同创新。企业、高职院校和科研机构一线工作需要面对经济社会发展最前沿，是新问题、新情况涌现的场所，也是创新点发掘成本最低的阶段，产学研协作动力机制就是及时发掘、评估和储备有价值的创新点，通过有效协

作,将这些创新点转化为实现经济社会跨越式发展的新支撑。西部高职院校以其丰富的人力资源和持久的技术储备能够成为联系各方的中枢,真正发挥出其人才培养、科学研究、社会服务和文化传承的职能。

参考文献:

[1] 盛永祥,田立新,马少辉.产学研协作中的研究人员报酬激励及风险研究 [J].软科学,2012,01:72-75+82

[2] 张瑜,营利荣,刘勇.基于创新主体知识流动 GERT 网络的产学研协作模式研究 [J].工业技术经济,2012,02:35-43

[3] 李晓宇,孙梦.基于产学研结合的大学生创新与协作能力培养研究 [J].中国电力教育,2012,22:22+28

[4] 蔺汉杰,宋琪.产学研协作背景下高校上市公司自主创新能力考察 [J].统计与决策,2015,24:104-107

[5] 赵雅萍.产学研技术协作网络的利益分配与治理 [D].暨南大学,2011

[6] 唐喆.协作的优势——民办高职院校艺术设计专业如何加强人才培养的产学研研究 [J].时代教育(教育教学),2011,04:38-40

高职院校"双师型"教师培养体系研究①

翁光明

(重庆工贸职业技术学院 重庆涪陵 408099)

摘 要：教育部要求各高职院校努力培养高素质的"双师型"教师。本文诠释了"双师型"教师的内涵，指出目前"双师型"教师的培养面临着国家缺乏相关法律法规支持、企业参与动力不足、学校扶持力度不够的问题。要构建完善的高职"双师型"教师培养体系，应从政府提供政策保障、企业搭建校企合作平台、学校建立激励机制等几个方面着手。

关键词：高职院校；"双师型"教师；培养体系

要确保高职教育的良性发展，就必须建设一支高素质、高水平的"双师型"教师队伍。教育部2015年11月印发的《高等职业教育创新发展行动计划（2015 – 2018年）》指出，推进高水平大学和大中型企业共建"双师型"教师培养培训基地，探索"学历教育 + 企业实训"的培养办法。因此，围绕提升教师的实践动手能力，构建高职院校"双师型"教师培养体系，健全专任教师的培养制度，就显得格外重要了。

1 高职"双师型"教师的内涵

关于如何界定"双师型"教师，学界有不同的理解。常见的对"双师型"教师的理解就是双证书论。简单来说，"双师型"教师就是双证教师或双职称教师，即"教师 + 中级以上技术职务（或职业资格）"，如"教师 + 会计师、律师、工程师"等等。但这种理解具有一定的片面性，对已获取初级以上技术职务的高校教师来说，有证书不一定是"双师型"教师，还要看其考取的证书是否是通过纯考试方式获得的。若证书是以理论学习到理论考试方式获取的，就不能定为"双师型"教师。因为这些技术职务（或职业资格）证书完全是通过书本学习，再通过考试获取的，缺乏实践性。如注册会计师、律师的证书就不一定代表持有者的实践经验与能力。其后果就是教师队伍教学能力较低，缺乏实践教学能力、实训指导能力，无法适应当前理实相结合的教学模式。此外，是否定为"双师型"教师与他的职称并无关系。若一位高校教师具备较强的工作岗位实践经验、实践能力，即使是助教也可以

---

① 作者简介：翁光明（1979 – ），男，重庆市永川区人，重庆工贸职业技术学院讲师，研究方向：金融投资理财。

评定为"双师型"教师。因此，符合如下条件的就可认定为高职"双师型"教师：其一是教师在具备助教以上职称和初级以上技术职务（职业资格），其一是教师应具有在基层生产、建设、服务、管理第一线数年实际工作经历。

2 目前"双师型"教师培养面临的困难

2.1 国家缺乏"双师型"教师培养的相关法律法规

国外职业教育发达的国家如德国，出台了一系列职业教育的相关法律法规，明确规定职业教育教师的培养要在企业和学校两个场所进行，在入职前要有三年的实际工作经验。这就支撑了德国的"双元制"职业教育模式，培养了大批高技能的劳动者。其他发达国家如英国、澳大利亚也明确要求职业教育教师要有在企业、行业三至五年的工作经历。同时，为了适应社会进步和科技的发展，职业教育教师必须定期到企业进修，参加相关的专业培训。我国近年也颁布了一系列法律法规及政策，如《职业教育法》《国务院关于加快发展现代职业教育的决定》《高等职业教育创新发展行动计划（2015－2018年）》等，这些文件有职业教育教师培养的相关内容，但缺乏关于"双师型"教师培养的针对性条文。

目前，国家只规定了高职院校教师每两年在企业顶岗实践两个月的制度，而并未规定企业人员如何参与高职院校的教学。但只有企业管理和技术人员到高职院校挂职锻炼，成为学校教师中的一员，才能有针对性地解决实践教学环节中存在的问题。因此，政府应制定相应的管理办法，规定企业参与教师培养的途径与方法，提供企业参与教师培养的税收优惠政策，把"双师型"教师培养纳入企业的职责，制定出促进企业与学校之间的人才流动制度。

2.2 企业参与"双师型"教师培养的动力不足

高职院校与行业、企业合作可以有效地解决人才培养的针对性问题，并解决毕业学生的就业问题，满足企业的实际用人需求。因此，办职业教育不仅是学校的事，也是企业的事。企业参与办学不应狭义地理解为出资兴办学校，还应包括参与教育教学过程，如参与制订人才培养方案、接受学生实习、派遣技术人员讲授实训课程等等。但企业往往以追求利润最大化为目标，在"双师型"教师培养方面没有明显的收益，企业受益较少，就导致参与合作的积极性不高。因此，校企合作常常表现出的是学校的一厢情愿，企业却不愿意让教师担任关键性技术岗位的工作，以免影响企业正常的生产经营活动。因此，政府应要求企业有专门的部门或人员对接高职院校，设立学生实习和教师实践岗位，同时政府以购买服务或税收优惠等方式给予支持。此外，企业开展职业教育的情况还应纳入企业社会责任报告中。

2.3 学校支持"双师型"教师的培养力度不够

当前高职院校的数量和在校学生人数激增，但学生的实践能力及动手能力却不强，其中一个重要原因就在于"双师型"教师数量不足、水平偏低。要提高"双师型"教师队伍的数量和质量就得要求教师去企业顶岗实习，承担一定的实践工作。教师在顶岗实习期间为企业创造利润，企业理应承担"双师型"教师培训的部分费用。但企业未必会支付足额的薪资报酬给教师，教师的收入就会下降，便参与的积极性受到影响。因此，"双师型"教师的培养需要学校加大政策、经费支持力度，制定相应的奖励措施，鼓励教师花较长时间到企业挂职锻炼。但单纯依靠学校扩大"双师型"教师的培养费用，会挤占学校在其他方面的支出，影响学校的长远发展。若奖励措施不合理，还会引发在校任课教师和外出顶岗实习教师的收入分配不公。

3 高职"双师型"教师培养体系的构建

3.1 政府应制定相关法规提供政策保障

培养"双师型"教师首先需要发挥政府的引导职能，完善相关法律法规，建立校企合作协调机构，为校企合作提供政策支持，让更多的教师走进企业实习锻炼。同时，政府还可引导企业优秀员工到学校兼职，优化学校的教师队伍结构，促进"双师型"教师队伍建设，让高职院校和企业共同建设"双师型"教师培养培训基地。其次，政府应该加大职业教育"双师型"教师培养经费支出，并做到专款专用。"双师型"教师的培养需要较高的经费投入，当前经费不足制约着"双师型"教师培养的步伐。因此，必须要加强对高职教育经费的投入力度，保证"双师型"教师培养经费及时到位，使资金投入的增长速度跟上职业教育的发展步伐，满足"双师型"教师培养的需要。最后，政府要加强监督管理，建立监督机制，促使"双师型"教师培养的政策落到实处，保证培养经费不被挪用。

3.2 企业搭建平台参与师资培养

企业为了在激烈的市场经济竞争中立足，可积极对接职业院校，充分利用学校的人才技术优势进行校企合作，满足企业发展转型的需要。但企业也应履行自己的社会责任，参与"双师型"教师培养，设立学生实习和教师实践岗位，实现职业教育与岗位能力的对接。学校依托企业提供的实习实践岗位服务于教学，优化教师队伍结构，改革人才培养模式，将满足企业的岗位需求作为专业设置和人才培养的出发点，做到专业与产业、岗位对接，专业课程内容与职业标准对接。因此，企业应该积极为教师提供工作实践岗位，为教师培养搭建实践平台，校企合作共同构建"双师型"教师培养体系。

3.3 学校建立激励机制大力推进

学校本着因地制宜的原则，贯彻落实教师到企业顶岗实习制度，提升其实践操作技能，促使他们向真正的"双师型"教师转变。高职院校要建立起科学合理的"双师型"教师激励机制，促使每一名教师都能成为"双师型"教师。因此，学校首先完善"双师"型教师的评定标准，除了教学能力以外，还应该把专业实践能力、服务企业能力纳入评价体系，全方位多角度地评价"双师型"教师。其次，在待遇方面、绩效工资的分配方面要适当向"双师型"教师倾斜，对于达到双师标准的教师要给予鼓励，逐步提高"双师型"教师的收入。对到企业挂职锻炼的教师造成收入下降的，可适当发放一定的补贴。最后，要改善"双师型"教师的工作学习环境，为"双师型"教师提供更多的外出培训、考察和实践的机会，鼓励他们带队参加各种技能竞赛。还可鼓励"双师型"教师参与学校的教学管理，为学校的教学改革建言献策，突出"双师型"教师的优越地位。

参考文献：

[1]《国务院关于加快发展现代职业教育的决定》（国发〔2014〕19号）[Z]．2014-6

[2] 教育部.《高等职业教育创新发展行动计划（2015-2018年）》[Z]．2015-10

[3] 陆霞，穆晓霞. 高职"双师型"教师队伍建设：实践困境和矛盾分析 [J]. 现代教育管理，2010，(11)

[4] 李劲松. 高职院校工科类专业"双师型"教师培养与培训体系构建研究 [J]. 辽宁师专学报，2014（2）

[5] 赵佩华，张兴. "政行企校四方联动"高职人才培养机制探索 [J]. 辽宁高职学报，2012（8）

高职院校"产教融合"办学模式探讨①

黄海荣

(重庆工贸职业技术学院 重庆涪陵 408099)

摘 要: "产教融合"是高职教育的一个显著性特征。采取"产教融合"办学模式,围绕地方经济社会发展对人才的需求,建立适应地方经济社会发展的人才培养体系,探索高职学校与地方产业的全面融合之路,寻求实现高职学校与地方社会经济发展的互动双赢,既能为促进地方经济社会发展提供人才支撑,又是高职学校办学的必由之路。

关键词: 产教融合;地方性;高职院校;办学模式

1 "产教融合"模式的内涵及意义

1.1 "产教融合"模式的内涵

高职院校的服务定位具有很强的地方性、区域性特点。作为地方性高职院校,学校所处的地方或区域所特有的历史文化、社会环境、产业特色是地方性高职院校生存及发展的基础。产是指产业,教是指教育,产教关系在于产业部门通过纳税等方式为职业教育提供必要的经济基础,职业教育通过人才培养为产业部门提供合格的人才资源。"产教融合"特指高职院校与所在地或相关区域范围内的产业深度合作。它既是办学的一种理念,也是一种办学模式,其目的是为了处理好学校发展与地方政府、学校与市场的关系,从而为自己赢得更大的生存及发展空间。

"产教融合"办学模式的办学定位要求建立与地方社会经济发展相融合的人才培养体系,专业建设要求加强与地方应用性、紧缺性专业人才培养的对接;产学研合作强调科研和技术服务的地方性、区域性、应用性,为地方支柱产业、高新技术产业、现代服务业等提供直接的科技、技术和文化服务。

地方性高职院校的发展离不开当地政府的支持,为地方政府培养技术技能人才是"产教融合"的基础。地方性高职院校应从自身条件出发,扬长避短,本着发挥自身特色、做大自身优势的路子,与本科院校"错位经营",走"产教融合"的新型办学路子,培养地方

---

① 作者简介:黄海荣(1964—),男,重庆涪陵人,重庆工贸职业技术学院教务处处长,副教授。主要从事教育教学研究和经济管理方面的研究。

"用得上、下得去、留得住"的具有良好职业道德的高素质技术技能专门人才。

1.2 "产教融合"模式的现实意义

"产教融合"模式最大的特色在于突破了高校在内部管理方面形成的封闭特征，主动出击走向市场，了解地方经济社会和行业企业发展变化情况，适时调整自己的办学定位；"产教融合"模式的另一大好处是地方政府通过与学校的互动真正认识到依靠科技发展社会生产力，依靠人才促进经济社会发展的重要性。在"产教融合"办学模式下，地方政府积极参与本区域高校发展与布局战略规划的制定，配合高校对其发展定位、办学特色、校园建设、专业建设、师资队伍建设、校园周边环境等问题进行深入研究和统筹规划，使人才培养与地方经济社会发展战略规划相适应。因此，"产教融合"有利于学校牢固树立服务区域社会经济发展的意识；有利于面向区域经济社会发展特点培育特色专业；有利于校地、校企紧密合作，共同培养符合地方经济社会发展需要的高素质技术技能型人才，实现资源共享、共同发展。

2 "产教融合"模式的人才培养定位

高职院校人才培养的定位是面向生产、建设、管理、服务等第一线岗位，直接从事解决实际问题，维持工作正常运行的高素质技能型人才。具体而言，高职教育的主体是培养将科学、工程、设计转化为实现生产力的高等技术专门人才。如第一产业重点培养农业生产技术人员和经营管理人员等；第二产业重点培养工程技术人员、经营管理人员，特别是高新技术产业的高级智能工人等；第三产业重点培养经营管理人才和业务人才等。培养技术技能人才，是当前高等教育改革的核心目标，是促进地方高职院校发展的核心要素，也是产教融合的核心基础。

在培养目标上，要求培养职业素质好、知识面较宽、专业能力强、综合素质高、具有一定创新素质和较强可持续发展能力，能够胜任某一岗位（或岗位群）、面向地方经济建设第一线需要的高素质应用型专门人才。

在培养规格上，强调知识、能力和素质的协调发展，实行毕业证和职业资格证相结合的"双证书"制度。首先，在知识结构上，每个毕业生都应具有一定的自然人文社会科学基本知识；具有计算机方面的基本知识；具有一定的英语听说读写方面的知识；具有一定的管理和人际关系知识；掌握必需或够用的专业基础理论知识。其次，在能力结构上，每个毕业生都应具有良好的基本能力（计算机应用能力、外语应用能力、社会适应能力、人际交往能力、组织管理能力）；熟练掌握专业的基本技能；具备初步的创新创业能力、较强的就业能力。再次，在素质结构上，注意培养学生诚实守信、爱岗敬业、勤奋工作的职业道德素质；健康的身体素质和心理素质；从事本专业领域所应具备的专业素质。最后，将国家职业标准与专业教学计划和课程教学有机结合，全面实行"双证书"制度。

3 "产教融合"模式的办学思路和人才培养模式的探讨

3.1 "产教融合"模式的办学思路

高职院校应在立足地方、融入地方、服务地方的基础上,厘清办学思路、研究办学定位,积极探索与行业企业的全面融合之路,以寻求实现地方高校与区域社会经济发展的互动双赢。

"产教融合"模式的办学思路是:依托行业、服务地方,加强应用性、紧缺性专业建设,通过校地、校企等互通合作,适应、服务、支撑地方经济社会发展,迅速融入到地方经济建设与社会发展的整体之中,为学校赢得更大的生存及发展空间。

3.1.1 "突出一个中心",即以专业建设为中心,切实做到专业与产业对接。坚持专业设置紧紧抓住地方经济建设和社会发展对人才的需求,依托地方经济发展的重点行业与支柱产业,大力发展地方急需型专业,改造传统专业,建立以重点专业为龙头、相关专业为支撑的专业群。

3.1.2 "依靠两种力量",即依靠地方政府、行业企业力量。紧密结合地方重点发展的产业进行专业建设,进一步扩大与地方政府、行业企业的联合力度,实现与行业企业的资源共享,教学过程共管。即共同确定职业标准、共同制定人才培养方案、共同建设实训实习基地,让企业专家参与人才培养及课程建设的全过程,充分发挥行业、企业在学校专业建设中的重要作用。

3.1.3 "推进三大工程建设"。提高高等职业教育质量的关键要素是师资、实训基地和课程体系。要积极推进师资队伍工程建设、校内外实训基地工程建设、课程体系改革工程,实施"硕博工程"、"双师工程"等人才强校战略,大力引进并培养既有坚实的理论知识又有丰富实践经验的"双师型"教师;依托于行业、企业合作建设校内外实习实训基地,注重校内生产性实训与校外顶岗实习的有机衔接与融通,加强骨干专业建设,强化课程体系改革和教学资源库建设,积极推行"教学做"一体化的教学模式。

3.2 "产教融合"的人才培养模式探讨

根据"以服务为宗旨,以就业为导向,推进教育教学改革。实行工学结合、校企合作、顶岗实习的人才培养模式"(国家中长期教育改革和发展规划纲要(2010-2020年)的要求,高职院校必须抓住区域经济发展的契机,尽快建立符合教育教学规律和区域经济发展要求的人才培养模式,努力扩大办学规模,提高办学效率及服务区域经济社会的能力。具体有以下三种人才培养模式值得参考。

3.2.1 "产业—职业—专业"模式。产业发展决定职业需求,职业需求决定专业命运。"产业—职业—专业"的人才培养模式是按需办学的具体体现。按照"与产业对接、与职场一体"的思路,形成以服务产业为核心,以专业为载体,以职业(项目和任务)为主线的人才培养模式。

3.2.2 "岗位—证书—订单"模式。即瞄准岗位,咬住证书,订单培养。具体而言就是与地方政府的相关部门和行业企业广泛联系，紧密合作，瞄准他们所需要的岗位，适应岗位要求大力实施内涵建设和课程体系改革，提高培养质量，扩大学生取得证书的途径，建立订单式培养平台，保证学生达到区域经济社会发展所需要的职业能力和职业标准，实现学生的充分就业。

3.2.3 **"校企合作，产教对接"** 模式。校企合作要求学校做到专业设置与地方企业需求对接，技能训练与岗位要求对接，培养目标与用人标准对接。可成立由政府领导、校领导及校内外专家组成的"产教融合领导小组"，研究学校专业建设和地方产业的发展，引导学校拓展新专业，打造特色专业，为地方经济与社会发展搭建人才支撑平台。

参考文献：

［1］国家中长期教育改革和发展规划纲要（2010－2020年）［EB/OL］

［2］陈年友等.产教融合的内涵与实现途径［g］中国高校科技，2014（08）

［3］宋杨等.高职高专院校产教融合的教育模式发展现状及对策研究［J］.现代职业教育，2015（19）

产学研合作研究①

吴彤林　白美发　童吉文　王一锋　肖朝锋　邓伟

（黔西南民族职业技术学院　贵州兴义　562400）

摘　要：本文就产学研合作的背景、概念、理论基础、机理、模式进行综述，探索区域产学研合作的可行性。

关键词：产学研；合作；研究

随着我国创新型国家战略的确立，产学研合作创新已成为政府、高校（或科研机构）及企业关注的热点问题。由于高校（或科研机构）和企业分属于公共事业领域和市场经济领域，其合作一直存在着价值观念的冲突、合作目标的冲突、利益分配的冲突等合作障碍，导致高校的人才培养、研究成果与企业的需求对接难，使产学研的合作无法开展，社会资源浪费巨大。如何扫清现存的障碍，实现高校与企业的协作，对建设创新型国家、实现技术产业升级等方面具有现实意义。

1 概述

经济和科技的全球化，科技实力的竞争已经成为决定国家地区综合实力竞争的重要因素，产学研结合日益成为关键议题之一。

1.1 加强产学研合作是国家和地区创新战略的要求

世界上很多的国家和地区在实施技术创新的过程中，都将高校及科研机构作为科技竞争的战略基地，通过产学研合作实现人才培养，知识生产，技术研发和自主创新[1]。

在自主创新的国家战略方针指导下，增强自主创新已成为我国科技发展的战略基点，而《国家中长期科学和技术发展规划纲要（2006—2020）》的颁布又从国家层面上确定了实施自主创新，建设创新型国家的战略。国家创新体系是由经济、教育和科技等方面组织机构构成的创新推动网络，这些创新主体包括企业、高校和科研机构等。

1.2 加强产学研合作是知识经济的要求

知识经济是建立在知识和信息的生产、分配和使用之上的经济，它不同于传统的农业经

---

① 作者简介：吴彤林（1963 -）男，教授，从事教学管理、植物保护教学及研究。基金项目：黔西南民族职业技术学院科研项目，编号：2016 - 02。

济和工业经济，是以现代科学技术为核心，建立在知识的生产、处理、传播和应用基础之上的经济[3]。

高校的功能决定了其人才聚集有良好的基础设施、自由的学术氛围和多学科交叉的平台，这些都使高校成为了产生新知识、新思想的沃土，是培养科技创新人才的主要基地，也是科技知识产生和传播的重要基地，因此，产学研合作可以将高校的技术、人才信息等高级生产要素注入到经济和产业体系中去，从而为经济的转型升级提供强大动力。

1.3 产学研合作是高校和企业发展的要求

人才培养、科学研究和服务社会是高校的三大功能，而要实现三者的协调发展就必须走产学研结合之路。一方面，产学研合作能推动人才培养的观念及模式的变革。如何提高高等教育的人才培养质量，社会衡量人才的标准是能否适应社会发展的需要，能否解决科学技术创新领域的重大社会需求和关键问题。另一方面，产学研结合还能够推动高校进一步调整与完善科研工作思路，改变封闭的科研开发模式[2][4]。

企业的生存和发展需要其加强与高校（或科研机构）的合作。劳动力成本、原料价格、环境保护等因素的影响下，越来越多的企业致力于逐步抛弃依靠自然资源、廉价劳动力、低成本参与竞争的模式，转而更多地依靠技术、知识、品牌等高级要素来获取竞争力。而企业自身的技术、人才和科技基础条件又比较薄弱，创新不能靠企业的单打独斗，因此，产学研结合便成为众多企业发展和增强企自主创新能力的重要途径。

2 产学研合作的概念

2.1 产学研合作内涵

多数研究认为产学研合作是指：企业因为发展过程中遇到技术瓶颈与高校、科研院所按照某种方式建立起一种联系，是技术供需双方达成一致，是技术从实验室走向市场的各个环节的一种结合，是一种以解决现实生产经营过程当中的技术问题为主要目的的产业界与学术界的结合。但今天的产学研合作已不仅仅是解决技术问题，还有合作教育、合作培养人才等。

产学研合作又称产学研一体化和产学研联盟等，国外称为"industry — universtry"之间的合作，并未将研究机构放入其中，实际上应是产学合作，结合国内外情况将其译为产学研合作。

2.2 产学研合作方式

按照高校和企业二者在合作中的地位不同可划分为政府主导型、企业主导型、高校主导型和联合主导型产学研合作。

按照作用的不同分为人才相关，技术相关以及混合性产学研合作。

综合现在国内外的合作总结归纳出：研究支持、松散合作、契约型合作、知识转移、共同研究、研发联盟和共同组建中心等。

2.3 产学研合作要素

2.3.1 政府是推动产学研合作的重要力量

各国产学研合作的产生、推广及演化都离不开政府的作用,政府为产学研合作的发展创造了良好的外部生存环境,为合作提供了必要的资金、政策、制度以及法律保障的支持。可以说,如果没有政府的介入,产学研合作就很难进行。所以说政府是产学研合作当中一个不可缺少的环节,产学研合作的实质应该是"官产学研"或"政产学研",其中的"政"必不可少。

2.3.2 企业和高校是产学研合作的主体

企业与高校合作的核心,是为了各自的利益、目的而结合在一起,为之投入必要的资金、人力、物力、技术等资源是合作实现的基本前提。企业是合作所需的各种物质资源的主要提供者,为确保合作成果的市场价值和经济价值,企业起到了引导合作方向的作用。没有了企业的加入,合作就会因为缺少物质保障及合作方向把握不准而停止。高校是合作过程中知识资源的主要提供者,如果缺少了高校的参与,合作就缺少了知识的源头,合作就无法进行。

2.3.3 中介机构是桥梁

在经济快速发展的今天,以技术评估、法律咨询、金融服务等为主要组成成分的中介机构是产学研合作的桥梁与纽带。在西方发达国家成熟的产学研合作体系中,中介机构起到了非常重要的作用,有力地推动着合作创新的发展。

中介机构主要有三方面作用:首先,中介机构掌握有大量信息,为企业、高校提供最新市场、技术领域的动态;第二,为企业和高校牵线搭桥缩短了需求供给双方寻找合作伙伴的时间,提高了效率;第三,为合作双方提供各种相关服务如法律咨询,技术评估等保障了一个良好的合作平台。正是因为有着完善的中介体系,英美等发达国家的产学研合作才得到快速地发展。

3 产学研合作理论基础

3.1 国家创新理论

1912 年奥地利经济学家熊彼得在他的《经济发展理论》一书中首次提出了"创新"的概念。他认为,技术进步是经济发展的根本原因,同时也是导致产业发展、经济周期演变的根源。

英国的弗里曼教授于 1987 年在他的《科技和经济运行》一书中首次提出了"国家创新体系"的观点,认为创新是一种国家行为,这种国家行为对堤高国家的经济竞争力和科技实力起到了具大的推动作用。

国家创新理论重视政府、高校、企业、中介机构等在创新体系中的作用,认为高校和企业之间应加强交流互动,产学研合作是国家创新活动的一部分。

3.2 三重螺旋理论

三重螺旋理论最初运用于生物学领域,是建立基因、生物体和环境之间的作用关系的一个模型。该理论认为,基因、生物体和环境之间存在着一种辩证作用的关系,生物体的发育过程不仅受到自身基因的控制,还受到所处环境以及分子之间随机反应的影响,同时这三种因素又相互影响、互为因果,其中任何一个因素的变化都是受到其他两个因素的影响,缠绕在一起的。

1996年1月在荷兰召开的"大学与全球知识经济"国际研讨会,提出了一种新的三螺旋关系,即在以创新为主要竞争力的知识经济体系中,政府、企业和大学作为创新制度的三要素,通过市场需求的连接将会形成交叉影响的三螺旋关系。

三螺旋理论为产学研合作促进区域经济的发展提供了强有力的理论支撑,是从另一个角度来思考如何提升产学研合作的效果。产学研合作不仅是企业与大学之间的一种知识、物质等资源要素的交流,其中还涉及到政府的作用,是政府宏观行为与企业和大学微观行为共同作用的结果,三者任何一方的行为都会影响到产学研合作的效果。

3.3 协作理论

协作理论的创立人是著名物理学家哈肯,其在1971年提出了该理论,该理论建立在系统论、信息论、控制论等理论基础之上,如产学研战略联盟正是战略协作理论从产业内部合作到产业界与学界跨界合作运用的延伸。

4 产学研合作机理

在产学研合作创新过程中涉及的交易成本主要包括沟通成本、谈判成本、契约成本和风险成本[1]。当企业内部技术研发的风险和成本高于产学研合作研发时,企业就会选择与高校(或科研机构)进行合作[5]。技术创新是一种具有探索性的复杂系统工程,具有很高的风险和不确定性。Agrawal(2001)认为,企业通过与高校(或科研机构)合作获取的技术、研发能力、生产技能、组织能力和市场知识等无形知识资本可以帮助企业降低成本运行,风险以及生产技术相关的不确定性,从而提升企业成长的潜力[6]。Liu(2001)的实证研究也证明:1994年后中国企业超过政府成为高校(或科研机构)的主要资助者,最主要的原因就是企业从高校(或科研机构)购买或签订研发合同比内部开发新产品或新工艺更加节约成本。

资源动力研究认为,高校与企业合作的动机可归纳为以下几种:筹措科研经费,高校凭借自己的科研实力通过与企业合作的方式来筹措科研经费比较便捷,获取市场信息,了解现实问题,以便从事符合经济需要的研究活动或改善技术的用途,增加学生实践和就业的机会[1]。而企业进行产学研合作的主要目的是要获取:人力资源,包括高素质的毕业生、专家学者等技术资源,如为开发新产品所必需的基础研究及应用研究成果;特定问题的解决方案,如技术咨询与服务;教育资源,如员工的技能培训;设备资源,高校的实验设备。

据Cyert观点,产学院合作实际上为企业提供了良好的学习机会[7]。企业不应只关注于具体的技术、工艺或产品,这充其量只能帮助企业获得短期利益。更重要的是企业要在与大的合作交流中不断学习。这种学习对于提升企业的战略思想、组织文化和解决问题的能力以及丰富知识储备具有极其重要的意义，并且还有助于培养企业的长期发展动力，高校与企业合作的原因是提升自身的发展能力，企业参与产学研合作是为了提高自身技术创新能力。

综上所述，多数研究者认为，企业与高校的合作主要是受短期利益的驱使，旨在解决特定时期的技术和资金问题，而没有把这种合作提升到战略高度，缺乏通过组织学习来提高创新能力的长远眼光。

5 产学研合作模式

产学研合作模式在总体特征上是对产学研的基本合作主体之间以及基本主体与政府、社会中介机构、私人基金会等组织之间不同合作方式、合作类型的标识，是由若干要素及系统构成的具有内在结构与功能的复杂系统[8]。

国外对产学研合作模式的认识研究较为深入，合作的模式有许可、联合研究、学术咨询、联合研究中心和大学科技园。研究表明：非正式的信息交换、出版物和书面报告、公开的会议、雇用毕业生、技术许可、联合成立的公司、公司的研究、咨询和短暂的个人交流是主要的研究成果转移渠道。

对于合作模式的探讨一直都是我国关于产学研合作研究的重点内容，一批学者以不同的视角对产学研合作模式进行了梳理。王章豹（2000年）基于目的导向将产学研合作模式划分为人才培养型、研究开发型、生产经营型和立体综合型四类[9]；王娟茹等（2003年）从微观上将产学研合作模式分为技术协作模式、契约模式和一体化模式三类[10]；王文岩等（2008年）全面总结了产学研合作的各种模式，根据合作方式将其划分为八类，即技术转让、委托研发、联合攻关、共建科研基地、内部一体化共建研发实体、人才联合培养和产业技术联盟[11]；秦玮等（2010年）基于企业吸收能力的视角，将产学研合作模式分为松散型、紧密型和依赖型[12]。

虽然产学研各种合作模式是依据不同的标准来定义的，不同的标准下模式并不存在冲突，而是相互交叉的。合作摸式需要根据具体情况加以区分，合作各方需要交换的技术和资源决定了合作的模式，具体的合作目标及合作经验也会对合作的形式产生影响，而且这些影响因素的重要程度会随着时间的流逝而改变。

参考文献：

[1] 孙福全，陈宝明，王文岩. 主要发达国家产学研合作创新——基于经验及启示[M]. 北京：经济管理出版社 32008；1-151.

[2] 雷朝滋. 发挥产学研结合战略在创新型国家建设中的关键作用[J]. 学习与研究，2007，（4）：25-26

[3] 谢富纪. 技术转移和技术交易[M]. 北京：清华大学出版社，2006：88-90

[4] 马延奇. 产学研合作与创新人才培养[J]. 中国高等教育，2011，（6）：44-45

[5] Mowery, Dc. Collbrative R&D: How Effective Is It [J]. Issues in Science and Tech-

nology, 1998, 15 (1): 37-44

[6] 祖廷勋, 张云虎等. 产学研合作的创新动力机制 [J]. 河西学院学报, 2006, (1): 15-20

[7] 吕海萍, 龚建立, 王飞绒等, 产学研相结合的动力 [J]. 研究与发展管理 2004, 16 (2): 58-60

[8] Bozeman, B. Technology Transfer and Public Policy: A Review of Research and Theory [J]. Research Policy, 2000, (29): 627-655

[9] 王章豹. 产学研合作: 模式, 走势, 问题与对策 [J]. 科技进步与对策, 2000, (3): 115-117

[10] 王娟茹, 潘杰义, 产学研合作模式探索 [J]. 科学管理研究, 2003, 20 (1): 25-27

[11] 王文岩, 孙福全, 申强. 产学研合作摸式分类, 特征及选择 [J]. 中国科技论坛, 2008, (5): 37-40

[12] 秦玮, 徐飞. 基于吸收的产学研合作模式演化研究 [J]. 科技管理研究, 2010, (1): 19-20

少数民族地区职业教育精准扶贫体制机制[①]

曹登科

(铜仁职业技术学院 贵州铜仁 554300)

摘 要：在"十三五"规划建议中，农村贫困人口脱贫被确定为全面建成小康社会"最艰巨的任务"，特别是少数民族地区农村贫困人口脱贫更是被定为全面建成小康社会的"突出短板"。2015年11月，中共中央召开政治局会议，审议通过了《关于打赢脱贫攻坚战的决定》，向全党全社会发出了脱贫攻坚的动员令。为了探索发展少数民族地区职业教育新路径，为职业教育更好地带动贫困人口脱贫摸索办法、积累经验，本文按照"教育脱贫一批"的要求，从地方产业发展和农村扶贫脱贫的技术技能需要出发，深入调研，积极探索少数民族地区职业教育精准扶贫体制机制的构建。

关键词：职业教育+；联动机制；精准扶贫

少数民族地区主要位于山区和半山区，而山区及半山区则占了全国的三分之二份额，这些地方产业发展缓慢、基础设施薄弱、承载能力差、脱贫基础不牢固、返贫率高。很多少数民族地区的强劳力都外出打工，有的整户外出，留下来的基本上都是妇女、儿童、老人，这些人大多数是缺少知识、缺少文化的人。一方面大量的劳动力资源外流，另一方面剩余劳动力就业能力较弱，靠这部分人在民族地区发展产业难度太大。而产业发展不起来，精准扶贫就难以持续。如何促使少数民族群众就地发展创业，是职业教育精准扶贫应研究解决的一个重大课题。

通过调研，我们发现特别是在少数民族地区，职业教育精准扶贫存在着这样的体制机制障碍：一是我国职业教育扶贫机制设计框架内容体系还不够系统和全面，存在着政策法律法规制度不完善、职业教育扶贫管理机构不健全、职业教育扶贫资源整合度不高、职业院校办学能力不足、扶贫对象与扶贫主体之间的利益共生性不强等突出问题，需要不断改进和完善；二是扶贫主体（政府）要在2020年全面建成小康社会，实施大扶贫战略，但帮扶人员"相对"过多、繁而杂，缺乏应有的统筹协调；三是扶贫组织实施单位特别是行业、企业、

[①] 作者简介：曹登科，男，汉族，出生于1984年10月24日，河南驻马店人。2012年毕业于贵州师范大学，法学硕士学位，铜仁职业技术学院教师。

职业院校和职业培训机构参与精准扶贫的少、积极性不够,而且"硬件不硬"、"软件过软"已经成为制约职业教育精准扶贫的主要问题;四是扶贫对象(贫困者)"等、靠、要"的现象还普遍存在,有劳动能力的人大多外出打工,留在家乡的贫困户自己积极主动接受职业教育提升就业及再就业能力的需求弱。

1 少数民族地区职业教育精准扶贫体制的构建

少数民族地区职业教育精准扶贫要打破传统"单打一"的方式,克服孤立地就职业教育扶贫论扶贫、抓扶贫的观念和做法。要按照"利益共享、责任共担"的原则,构建"职业教育+"一体化联动扶贫体制,最终脱贫攻坚,实现全面小康。

应组建成立一个全国性的新型扶贫工作机构,统一协调、组织开展职业教育扶贫工作,整合国家扶贫办、教育部、发改委、财政部门、农业银行与民政部门、人力资源和社会劳动保障部以及其他行业企业扶贫资源,把职业教育投入纳入到职业教育扶贫资源中,发挥其对职业教育精准扶贫工作的指导性作用。精准扶贫涉及扶贫主体(政府)、扶贫组织实施单位(行业、企业、职业院校和职业培训机构)、扶贫对象(贫困者)等利益相关者。扶贫主体主要负责扶贫政策法律法规的制定和扶贫资源的配置,全方位指导职业教育精准扶贫项目,推动解决帮扶过程中遇到的问题;扶贫组织实施单位负责按照国家的扶贫政策及配置的扶贫资源,采取特定的扶贫方式组织实施扶贫计划;扶贫对象依据自身的需求状况,选择某种职业教育学习形式,接受职业教育学习和培训,提升就业和再就业能力。

2 少数民族地区职业教育精准扶贫机制的构建

依据机制设计理论在职业教育扶贫信息分散与信息不对称的条件下,设计激励相容的职业教育扶贫机制,有效、精准配置职业教育扶贫资源,调动各方积极性,防止并避免"越扶越懒、越扶越穷",是有效推进职业教育精准扶贫的关键之所在。

2.1 职教扶贫管理运行机制

通过调研探索发现,职业教育精准扶贫虽是从教育切入的,但还是应该上升到对产业的帮扶和促进就业等多个维度。从教育方式来看,职业教育以校企合作、工学结合的方式使受教育者能以最快的速度获得就业能力,但职业教育精准扶贫需要依托一定的载体才能发挥出其应有的作用,比如"职业教育+产业"。产业扶贫是实施精准扶贫的有力抓手,要进一步发挥职业教育在产业扶贫中的作用。根据职业院校的专业优势和当地的资源禀赋,找准并开发富民产业,提高职业教育扶贫的针对性及精准度。在"利益共享、责任共担"的原则下,建立一种"政府、企业、职业院校、贫困户"联动的精准扶贫机制,继而提供对象精准、项目精准、效果精准的"造血"扶贫。

2.2 职教扶贫合作办学机制

一是以政府投资办学为主体,根据地方经济社会发展的需要,对职业院校进行各种学历教育或者技能培训。比如,举办村干部学历班、新型职业农民学历班,专门制定培养方案,采取理论、实训与工作生产相结合的方式,着力培养具有"现代农业生产、经营管理和产品加工营销技术与能力"的农村致富带头人。二是加强与产业集群、集团公司、大中型企业的有效衔接，签订校企合作协议，在就业、实习、教学等方面开展深度合作。构建职业院校与企业、贫困户的利益联动机制，探索建立"院校＋企业＋贫困户"共赢的扶贫模式。通过职业院校与企业的合作，共建技术培训基地和产业示范基地，采取"边学、边干、边受益"的培训方式，把贫困家庭的劳动力培养成掌握实用技术的人才，使之脱贫致富。同时，也让企业分享通过职业教育传播科技带来的经济效益。

2.3 职教扶贫人才培养机制

积极构建与扶贫开发目标相适应、与主导产业发展相匹配，产教深度融合，中职高职衔接、职普教沟通、结构规模合理的现代职业教育体系。政校企三方密切合作，打造以"政府宣传发动、政策整合引导、因才施教培训、优质就业推荐"为特征的职教扶贫服务链，面向贫困人群开展菜单式精准扶贫工作。大力支持少数民族地区专业人才订单培养，举办专业订单班。三方商定整合专业、课程、师资、设施、政策、行政等资源，按照供给侧结构性改革的理念，以优质就业推荐安置为导向，青壮年农民培训为主、贫困家庭新成长劳动力学历教育为辅，建档立卡人群为主、其他人群为辅，实用技术技能短期培训为主、长期提升为辅，打造适应职教扶贫要求、契合劳动力市场需求、扶智强技效果明显的职教扶贫人才培养机制。

2.4 职教扶贫对象识别机制

一是要根据我国2011年出台的《中国农村扶贫开发纲要（2011—2020年）》规定，把扶贫标准以下具备劳动能力的农村人口作为职业教育精准扶贫工作的主要对象。二是对建档立卡贫困人员实行动态管理。对新增和返贫人员中符合扶持条件的对象及时纳入扶持范围。对已脱贫退出的扶持对象在一定时期内继续给予扶持，确保其稳定脱贫，避免出现"刚脱贫、又返贫"现象。三是对职业教育精准扶贫对象的识别中，不要仅仅局限于对贫困户开展职业教育，因为贫困户接受职业教育并提升就业能力的效果有一定的局限性。要精准识别一批能够通过培训成为新型职业农民等致富带头人的农户，通过这些人的创业带动或者技术指导带动贫困户脱贫，这样可以节约国家资源，提高职业技术技能培训与精准扶贫的资金利用率及实际效果。

2.5 职教扶贫资金投入保障机制

针对我国区域间职业教育发展的差距，一是要建立完善的职业教育财政转移支付制度，特别是要落实以绩效为导向的生均拨款制度，确保少数民族地区的职业教育有充足的经费保障。二是要引导社会资金尤其是社会公益基金加大对薄弱地区职业教育的支持力度。三是要充分发挥精扶贷的作用。建立"职业教育＋企业＋乡镇＋贫困户"的运行模式，村镇组织贫困户利用国家金融扶贫信贷政策进行贷款，贷到的资金交由企业运作；在政府指导与监督下，企业利用融到的资金办厂，发展与地方相适宜的产业，在给贫困户利率回报的同时为贫困户提供就业；高校为就业贫困户免费提供技能技术培训，同时高校学生以此作为实训基地,从而解决资金、技术、就业、实训等问题,实现四方的深度融合、共赢发展。

2.6 职教扶贫培训服务机制

一是建立帮教志愿者服务长效机制,加大农村学校教师培训力度。通过多种形式,加强对农村学校教师的培训,提高农村学校教师的教育教学能力,完善农业职业人才培养培训体系,科学整合资源,完善县、乡、村三级职业教育体系。二是加快农村信息化建设,建立职业教育信息资源库,通过"互联网+职教扶贫"的方式,实现优质职教资源共享。比如,引入慕课、网络与移动学习等教育手段,为农村贫困户送信息、政策、技术、培训教育,扩大职教扶贫的范围。三是积极引导各职业院校大力推进劳动者就业技能、在岗职工岗位技能、扶贫开发技能、"两后生"(初中毕业、高中毕业)技能、下岗再就业技能、农村富裕劳动力和劳动力转移及建档立卡贫困户等各种技能培训,为脱贫致富提供智力支持。

2.7 职教扶贫组织保障工作机制

一是强化领导责任。明确各级党委、政府及相关部门主要领导是实施教育精准扶贫工作的第一责任人,要把教育精准扶贫纳入到党委政府的重要议事日程,全面落实应补尽补政策,确保贫困户扶持全覆盖。二是强化部门主体责任。对于教育精准扶贫中负责业务指导、对象识别、资金筹措、统计汇总等方面的部门提出具体要求,其中教育部门负责指导,扶贫部门负责对象识别,财政部门负责资金筹措,院校负责统计申报。各部门各负其责,通力协作,共同推进。三是强化党员领导干部帮扶责任。明确对建档立卡在册的贫困户要定向精准帮扶,全程跟踪,为其在本地就业提供信息、咨询服务。四是强化绩效考评。将职业教育精准扶贫工作纳入到扶贫主体和扶贫组织实施单位发展实绩考核范围,做到考核结果与政绩挂钩,与年度绩效考评挂钩。对工作推进缓慢、未做到应补尽补的应进行通报批评,限时整改,确保职业教育精准扶贫各项政策足额及时兑现的到位。

参考文献:

[1] 朱慧. 机制设计理论—《2007年诺贝尔经济学奖得主理论评介》[J]. 浙江社会科学, 2007(06)

[2] 林乘东. 教育扶贫论[J]. 民族研究, 1997(03)

[3] 游明伦, 侯长林. 职业教育扶贫机制:设计框架与发展思考[J], 2013(30)

[4] 习近平主持召开中央全面深化改革领导小组第十一次会议 审议通过乡村教师支持计划[N]. 中国农村教育, 2015(4)

[5] 肖庆华, 毛静. 贵州省集中连片特困地区教育扶贫的现状、问题及路径[J]. 经济与社会发展, 2014(3)

第三篇

专业课程与教学改革探索

第三篇　中世期に発達せる宗教文学

地方高校试行学分银行的可行性分析①
——兼论创新创业教育纳入学分银行的可行性

唐明钊

（四川民族学院　四川康定　626001）

摘　要：学分获取渠道多元化，学分认定程序简单化、规范化，学分价值得以充分体现，是实行学分银行的两个前提条件。满足了这个前提的条件下，地方高校实行学分银行是可行的。学分银行的优点显而易见，学分银行是一个系统工程，地方高校既要充分认识到学分银行给学校深化改革带来的机遇与挑战，更要从学生、行业的角度去思考、细化学分修读与管理办法，提升学生、行业对学分价值的认同。

关键词：学分银行；获取渠道；学分认定；学分价值；创新创业；可行性

建立学分银行是《国家中长期教育改革和发展规划纲要（2010 - 2020 年）》提出的重要任务之一，学分银行是高校在建设学习型社会、终身教育的理念下，基于学分制改革的一项制度创新。学分银行（school credit bank）具有学分认定、学分积累、学分查询、学分证明、学分转换等功能，是搭建终身学习的"立交桥"，基于学分银行的学业管理，学生可以更自由地选择学习内容、学习时间、学习地点。学分银行有利于调动学生积极性，有利于学校开放办学、走向市场，有利于各类教育资源共享，尤其是针对职业教育边实践、边学习的特点，学生可以半工半读，工学交替，学完一门功课，可将拿到的学分存入学分银行，工作几年回来后可以继续学习，学完一门算一门学分，累积到规定学分总数后即可获得相应学历。学分银行在学生学业管理方面的优势十分明显，但从学分银行的引入与实践背景来看，学分银行适应了建设学习型社会、终身学习的需要，换言之，学分银行是基于成人教育、开放教育的，对于实施高等职业教育的地方院校来说还值得进一步思考。虽然自 2010 年以来，一些地方教育主管部门引导和制订了较为具体的学分银行管理办法，一些高校也实施了学分银行，但学分银行在实施过程中还存在着不少问题，诸如：办学理念问题、学分管理问题等，本文仅从学分的获取与认定、学分的价值两个方面探讨地方高校试行学分银行的可行性问题。

---

① 作者简介：唐明钊（1964.10 -），男，四川省北川县人，副研究员，研究方向：高等教育与管理。基金项目：四川省 2013 - 2016 年高等教育人才培养质量和教学改革项目（川教函〔2014〕156 号）阶段性成果。

1 问题的提出

学分银行把学分制与弹性学制有机结合,为学生提供了更为灵活的学习方式,同时也对高校的教学管理提出了新要求。学分银行从功能上讲与银行功能有些类似。取得学籍的学生在学分银行注册后,可以存入学分、可以取出学分、可以兑换学分等,而且其存入学分银行的学分也可以作为学习经历和学习能力的证明,甚至可以作为用人单位的参考。

学分银行要存在有两个基本前提条件,即学生有渠道获取学分、学分有价值。这个看似简单的问题却是影响学分银行能否顺利实行的关键性问题。就学分获取渠道而言,如果渠道单一,学分银行就失去了存在的意义。因为学生的不管怎么努力,学分就在人才培养方案中,就那么多,想多也多不了多少。因此,对于学生来说,没有把学分存入学分银行的动力,存进去也就是一种形式,就如同未成年人可以在监护人那里获得必要的生活来源一样,反正一切都是安排好了的,甚至存在监护人那里的压岁钱也只是一种象征意义。

和学分获取渠道紧密相连的另一个问题是学分的认定问题。学分认定的问题事实上反映的是学分获取渠道问题。虽然近年来一些教育主管部门和一些高校出台关于学分银行的文件,内容也涉及到学分互认等问题,但从整体上看,认定的学分范围狭窄、程序复杂,而且也没有给学生创造良好的学分获取条件。

再说学分的价值问题。学分价值是一个几乎没有被关注到的问题,但这却是实行学分银行的又一个十分重要的前提,如果学分的价值没有得到充分体现,学生就没有获取学分的愿望,更没有把学分存入学分银行的动力,学分银行也就失去了存在的基础。只有学生愿意获取学分,愿意通过学分来证明自己,学分银行才能有效健康地运行。

实行学分银行的最大意义就在规范学生学业管理、为学生自主学习、自主创业、自我成才创造有利条件,为用人单位提供学业者的学历与学力证明材料。当学分的价值被忽视,学分银行也就失去了其拥有意义。

因此,要探讨地方高校试行学分银行的可行性,就必须让学生有更多渠道获取学分,让学分价值得以充分体现。

2 学分的获取与认定

学生所在学校是学生获取学分的主渠道。实行学分制的学校的人才培养方案对每个专业都有明确的最低学分和学分结构要求,其内容包括:必修学分数、选修学分数等,配套实施学分制,还有相应的学分修读管理文件等。

基于学分银行的学分取得渠道应该而且也必须是多元的,这些渠道包括:学生通过游学、交换,在兄弟院校获取的学分;学生通过网络课程学习获取的学分;学生通过自学考试获取的学分;学生通过创新创业活动获取的学分;学生通过生产实践(如到企业实践)获取的学分等。即使是在校内,除了人才培养方案之外,也应该让学生有更多的渠道获取学分。

关于学分的认定,教育部办公厅 2001 年 8 月 17 日颁布的《关于在职业学校进行学分制试点工作的意见》(教职成厅〔2001〕3 号)明确表述称:"职业学校计算学分应以课程(含实践课程)在教学计划中的课时数为主要依据,一般课程以 16~18 个课时为 1 个学分。

公益劳动、军训、入学教育、毕业教育等，以1周为1个学分。"这个标准有两个重要信息：一是以教学计划中的课时数为主要依据，二是以学习时间为标准。这是目前为止笔者查到的唯一正式文件明确学分认定的标准。这个标准也是目前多数院校参照执行的一个标准。当然，这个标准在参照执行过程中也有了很多变化，如：有的学校将14学时确定为1学分，有的学校将两周甚至3周确定为1学分，还有的学校以18学时+自学36学时确定为1学分等。而关于教学计划以外的学分该如何纳入学分计算范围，这个文件却没有明确规定。

随着创新创业教育和地方高校的应用转型发展，教学活动多元化、人才培养模式多样化进一步凸显，学分认定的范围已经超出了一般意义上的课堂教学、实验室教学，如：单项实践教学活动，即目标、任务学分单项实践教学活动，诸如第二课堂、社团活动、各类专项竞赛活动、创新创业教育与实践，以及作业、读书数量、读书报告（读书心得）、课程学习综述、小论文、实践训练项目、实践（训练）报告（心得）、讲座记录（心得）等，也将纳入学分计算范围。显然，学分银行的实施，对教育教学改革具有十分重要的现实意义，但要具体推进还需完善很多规范。

以上还只论及到了校内学分认定的问题，如果涉及到校外的跨校学分认定则更为复杂，即学分通存通兑，比如不同学校获取学分的标准不同，学分可否等值、如何等值与兑换等。而这些问题都将涉及到学分银行能否顺利实施。

3 学分的价值

从目前来看，学分价值相对单一，除了总量的价值，即作为学生毕业或授位的条件之外，其他的价值还没有充分显现。"（教职成厅〔2001〕3号）文件"明确指出："三年制专业实行学分制后的总学分一般不少于170学分；四学年制专业总学分一般不少于220学分；五年制或"三加二"学制专业总学分一般不少于270学分。"

四川省教育厅印发的《关于进一步推进我省普通高等学校学分制改革试点的若干意见》（川教〔2004〕165号）要求："人才培养计划符合多样化人才培养的要求，课程设置科学合理；教学计划中选修课的比例，本科不少于总学分的20%，高职（专科）不少于15%。学生毕业要求的总学分原则上控制在本科160—190学分范围内，专科120—140个学分范围内。"

以上这两个文件都对学分总量提出了明确要求，这个要求既是对学分制人才培养方案的要求，也可视作学生的毕业条件之一，所不同的是四川省还把学分结构，即选修课程学分比例纳入到了人才培养方案中。这个文件也间接说明了学分的价值，即毕业要件。

显然，如果学分的价值仅仅限于毕业要件，学分银行就失去了意义。从学分银行角度来说，学分的价值应该是多元的，只有这种价值得到了更广泛的社会认可，学分银行才具有实施的意义。

学分的价值基于多元主体应该有多元的价值，如学分对于教育职能管理部门的价值、学分对于教学承办单位的价值、学分对于用人单位的价值、学分对于教师的价值、学分对于学生的价值，甚至学生对于学生监护人的价值等。学分银行作为学分管理系统，其意义就在于最大限度地发挥学分价值，提升学生学习兴趣，培养学生学习能力，只有让学分价值最大化，学分银行才会有活力。但要实现学分的价值远非学校自身的能力所能及。

4 余论：以创新教育学分认定探讨实行学分银行可行性

学分银行既是建立学习型社会和终身教育的需要，也是学校自身发展的需要。学分银行的建设，有利于适应学习型社会，建义终身教育体制；有利于充分整合和发挥教育资源优势；有利于节约教育成本和教育资源；有利促进学校推进教育教学改革；有利于促进职前教育与职后培训一体化；有利于专业教育与职业岗位对接。但要实施好真正意义上的学分银行制度还有很长的路要走。

学分银行从表面上看，仅仅是学分制改革的路径之一，但从其内涵和所涉及到的范围来看，学分银行是一个系统工程，学校仅仅是这个系统中的一个子系统，学校不仅仅是这个系统的维护者，从某种意义上说，学校与学生一样也是学分银行的客户。换言之，学分银行应该是一种职能行为，至少应该成为学校联盟的行为。就单所学校而言，可以试行学分银行，但需要完善配套相关管理措施。在创新创业教育高度重视的社会背景下，笔者仅以某高校的创新创业教育学分为例，对地方高校试行学分银行的可行性做进一步的分析说明。为了简要说明问题，先将该校大学生创新教育学分评定明细附表如下：

项目	考核内容		学分	备注
竞赛活动	1. 获得各级电子设计竞赛奖励。 2. 获得各级数学建模竞赛奖励。 3. 获得各级大学生机器人竞赛奖励。 4. 获得院级以上级别的各类竞赛奖励。 5. 获得系级各类竞赛奖励。 6. 获得科普、社科等社团组织的科普、社科、专业知识、学科知识等学习竞赛奖励。	国家级一等奖	12	1. 奖项的成员限3人。 2. 奖者不分排名先后，均取得相应等级的学分。
		国家级二等奖	11	
		国家级三等奖	10	
		省、部级一等奖	8	
		省、部级二等奖	7	
		省、部级三等奖	6	
		院级一等奖	4	
		院级二等奖	2	
		院级三等奖	1.5	
		系级竞赛获奖	1	
		系级社团级竞赛获奖	0.5	
学术交流发表论文	1. 权威学术刊物		15	1. 属独立完成者，取得相应等级学分。 2. 属2人合作完成，依排名先后，按6：4分配相应等级的学分。 3. 属3人合作完成者，依排名先后，按5：3：2分配相应等级学分。
	2. 中文核心学术期刊		12	
	3. 公开出版学术期刊		8	
	4. 院内学术期刊		4	
	5. 全国性报纸		8	
	6. 省级报纸		6	
	7. 校级报纸		2	
	8. 国际性学术会议		10	
	9. 全国性学术会议		6	
	10. 省级学术会议		4	
	11. 校级学术会议		3	
	12. 系级学术会议		2	

续表

项目	考核内容		学分	备注
科技成果	1. 国家级	一等奖	20	集体成果按排名先后顺序，依等级递减1分。
		二等奖	18	
		三等奖及其以下	16	
	2. 部、省级	一等奖	12	
		二等奖	10	
		三等奖及其以下	8	
	3. 专利	主要完成人	10	有专利证书
		一般成员（限2人）	6	
	4. 小发明、小创造	主要完成人	6	专家审定认可
		一般成员（限2人）	2	专家审定认可
科研活动	1. 在科学研究活动中取得重大成果（有总结报告）		4	指导教师认可
	2. 辅助教师进行科学研究，成绩突出（有总结报告）		2	指导教师认可
	3. 在教师指导下从事科学研究，完成计划任务（有总结报告）		1	指导教师认可
	主持并完成院级学生科研项目	主持人	2	学院科研部门验收证明材料
		主要参与者	0.5	
实验报告	1. 设计制作小产品	审核认定	2	指导教师认可
	2. 自拟方案进行实验，有规范的实验报告	考核优秀	2	指导教师认可
		考核合格	1	指导教师认可
	3. 自制、改制实验仪器、设备维修	主要负责人	2	指导教师认可
		一般成员（限2人）	1	指导教师认可
	4. 技术革新且有显著效益	主要完成人	6	企、事业单位认可
		一般成员（限2人）	3	企、事业单位认可
	5. 参加与所学专业相关学术讲座，并撰写心得体会		0.5	组织单位认可
从业资格考试	与修读专业基本一致		0.5	从业资格证书
	与修读专业不一致		1	
等级考试	获得普通话水平测试一级乙等证书		1	等级证书
	民族学生获得二级甲等证书		0.5	等级证书
	非英语类专业族学生获得公共外语4级证书		0.5	合格证书
	非英语类专业获得公共外语6级证书		1	合格证书
	英语类专业获得专业英语8级合格证书		1	合格证书
	非计算机类专业民族学生获得计算机二级合格证书		0.5	合格证书
	计算机类专业获得计算机三级合格证书		0.5	合格证书
	非计算机类专业获得计算机三级合格证书		1	合格证书
	专业（专项）考级（非院级）考试（各系结合专业培养需要制订）			合格证书
其他	毕业前考取研究生		2	录取通知书

这个附表从竞赛活动、学术成果、科技成果、科研活动、实验报告、从业资格、等级考试等7个方面明确了学分可以获得创新创业教育学分的途径，这些途径是在开设了创新创业教育课程（2学分）的基础上对创新教育的补充、拓展与深化，是鼓励学生进行自我设计、自我培养及自我发展的有效途径之一。该校创新教育学分实施办法强调：创新教育学分为必修学分；创新教育学分是学生综合能力与素质，特别是创新能力的体现，学院鼓励学生通过

科技发明创造、参加学术讲座、撰写并发表学术论文、开展调查研究并发表调研报告、参加比赛、参加从业资格考试、创作并发表文学艺术作品等多种途径获得创新创业教育学分；超过创新教育基础学分的创新教育学分，经学生本人申请，系（部）认定，可以替代公共任选课程学分（创新教育学分总数不变）。

这个办法本身的出发点是很好的，既有利于解决学校公共课程资源不足的问题，又有利于通过实践、通过自我培养，提升其创新创业能力，也有利于学生的个性化发展。但从实施了两年的情况来看，申请创新创业教育认定的学生却几乎没有。究其原因：一是学生已经通过必修完成了人才培养方案规定创新创业教育课程学分（2学分）；二是学校设定的公共任选课程只有2至4学分，加之学校还开设有通识教育（任选）网络学习平台，学生很容易、也很轻松地就能获得公共任选课程学分。

基于以上两个原因，即使学生可能会获得更多的创新创业教育学分，有的甚至已经具备了若干创新学分申请认定的条件，但却不愿意申请。如果把这个比做一个小型学分银行，那就是学生既不愿意往学分银行里存学分，也不愿意用学分。但如果假设用人单位看重这个创新创业教育学分，并关注其创新创业学分的获取渠道，那么学生必定会高度重视，认真对待。因此，学生对这个学分的重要性的认识，取决于学校，甚至用人单位对这个学分的评价。

通过这个个案分析，我们进一步明白了学分价值在学分银行中的基础性作用。虽然从这个个案中，学分在学校方面的价值似乎得到了充分体现，但这种一厢情愿的价值观没有得到社会的广泛认同，没有得到学生的认同，也就失去了意义。当然，这里面也有制度设计的问题，如创新创业学分要求不高、选修学分比例太低等，如果把这些学分适当调整，也许会增加吸引力，但问题也来了，在专业教育的大环境下，如何让专业教育压缩学分空间，为学生创新创业，为学生职业发展需要让路等。

结语：学分银行的优点显而易见，学分银行是一个系统工程，在地方高校试行学分银行是可行的，还需要职能部门、行业、学校做更多、更多细致的工作。特别是作为地方院校，既要充分认识到学分银行给学校深化改革带来的机遇与挑战，更要从学生、行业的角度去思考、细化学分修读与管理办法，提升学生、行业对学生价值的认同。

2014年10月9日颁布的《广东省教育厅关于普通高等学校实施学分制管理的意见》明确指出："以建立健全选课制、导师制、学分计量制、学分绩点制、补考重修制、主辅修制、学分互认制等学分制管理制度体系为基础，以完善人事管理、学生管理、后勤管理等为保障，以构建现代学分制教学管理信息系统为平台，形成充满生机活力的教学运行机制。"

2015年12月29日，江苏省教育厅印发《深化普通高等学校学分制改革意见》明确指出："建立健全选课制、导师制、学分计量制、学分绩点制、补考重修制、主辅修制、学分互认制等教学制度体系，完善人事管理、学生管理、财务管理、后勤管理等教学管理保障，构建现代学分制教学管理信息系统平台，形成充满生机活力的教学运行机制。"

这些意见都可以作为地方院校试行学分银行的参考。相信在不久的将来，学分银行将会成为一种学校、社会、学生所普遍认可的教学及学生学业管理范式。

广安职业技术学院教学现状及课程改革实践

杨 毅

(广安职业技术学院 四川广安 638000)

摘 要：广安职业技术学院近年来在教学方面取得了很多成绩，但在毕业生为区域经济服务、理论课实践课改革、公共课程改革、二级管理制度建设、传统教学法改革等方面仍面临着很多问题。课程改革是当前学院教学改革的中心，尤其是教学法的改革，其他改革都是建立在课程改革的基础之上的。文章针对相关问题提出了相应的改革思路，也考虑了改革可能会遇到的困难及思考。

关键词：职业教育；教学改革

广安职业技术学院在2004年由岳池师范学校升格为高职学校，迄今为止已有13年高职办学历史，学院在教育教学改革方面做出了很多有益的尝试，也取得了很多成绩。但在高职教育快速发展的今天，仍有很多问题亟待解决。笔者从学院教务处的角度，就未来的改革方向提出自己的见解。

1 广安职业技术学院近年来在教学方面取得的成绩

1.1 岳池师范校时代的办学积淀

广安职业技术学院的前身是1906年建校的岳池女学，新中国成立后改为岳池师范校，是一所长期开展师范教育的中职学校，为国家培养了大量的师范类学生，在学前教育、初级教育等方面积累了长期的教学经验和口碑。直到升为高职后，师范类专业一直都是学院的王牌专业，拥有一支成熟的师资队伍，在省内考生中保持着比较高的影响力。尤其是对位于四川省西部的阿坝、甘孜、凉山三个少数民族自治州来说，少数民族学生能够通过学习师范类专业后回到家乡获得考公务员的资格，因此非常愿意报考学院的师范类专业。

1.2 学院快速发展下的教学改革成绩

广安职业技术学院从建高职之初仅有的师范类专业已经扩展到了理工文管艺术等并存的状态，在2004年招第一届高职学生时只招到200人，但在12年后其在校生规模则经超过1.1万人，扩招速度非常快。

1.3 省级示范校建设对教学改革的推动

学院在2013年获批省级示范高职学校建设立项，由该项目带来了办学定位、人才培养模式改革、专业建设、课程改革、实习实训基地建设、双师型教师培养等各方面的高要求，带动学院的软硬件都有了一次非常有意义的提升。

2 现状及问题分析

2.1 广安市政府对人才培养的期待：留不下来的毕业生

由于学院的师范教育历史悠久，师资力量相对较强，社会声誉好，生源一度占学院总规模的90%，目前仍保持在50%以上。由于学生来自省内各地，以回到家乡从事教师职业为就业目的，因此留在广安本地的毕业生并不多。而在近年来发展起来的非师范类专业中，工科类、文管类的专业因广安地区经济不景气等原因也留不住人。这就与广安市政府花大力支持学院的发展，希望为本地的区域经济建设培养人才的预期存在着差距。

2.2 学院对职业教学改革的期待：坐而论道的理论课

学院通过省级示范校的建设及外出交流、内部听课等方式，已经深切感受到，现行的理论课程依然还是压缩本科的模式，老师坐而论道，学生动手能力差。因此，提出了修改理论课和实践课程比例，增加实习实训，增加校企合作，切实体现职业院校的职业性要求。

2.3 学院对分层教学的期待："大水漫灌"的公共基础课程

在现行的公共基础课程中，除了思政课有特殊的要求而统一进行以外，如大学英语、高等数学、计算机基础等课程也都是统一一把尺子进行教学，不考虑学生入学时基础水平的参差不齐，不考虑不同专业未来对相关能力需求的不同，"大水漫灌"，上完了事。而学院看到了其中的不合理之处，期望在公共基础类课程中进行分层教学改革。

2.4 系部对落实责权利的期待：有责无权的院系二级管理

随着学院的快速发展，在校生规模、教职工人数及二级管理部门越来越多，再采取传统的集中式管理模式会越来越低效率。学院已经意识到了这样的问题，近年来逐步开始推行院系二级管理制度建设，但此项改革"还在路上"。站在系部的角度来看，只感觉到事情越来越多，责任越来越大，但人财物的相关权力却并未下放，系部有责无权，工作效率和积极性必然会大打折扣。

2.5 学生对课程教学法改革的期待：以老师为中心的传统教学法

其实，无论是理论课改为理实一体课，减少理论课增加实践课，还是分层分模块教学，如果教师不改变教学法，学生就仍然会缺乏主动学习的兴趣。而学生的学习兴趣其实是被老师因为新教学法的教学经验不足而剥夺了。因此，无论上课地点如何变，实践课时如何增加，如果老师始终以自己的教学为中心，学生哪怕到了实训室，到了工厂、车间，仍然围着老师转，围着老师听，没有自己预先学习、主动学习。老师把知识点讲完了，动作要领演示完了，学生再动手做一遍，这并不是我们高等职业院校实践课改革的目的。

因此，我们到了语音室、机房、理实一体化教室，到了实训基地、工厂、车间，仍可以看到打瞌睡的学生，开小差的学生，提不起学习兴趣的学生，这与是否理论课、是否实践课无关，与是否分层教学无关，这就是传统教学法的局限。

3 改革思路

3.1 从"一家独大"到"二分天下"再到"三足鼎立"的专业方向建设思路

为了适应地方经济发展的需要，学院从升格为高职那天起就在推进办学方向的转型，从单一师范类专业的办学向非师范类专业扩展。从最初的师范类专业一家独大到今天师范与非师范专业的在校生各占一半的"二分天下"。同时，学院还在积极推进医卫类专业的建设，期望在"十三五"结束时达到师范类、理工文管类、医卫类三足鼎立的格局，以达到更多的毕业生留下来服务于本地经济的目的。

3.2 建立从"作业"到"作品"再到"产品"的职业教育检验标准

理论课和实践课的改革在学院是一个比较经典的话题。大家都赞同宏观的改革方向，但落实到各自的专业、各自的课程时，又会有各种客观条件提出来，要求稳步来，不能"一刀切"，自己的课程有特殊要求等。而作为教学管理部门也会感到推进的困难——既要推动各系的改革，又不能包办各系的专业建设。

因此，基于简化改革的手段，拟采取让各系抓"三个核心"的方式，建立从"作业"到"作品"再到"产品"的三步法的职业教育检验标准，来解决理论课与实践课之争。

"三个核心"为：核心专业、核心能力、专业核心课程。

核心专业：在未来生源逐渐趋紧的大背景下，作为系部负责人，首先考虑的不是专业越多越好，而是只能往做大做精方面发展，因此，要对所在系的核心专业有所规划。满足核心专业的标准应该有两个：要么有名，要么有利。名者，有较大的社会影响力，在行业、企业及社会上有号召力，学术科研等方面有一定权威的专业。利者，生源火爆，就业良好，有相当规模，办学成本相对低的专业。这样的核心专业，一个系有一两个其实就够了。

核心能力：之所以能够成为核心专业，要么是它的社会反响好，要么是毕业生受欢迎有很大关系。系主任要掌握此类专业所代表的专业核心岗位，以及专业核心岗位需求的核心能力，才能科学地规划相关专业的人才培养方案。

专业核心课程：每个专业的核心能力可简化为 4-6 个，引导出 4-6 门专业核心课程。

三步法：

此处作业应是扩大了传统课堂作业的定义，而增加了一些变化，可理解为任务，让学生通过作业的完成来掌握用所学知识去完成任务的能力。

作业变为作品，是指通过课堂教学布置下去，得到摸得到、看得见的各种学生作品。期末考试也不再以笔试为主，也可通过交作品的方式来完成。作品是作业的精品，它可以进入校史馆、LED 大屏幕，或在校园、社区或更大的舞台中去展示，以充分体现职业院校的职业性。

从作品到产品，其过程非常难，涉及到创新创业、校企深度合作等方面，但难不等于不做，可以逐步推进，条件成熟后自然可以实现。

3.3 从通用版的计算机公共基础课程到分专业分层次的计算机模块课程改革试点

公共基础类课程的分层教学可从大学英语、大学语文、高等数学等课程入手，但我们拟从计算机公共基础课程着手，主要有以下几点考虑：首先，面对入学水平不一、专业需求不同的新生进行统一的计算机基础课程教学，既不合理，效果也不好，应该改。其次，目前的在校教师，包括承担计算机公共基础课教学的专业教师，大多数在读书时没有经历过计算机公共基础课的学习（以前没有开设）。而以我们现有的经验，几乎所有教师的WINDOWS、OFFICE、收发邮件、上网等基本操作都不是老师教的，而是自己因为工作需要而自学成材的。因此，可以改。第三，如何改。国内已有若干高职院校推出了计算机模块课，可根据入学摸底进行分层，零基础和有基础的要接受不同的模块。而零基础的基本模块不应该再由教师讲授，提供条件让学生自学即可了。在此基础上，再对不同专业大类实施不同的模块，根据广安职业技术学院的专业分类情况，可分为：师范类、理工类、文管类、艺术类四大模块。考虑到建设的工作量和各专业的特色，模块的完全建成可分年度逐步完成。第四，为什么暂时不选大学英语、高等数学。以实用、够用的标准来看，只要不是专业技术门槛太高如编程等，目前30岁以上的行政人员在计算机方面很多都是从零基础开始自学成材的，而大学英语、高等数学的零基础自学则要困难得多。如果一定要从它们着手分层教学，我们可以先从设置"精英班"开始试点。

3.4 建立以市场为导向的院系二级管理制度

二级管理制度既要考虑效率，也要考虑效益。而如何通过二级管理引导系部向优势专业、核心专业投入更多的资源，市场导向是一个值得考虑的重要因素。此项需学院各部门统一思路，通力合作，此文不再展开。

3.5 从老师的喋喋不休到学生的主动学习：翻转课堂试点

以上改革的点再多，如果教师不改变传统教学法，学生的学习效果依然无法得到保障。老师们早已习惯了站在讲台上主讲、学生仔细聆听的方式，认为不时让学生回答一下问题，或讲完让学生动手就已经是最大的改革了。重要的概念要反复强调，掰碎嚼烂了灌输给学生，甚至在课堂上要亲自动手将书本上已有的定理定义再次板书。其实，有了"百度百科"之类的互联网利器，很多教科书上的经典定义已经不再那么经典权威了。因此，能否推行翻转课堂的真实理由，其实是需要教师鼓起勇气的：敢不敢不再讲那些基本的知识点？

知识点不是不要学，高职的学生也不是都那么优秀而愿意自学。但教师完全可以引导学生去学，在课前学习那些没有太多难度的基本知识点。

课堂是教师组织学生利用课前学的知识点解决问题、完成任务的时间。

最关键的第一步，课堂不要再重复书上已有的概念，而是引导学生理解，并可以运用概念解决问题。这才是"翻转课堂"的真正含义。

无论是理论课，还是实践课，如果都采用这样的教学法，必然会有效果。如果还是传统教学法，那么加再多的实践课，在调动学生主动学习方面还会不尽如人意。

4 预期会遇到的困难及思考

4.1 政府与市场的需求偏差对办学方向选择的影响

政府要求毕业生服务于地方经济，这本身就可能与市场的真实需求不一致，而更多的是基于政府办学投入后想得到收益的理念。广安地处川东，是传统的农业大市，工商经济欠发达，制造业更多的是接纳东部沿海发达地区及川渝中心城市的产业转移。而区域位置也不占优势，即使开设了相关专业也容纳不下太多毕业生，以致相关专业难以做大做强，这也是目前学院有部分专业的开设较为艰难的原因。

因此，短期内学院还得在政府与市场不一致的需求上找到平衡，而从长期看，学院的办学方向必然要顺应市场的潮流方可获得真正的发展。

4.2 作品、产品的难度

作品的标准是可以参赛获奖，可以进入展柜、网站、LED 屏宣传，可以向社会公众开放展示。相比于作业，它对老师和学生都提出了更高要求。

但真正有难度的还是产品，它必须与企业很好合作，以接受市场的考验。这不仅对学生提出了更高的考核标准，而且在很大程度上，更加考验教师的能力、经验、人脉、资源。能够走出这一步的教师，可称得上是真正的"双师型"人才。

4.3 教学资源的供给对分层教学的制约

分层教学对师资、教室等提出了更高的要求。更为重要的是，对教师提出了更高的工作量上的要求。在现有机制的约束下，后者往往是教师在内心没有真正说出来的拒绝的理由。因此，在设计时必须要全盘考虑，从相对容易推动、相对容易成功的地方着手。

4.4 二级管理制度中收权放权的平衡选择

类似上述话题，责权利要对等，要全盘考虑各影响因素。涉及学院整体规划，此处不展开。

4.5 现有机制下如何激发教师进行课程改革的积极性

推进课程改革，会让教师增加很多学习资料准备、自身学习提高的业务要求，也会面临工作量增加但报酬不会同步增加的现实问题。近年来，部省推动的教学改革项目呈逐年上升的趋势，压在高职一线教师身上的担子也越来越重。但由于教师课外的工作量很难在报酬中直接体现，就会出现很多教师只想上课而不参与任何项目，真正做项目的始终都是少数骨干教师的困局。

4.6 教学管理部门和教学辅助部门的职责：保障措施的到位

教务处、组织人事处、计财处、校企合作处等教学管理、教学辅助部门，除了对系部教师加强督导监管外，还有一个重要任务——为全体教师参与教学教育改革制订完善的政策保障。只有保障到位了，才能真正调动起教师的积极性，推动改革的前进。

5 下一步的工作展望

5.1 把教学改革和与政、协、企的合作密切挂钩

除了上述改革思路外，系部核心专业还要扩展与政府、协会、企业的密切合作，借助它们的力量，真正把专业做大做强。

5.2 教学改革在周边职业院校的合作及推广

学院是广安地区职业教育的龙头学校，要带动区域内的中职学校，一起把职业教育的大旗舞起来。各类大赛、展示等都可以做。在更大的区域，周边的高职院校也可形成联盟，正如此次大会的川湘鄂渝黔的联盟一样。只有不断扩大交流、合作与推广，学院的教学改革才会有生命力。

5.3 通过教学改革加强学院在部省有关部门的分量及影响力

教学改革的思路、过程及阶段性成果都要及时与部省相关部门汇报沟通，以加强学院在部省相关部门负责人心中的分量，扩大学院的影响力，为争取更多的建设项目、取得更大的建设成绩打下良好基础。

6 结论

教学改革是一项长期的工程，也是一个在资源、需求的矛盾间不断争取、妥协、平衡的工程。作为教学管理部门，要在尊重教师、尊重学生、尊重教学规律的基础上，预先考虑到可能的困难，有针对性地推动教改逐步展开，由易到难，由点到面。在这一过程中要允许试错，尽量避免"一刀切"。

应用型本科新型建筑材料专业课程体系探究

李晓英　李柱凯　汤凯棣

(广安职业技术学院建筑与城市规划系　四川广安　638000)

摘　要：本文针对应用型本科院校新型建筑材料专业人才的培养现状，分析了应用型人才缺失的原因。立足于新型建筑材料专业应用型人才培养的长远目标，探究了创新的课程体系建设。以适应社会需求为目标，以"走进企业"为课程实施手段，增设"专业前沿课"、"创新附加课"等课程内容，优化课程评价方法，建立健全课程体系。

关键词：应用型本科；新型建筑材料技术专业；人才培养；课程体系

国际形势的变化，迫使中国的经济结构从粗放型、劳动密集型向集约型、高技能型转变。与此同时教育行业也面临着转型，即面向社会的各行各业培育应用型高级专门人才，以稳固我国"世界制造中心"的地位。应用型人才有别于学术型人才，其直接接触或完成实践应用中的工程设计、工作规划、工程实施。而高职和应用型本科院校已成为培养应用型人才的主力团队[1]。

自上世纪 90 年代后，中国高等教育尤其是地方性、应用型本科院校教育，已慢慢由精英教育走向大众化。因此，为了较好地向社会培养应用型人才，需要创新创业人才培养目标，编制科学合理的课程体系以提升学生的应用技能和综合素质[2]。

近几年，建筑行业的发展进度缓慢，表面看来是就业形势不景气对人才的需求不多，而实质上是对人才应用性和高技术性要求的提高。新型建筑材料专业是典型的工程应用性学科专业，为建筑及相关行业提供一线高技术专门人才。所以，为了更好地向社会输送适应社会发展的应用型工作人员，学校教育过程中的课程体系建设尤为重要。

1 新型建筑材料专业人才培养的现状

房地产泡沫导致了中国建筑行业的不景气，使与建筑相关专业的高校教育受到了严重冲击，很多学校的土木、建筑材料等相关专业招生人数不断萎缩，由此产生了许多不良影响：(1) 学校对相关专业的重视度降低；(2) 建筑及相关专业教师待遇降低，教师工作积极性下降；(3) 实验设备应用率降低，甚至长期闲置。这样的恶性循环，无疑会阻碍建筑行业的发展。在如此危机形势下的高校教育更应该重新思考学校教育与企业用人、社会需求之间的关系，与社会共同面对，战胜困难。

社会对人才应用性和高技术性的要求不断提高，毕业学生感叹就业困难，企业感叹招不到能做事的员工。出现企业需求与学生能力不一致的问题，归根结底是由于应用型人才的缺失。

2 应用型人才缺失的原因

应用型本科建设是国家为了促进高等教育与社会、公共服务之间的协调发展而提出来的教育模式,自 2014 年国家教育部《关于地方本科高校转型发展的指导意见》文件出台后,各地纷纷开始转型,开展试点工作[3]。但我国的应用型本科人才培养研究处于起步阶段,这无疑会制约高等教育水平的提高[4]。面对这种情况,2010 年国家教育部指出:"遵循教育规律和人才成长规律,深化教育教学改革,创新教育教学方法,探索多种培养方式,形成各类人才辈出、拔尖创新人才不断涌现的局面"[5]。所以,为了解决高等院校人才培养过程中的问题,提高人才输出质量,提升高等教育水平,就要积极分析导致应用型人才缺失的原因。

2.1 课程体系难以满足培养应用型人才的需求

部分高校打着创新人才培养模式的口号,但在课程设置上却未做实质性的调整,理论课程要远大于 50%,而实践课程的所占比例却偏少。理论和实践教学比例不协调,使之难以满足企业操作、规划、管理的要求。有些高校,虽然课程设置合理,但实训设备缺乏、不成系统,导致实践课程的开展深度严重不足。

2.2 传统教材占主导地位

应用型人才的培养模式与学术型人才的培养模式差异较大,适用于学术型人才培养的传统学科型教材已经难以适应应用型本科人才培养体系的需求。应用型人才培养模式以向社会输送生产一线高级技术人才为主,所用教材也应该与社会发展及企业需求接轨。

2.3 "双师型"教学模式推进速度较慢

"双师型"教师不仅要具备基本职业技能和素质,还应以理论知识指导实际应用,是实践经验丰富、技能全面的教学人才。然而,不少高校都将"双师型"理解为具有双证书[6],使得"双师型"教学模式难以真正推进。另外,高校给教师提供的实践机会不多、学习产学研的教育模式不成规模等因素也限制了"双师型"教学模式的推进。

2.4 高校教育在技术创新方面的参与度较低

要长期确保中国"世界制造中心"的稳定地位,高校就必须为社会培养既有生产应用能力又有创新意识的高技术应用型人才。然而,目前高校对技术创新的参与度较低,学生所学到的操作方法比较陈旧。教师科研项目的实际应用和社会服务较差,难以指导企业的发展,也没能带动学生的创新意识。

导致应用型人才缺失的原因是多方面的,但最主要、最直接的影响因素仍然是课程体系的设置。本文接下来将以新型建筑材料专业为例,就培养应用型人才提出建设创新性课程体系的方案。

3 新型建筑材料专业创新性课程体系的建设

建筑材料产业和市场表明,新型建筑材料专业人才应同时具备宽广的专业知识和较强的建筑材料制备、管理能力[7]。本文接下来将从课程目标、课程内容、课程实施和课程评价四个方面阐述新型建筑材料专业创新性课程体系的建设。

3.1 课程目标

新型建筑材料专业为适应社会主义市场经济的需求,培养德、智、体、美全面发展,且具有建筑材料生产制备、检测、储运、验收、管理能力及行业发展需要的学生。他们需掌握新型建筑材料技术专业所必备的基础理论和专门知识，具备从事混凝土制备、建筑材料检测、海绵城市建设、固体废弃物处理及建筑一体化生产等工作的能力。还应具有诚实守信、团结协作、爱岗敬业的职业素养及创新意识。因此，课程体系的建设以社会岗位需求为指导，紧抓企业工作任务分配，分析职业能力需求，契合建筑行业的可持续发展进程要求。

3.2 课程内容

新型建筑材料专业的课程内容在以实践教学为主，理论教学为辅的基础上，增进校企合作，提高学生实践能力。具体课程内容如表1。

本专业课程内容设置除了公共基础课、专业基础课、专业核心课、专业拓展课以外，还引入"专业前沿课"模块。"专业前沿课"即与当前行业新材料、新技术相关的课程。例如，随着生态海绵城市建设的提出，透水混凝土的需求量增大，技术革新较快，于是，将《高性能混凝土基础》、《透水混凝土生产制备》、《海绵城市研究与应用》等课程建立模块，作为本届学生的"专业前沿课"。又如，建筑结构一体化思想正被提上议程，于是将《装配式混凝土结构施工》、《装配式混凝土结构建筑信息模型（BIM）》等课程建立模块，加入到"专业前沿课"体系中。"专业前沿课程"模块作为专业选修课，学生可选择至少一个模块进行学习，让其掌握最新专业技术，以提高专业能力及就业率。

表1 新型建筑材料专业课程内容

	公共基础课	专业基础课	专业核心课	专业拓展课	专业前沿课
课程设置	思想道德修养与法律基础	专业导论	水泥工艺技术	建筑测量	海绵城市研究与应用
	形势与政策	房建工程识图与制图	混凝土基础知识	建筑工程经济	装配式混凝土结构施工
	高等数学	建筑力学与结构	新型墙体材料制备与施工	市政工程计量与计价	
	大学英语	无机及分析化学	建筑施工工艺	钢结构工程识图与预算	
	计算机应用基础	建筑制图与CAD	材料供应与管理	工程项目管理	
	体育	土木工程概论	建筑工程检测技术	固体废物处理与处置	
	大学生心理健康		混凝土外加剂应用技术		
	毛泽东思想和中国特色社会主义理论体系概论		高性能混凝土技术		
	大学生创新创业基础		建筑材料质量控制监理		
培养目标	培养政治、品德、人文、社会和科学等基本素养	专业素养	培养学生职业能力	培养学生的行业能力	掌握最新技术，以提高就业率

3.3 课程实施

以"双师型"教学模式为主,理实结合,强调实践教学,增进校企合作。按照实训内容所占比例将课程分为纯理论(A)、理实一体(B)及纯实践(C)课程三类,其中,A类课程占所有课程的比例小于45%。

三类课程的授课模式不同,但都必须要与后续实践课程接轨。纯理论课程(A类)教学周结束后,应立即匹配相应的专周实训,起到理论联系实际的作用。例如,《海绵城市研究与应用》课程为纯理论课程,在大二上学期开设,共16个学习周。则在第17周或第18周开设"高性能混凝土制备及检测"专周实训课程。在理实一体化课程(B类)实施的过程中,必须要将实践课程与理论课程的进度协调进行。例如,《混凝土基础知识》课程理论知识学习到"混凝土的原材料"部分内容,实践课程就应该保证最迟在下一周开展"混凝土骨料筛分"实训。在纯实践课程(C类)的实施过程中,尤其需要注意的是校内的实训设备、场地、操作技术必须至少与企业保持同步,保证学生毕业进入企业工作后能够很快上手操作。例如,《混凝土制备及力学性能检测》课程,校内学习的混凝土原材料、搅拌设备、筛分设备及力学性能检测设备必须要跟上企业的发展水平。同时,在校内学习时必须要让学生充分了解社会的需求,让学生的学习目标更明确。

为了更好地与企业需求相接轨,本专业还在每学期末开设"走进企业"课程。具体安排如表2。

表2 每学期末的实习

走进企业	学期					
	1	2	3	4	5	6
	认知实习	课程实习	课程实习	生产实习	课程实习	顶岗实习
	建筑施工企业	建筑工程检测中心	新型墙材企业	高性能混凝土生产企业	招投标单位	新型建筑材料相关企业
学时	8	16	16	32	16	64

此外,本专业还开设有创新课外附加课程,即学生自行申报学院科研项目或参与教师的科研工作,以提高其思考、解决实际工程问题的能力。

3.4 课程评价

本专业课程评价以学生的实际能力为目标,考核方法也遵循能力标准。按照评价主体分为:学生评价、教师评价、学院评价及社会评价四类。其中,以社会评价结果为指导,结合学生评价及教师评价,围绕学院评价结果,不断完善、创新课程体系建设。具体评价方法如下:

3.4.1 **学生评价**:学生通过每学期末的"走进企业"实习或到单位工作,评价所学的专业课程的实用性。

3.4.2 **教师评价**:教师通过对比学生所掌握的专业知识与企业所需的上岗人员能力,也结合自身授课水平,评价课程实施的可行性。

3.4.3 **学院评价**：学院基于办学条件、设备利用、课程的完整性等因素，评价课程的必要性。

3.4.4 **社会评价**：企业通过对到企实习或工作学生的基本素质、专业能力的评估，反映课程体系设置的合理性。

4 结论

应用型人才已成为当今社会人才需求的主体，但真正适应社会需求的人才缺失严重，这促进了应用型本科院校创新课程体系的建设。本专业以培养行业发展需要的应用型人才为目标，以"走进企业"为课程实施办法，增设"专业前沿课"、"创新附加课"等课程内容，优化课程评价方法，建立健全课程体系。

参考文献：

[1] 干洪，徐达奇. 高素质工程应用型人才培养途径研究 [J]. 高等工程教育研究，2010，06：44-48

[2] 王伟廉. 高等学校课程研究导论 [M]. 广州：广东高等教育出版社，2008：74

[3] 范博. 应用型本科专业课教材编撰研究 [D]. 河北科技师范学院，2015

[4] 陈啸，刘杨. 国际应用型本科教育教学法研究的启示 [J]. 中国大学教学，2012，04：92-95

[5] 教育部. 国家中长期教育改革和发展规划纲要（2010-2020年）[N]. 中国教育报，2010-07-30（1）

[6] 张云峰，徐颖，李文. 论应用型本科院校师资队伍建设——以"双师型"师资建设为例 [J]. 当代教育实践与教学研究，2015，03：124+85

[7] 郑举功，陈泉水，刘晓东，杨婷，刘云海，任广元. 材料专业应用型创新人才培养模式与课程体系建设 [J]. 高等理科教育，2011，06：143-147

高职学生基于职业发展的自我导向学习能力培养研究①

卿勇　钟钦

（达州职业技术学院　四川达州　635000）

摘　要：高职学生的文化基础不理想，没有良好的学习习惯，高职学生的自我导向学习是基于高职学生的个体差异，弥补其知识技能的短板，提升综合素质，完善自我的重要途径。在自我导向学习过程中，教师要适度引导，适应专业，结合兴趣，激发高职学生自我导向的内驱力，注重实效实操，推行学历证书与职业资格证书相结合的"双证书"制，加强自我管控，将知识本位转向职业能力本位，以取得富有实效的学习成果。

关键词：自我导向学习；内驱力；双证书制；就业引导

1 高职学生自我导向学习与内驱力

在现实生活中，作为个体的人都有基于内驱力的自我导向学习的自我发展需求。内驱力是个体因需求而在环境与自我交流的过程中产生进而推动有机体活动以达到满足需要的内部动力。内驱力的实质是一种无意识力量，源于意识对积累了整个历史经验的最原始的心理体验的反映。自我提高的内驱力，是一种通过自身的努力，能胜任一定的工作，取得一定的成就，从而赢得一定社会地位的需要为满足[1]。以内驱力为核心的学习基本动因的自我导向学习，凸显在个体身体和心智发展高峰期的青少年时期。作为18－22岁左右的高职学生，自我导向学习就显得尤为重要。

以学生自主学习为要素的自我导向学习（Self－Directed Learning：SDL），是一种相对于教师导向学习（Teacher－Directed Learning：TDL）的学习方式。教师导向学习是指教师通过掌控学生的学习目标、内容、方法、过程以及效果等，使学生的知识、技能、才艺等得到提升。而自我导向学习则是指学习者在内趋力的作用下，自主掌控学习目标、内容、方法、过程以及效果等，通过个体的努力实现一定程度的知识、技能、才艺或个人发展方面的提

---

① 作者简介：卿勇（1960－），男，四川邻水人，达州职业技术学院副院长、副教授，研究方向：高职院校教育管理。钟钦（1963－），男，四川开江人，达州职业技术学院副教授，研究方向：文学创作与语言运用。基金项目：四川省教育厅2013－2016高等教育人才培养质量和教学改革项目"基于职业发展的高职院校人才培养模式改革"项目编号（2014－693）

升。[2]它是1996年由成人教育家Allen Tough首先提出来的概念。

当今世界是知识经济时代，据美国2007年的一项调查显示：18岁或以上的成年人，硕博年均收入为8万美元左右，而没有完成高中教育的仅有2万美元左右，前者是后者的4倍。受教育程度代表收入（Academic certificate is dollar），哈佛图书馆墙上这条训言就是最好的例证。作为我国社会经济发展的必然要求的现代高等职业教育，是我国现代人才培养的重要方式。但是社会上对职业教育的认识尚显不足，高职教育一直被认为是低层次教育，学生就读纳入二专招生的高职院校是一种无奈选择，且在就业时还要面临不少单位的"不认同"甚至是"歧视"，使学生产生自卑心理。因而，基于针对高职学生的个体差异，弥补其知识技能的短板，提升综合素质，完善自我的目的，高职院校的学生自我导向学习必须要大力倡导。

2 高职学生自我导向学习的现状

2.1 乐见成长成才

高职学生普遍富有正义感，关心国家大事，认为国家富强、民族兴旺，匹夫有责，成长成才欲望强烈。政治素质较好，思想较为质朴，积极参加业余党校培训和各种有益的社团活动，积极向党组织靠拢，希望能够在大学时代锻炼自己、提高自己。友善、乐观、热情、健康、向上，集体荣誉感强，有奉献精神。高职学生接受新知识快，有较强的适应能力，普遍能够严格要求自己，比初高中阶段上课更认真、学习更刻苦、生活更自立。在高职阶段的自我导向学习中，积极选择可以帮助自己就业的各种自我导向学习，努力报考各种有助于就业的职业资格证书。

2.2 积极参加社会实践

虽然高职学生的学习基础不好，高考失利，但其进入高职院校后仍然希望能够得到家庭、社会的理解、鼓励与赞赏。同时，高职的学生大多数都来自于社会低层家庭，且大多数是农村家庭，明白就业的不容易，更能吃苦耐劳、努力拼搏。因此，在高职学生的自我导向学习中，特别注意就业技能的强化，进入高职院校后，积极参加兼职家教、周末工、假期工、小学初中高中的培训师资等与社会互动的社会实践活动。高职培养的培养目标以培养高技能人才为主，因此课程要求的实习实训较多，实习实训也是高职学生自我导向学习的重要途径。

2.3 文化学习基础不理想

高职院校的录取线普遍在高考总分数的1/2左右，一些学院的录取线甚至几乎仅是高考总分数的1/4。毋庸置疑，高职学生文化学习的基础普遍不理想，部分学生读写能力、运算能力、思维能力等基本技能较差，语数外等文化基础课学业水平较低，同时偏科现象也较为严重。语数外的薄弱基础，也成为其在高职阶段的学习障碍，加上高职阶段课程与教学方法和其初高中阶段大相径庭，使得一些学生在课堂上听不懂老师的讲解，理解不了抽象的概念，课堂外又看不懂教材中的内容。因此，对要求较高的自我导向学习望洋兴叹，止步不前。

2.4 未能养成良好的学习习惯

随着社会文化的多样化以及价值取向的多元化，高职学生中有相当一部分学生对事物欠缺正确的鉴别判断能力。学习目的不明确，不知道学生的天职就是学习。学习态度不端正，未能养成良好的学习习惯。得过且过混日子，学习上懒散。不能及时调整学习方法，学习没有从被动变为主动，不能及时提高自学能力，当学习上遇到困难时，缺乏信心、毅力与能力去克服。上课注意力不集中，不做笔记，不带书本教材和笔记，倒是手机时刻不离手，不想学不愿意学，不乐意完成作业，经常拖拉甚至找各种借口拒做作业，对学习成绩好坏抱无所谓的态度。迟到早退、各种借口缺课、逃课现象，上课用手机玩游戏看影视的现象，以及旷考、考试作弊等现象，屡见不鲜。不关心学习成绩的好坏，只图混毕业。对自我导向学习置若罔闻，不理不睬。或者在自我导向学习过程中，过程自我管理不严，流于形式，造成学习效果差。

2.5 依赖网络逃避现实

一些高职学生比较自我，不喜欢交流，也不愿意交流，不喜欢读书，独来独往，沉迷于自我世界当中，遇到所有问题不问书本不问老师，只问"度娘"，从网络上易如反掌获取各种粗浅的文化信息，虽然知识面扩大了，视界开阔了，但这种信息爆满的"浅阅读"文化现象却不能进一步学习与借鉴。同时他们沉迷于虚拟的世界，依赖于虚拟的世界，缺少与现实世界的沟通与交流，表现出内心的空虚无助，对现实采取逃避和视而不见听而不闻的鸵鸟政策。

3 高职学生自我导向学习能力培养

学习能力是当下社会竞争的核心能力，严峻的就业形势使高职学生的自我导向学习必须要得到学院各层面、教师、家长、社会各阶层给予的更多的关注。无疑，优秀的学习能力和良好的学习成绩是职场竞聘的重要保证。

3.1 激发高职学生自我导向学习能力的内驱力

鸡蛋，从外破壳是食物，从内破壳是生命。事物发展的根本动力在于内驱力。内驱力是1918年美国心理学家R. S. 伍德沃思在《动力心理学》中提出来的，在心理学范畴中主要表示激起行为机制的原动力[3]。在个人的学业生涯和职业生涯中，内驱力是自我提高的一种长期都起作用的强大动机。与其他动机相比，这种动机包含着更为强烈的情感因素，既有对成功的渴望、期盼，又有对失败的焦虑、不安。在社会的群体交往时，个体总希望自己在一定范围内的群体中获得接受、肯定、赞评，有一定的话语权。人活的是一种精神，高职院校应当引导高职学生在自我导向学习中，发扬中国女排顶住压力奋力拼搏逆境向上的大无畏精神，对自己进行正确评价，相信自己的实力，不断挑战自我，树立起积极的学习预期来，永葆求新求变的精气神，不忘初心，与时俱进，再难的逆境也绝不言弃，可以被打败但是绝不会被打倒，调动生命个体的主观能动性，发挥生命内因的积极作用。用专业素养提升实力，以开放包容博采众长，靠苦干巧干赢得竞争，实现一个又一个更高的目标。

3.2 高职学生自我导向学习要适应专业，有助于就业

就业是高职院校的核心与导向，高职院校的人才培养目标是高技能人才，培养的人才类型是实用型、应用性。高职院校毕业生的工作实质：一是将成熟的技术和管理规范转变为现实的生产和服务；二是工作场合与岗位，在基层第一线。自我导向学习需从知识本位转向职业能力本位，课程目标应突出职业岗位人才规格、知识结构、能力结构的岗位就业目标。把学生思想品德教育、文化知识传授以及审美、体质、心理等素质教育，同专业技术能力的培养以及职业岗位技术训练紧密结合在一起，缩短自我导向学习与就业需求之间的距离，为学生毕业后直接上岗提供条件。

3.3 高职学生自我导向要与职业资格证书相结合

推行学历证书和职业资格证书相结合的"双证书"制，自我导向学习目标体系要与就业态势紧密结合，使学生依照国家职业分类标准及对就业有实际帮助的相关职业证书的要求，对自己的高职导向学习阶段进行合理规划，对自我导向的学习生活进行充分有效的目标管理，从而使学生既具备第一岗位的任职能力，又有转换岗位的适应能力。把自我导向学习及证书标准有机结合起来，用证书考试推动自我导向学习。

3.4 高职学生自我导向学习要结合兴趣，注重实效与实操

美国心理学家布鲁纳认为："学习的最好刺激，乃是对所学材料的兴趣。"兴趣是最好的老师，也是自我导向学习的内趋力核心要素。因此，高职学生的自我导向学习，要结合高职学生的兴趣，进而激发其兴趣，才能使学习富有实效。高职院校的不少学生偏科严重，要让学生根据自己成长的需要选择不同的成才道路，选择不同的自我导向学习目标，只有有明确的学习目的及积极向上的奋斗目标，才会有了持久的学习兴趣和顽强的学习意志，才能持之以恒刻苦自立，自我导向学习的实效才能得到充分体现，高职学生自我导向学习尤其要与高职学生的实际动手操作能力及解决工作生活实际问题的能力相结合，为就业打下良好基础。

3.5 高职学生自我导向学习必须要有高强度的自律

自我导向学习毕竟是漫长而艰苦的事情，需要较长的时间及坚持不懈的毅力，高职学生虽有良好的自我导向学习的愿望，但不能够较好地自我约束与自我管控，不善于安排、控制学习时间。目前的高职学生大部分都是独生子女，自我解决问题的能力差，即使是在农村出生的孩子也大多数是留守学生和流徙学生，学习较为散漫，得过且过，因长期的学习意志不坚，导致对学习的信心不足。高职学生在自我导向学习中，要能静下心来，学会享受精神世界，多进行人文学科的学习，最终的归宿应该是让我们能够体会生活的美好及生命的厚重。当前社会的亚文化，让人们丧失了好奇心，没有了感受生命的能力。这个社会需要静一下，脚步走得太快，我们的灵魂跟不上了。无论是哪种创新创造，大凡能在某个行业做出点成绩的人，定然是能够静得下心的人。高职学生的自我导向学习，尤其要注意一点。

3.6 高职学生自我导向学习需要老师的适度引领

《礼记·学记》中说"学者有四失,教者必知之。人之学也,或失则多,或失则寡,或失则易,或失则止。此四者,心之莫同也。知其心,然后能救其失也,教也者,长善而救其失者也。"也就是说,师者要知晓学者有或贪多而不求甚解,或一知半解得少为足,或以为太容易不精益求精,或自我设限不求进步四种问题。教育的目的,就是要增益长处而弥补短处。高职学生的社会阅历少,没有工作经验,教师在高职学生的自我导向学习中要适度引领,对症下药。在学生自身有内在要求的基础上采取各种措施,对学生内在的各因素施加影响,使高职学生自我导向学习和教师导向学习深度融合,在校学习及终身学习相结合。

3.7 高职学生自我导向学习要取得家长支持,形成学习小组机制。

自我导向学习需要教材和学习用具,高职学生缺乏独立的经济能力,故而高职学生的自我导向需取得家长的积极支持。同时,学习小组的建立可以更好地营造学习氛围,加强彼此之间的协调沟通能力,互相督促,共同进步,丰富及共享学习资源。

当今社会正悄然发生着由重视文凭学历到重视能力的转变,高职学生全日制毕业证书纵然仅仅是二专,但在专业技能的素养上应该比非高职学生更胜一筹,通过自我导向的学习,一样不输于那些高学历。

参考文献:

[1] 马斯洛. 许金声等,译. 动机与人格 [M]. 北京:中国人民大学出版社,2013

[2] Long H B, Guglielmino L M, Hiemstra R. Self–direction inLearning in the United States [J]. Int J Self–directed Learning, 2004, 1 (1): 1–17

[3] 崔革. 大学生个人学习环境构建 [J]. 鞍山师范学院学报, 2008, 04

基于职业发展的学生金融知识和经济知识的能力培养①

卿 勇 代建华

(达州职业技术学院 四川达州 635000)

摘 要：在全球经济快速发展的趋势下，高职院校注重金融知识和经济知识的教学，培养高职生的金融知识能力，提高高职生的经济综合素质，对高职生的职业发展意义重大。文章论述了加强金融知识及经济知识的必要性，阐述了金融知识和经济知识的内容范畴及金融能力目标，分析了中美两国培养金融能力的现状及原因，提出了借鉴发达国家经验，采用多种可行性方略加强教学和实践，有效培养高职学生的金融能力。

关键词：高职院校；金融知识；经济知识；能力培养

世界经济自由化、网络化的快速发展，对高职院校学生的综合素质提出了更高要求，尤其是金融知识和经济知识的素质及能力。高职院校应加强金融知识和经济知识的教学，培养学生的金融知识能力，提高学生的经济综合素质。

1 加强高职院校金融知识和经济知识的必要性

校园贷、优分期等网络贷款像一颗毒瘤般在高校、高职院校里肆虐。从"裸条"借贷到河南牧业经济学院一大学生借贷60余万元最终跳楼自杀，这类事件触动着人们的神经，引发着热议[1]。二本经济学院开设了金融知识和经济知识课程，没能避免悲剧的发生，高职院校更应该开设这两方面的课程，防微杜渐，以利于高职生职业的发展。

1.1 培养高职学生的金融意识，提高金融处置能力

首先，提高金融意识。高职生进入社会，面对复杂的金融市场，接触到新的金融产品和金融服务，往往一脸茫然。适当的金融知识和经济知识的能力培养，能够增强他们的金融意识，使其很好地迎接知识经济的挑战。其次，防范金融诈骗。高职院校开设金融知识和经济知识课程，大大弥补了高职生知识结构的重大短板，对于防范金融欺诈有着较强的免疫力。

---

① 作者简介：卿勇（1960 –），男，四川邻水人，达州职业技术学院副院长、副教授，研究方向：高职院校教育管理。代建华（1973 –），男，四川中江人，达州职业技术学院讲师，硕士，研究方向：民商法学。基金项目：四川省教育厅2013 – 2016高等教育人才培养质量和教学改革项目"基于职业发展的高职院校人才培养模式改革"项目编号（2014 – 693）。

1.2 培养高职生的风险意识，防范金融风险

受到金融天生的脆弱性和金融市场发展不充分的限制，以及信息不完全、信息不对称的存在，使个人更好管理自己的财富这种理想的状态并不必然和自动地转化为现实。[2]高职生在毕业前，通过金融知识和经济知识课程的学习，能够减少或降低非理性投资行为，避免校园贷、优分期和"裸条"借贷行为。而且通过学习会知道参与金融活动可能面临及应当承受的风险，趋利避害。

1.3 增强高职生的责任意识，加大教育力度

从去年开始，针对大学生贷款的平台就如雨后春笋般冒了出来，其大致可分为三类：第一类为学生分期购物平台，第二类为单纯的P2P贷款平台，包括名校贷等平台；第三类是阿里、京东、苏宁等传统电商平台。全国在校高职生约为1500万左右，并且每年都有数百万的"新鲜血液"，成为校园分期网站从业者的目标。加强高职生的教育，势在必行。

2 金融知识和经济知识的内容范畴及金融能力目标

高职院校开设课程的目的在于培养高职生的金融能力与金融风险防范意识。

2.1 开设课程的内容范畴

2.1.1 从知识维度来看，应掌握的金融知识有：一是客观金融知识，包括央行问题，存款准备金问题，分散化、股票、债券、外汇，保险期限，保险赔付，医疗保险问题；二是主观金融知识，包括储蓄利率、贷款产品、投资产品和保险产品。应掌握的经济知识有：通货膨胀、通货滞涨、需求与供给的关系和宏观经济调控等。

2.1.2 从应用维度来看，高职生应具有的金融能力为：处理经济信息和在了解信息的情况下做出关于财务规划、财富积累、债务和养老金决策的能力，[3]分别是收支平衡行为、提前规划行为、管理金融产品行为与金融知识和金融决策能力[3]2。

知识维度强调知识的传授与积累，应用维度强调金融素质的形成、金融知识和经济知识能力的培养。金融能力比金融知识的内涵更丰富，指有效利用金融知识，通过实施适当的金融行为来达到消费者金融的目标，增强消费者的经济福利。[3]2知识和能力是社会经济发展的需要，是高职生适应社会的需要，不可偏废。

2.2 培养的金融能力目标

金融知识和经济知识教学的精髓在于教授给学生观察个人行为与社会现象的思维方式，其真正的意义在于通过对活生生的、日常发展的现象的解释来熟悉及理解经济学家思考问题的方法。高职院校培养金融能力包括以下几方面：

首先，对金融和经济问题的常识性知识及核心概念的理解力。金融能力的培养需高职生掌握一定的金融和经济基本知识，包括市场经济的运行机制、需求与供给的关系、商品价格形成机制、经济周期论、储蓄利率、贷款产品、投资产品、股票、债券、外汇、保险期限、保险赔付、医疗保险等基本概念和计算公式。

其次，应用所学的知识和核心概念分析金融行为及金融现象的能力。金融知识和经济知

识是真实的分析市场经济的工具，而不是空洞的理论学说。因此，高职院校培养学生的金融能力，就是要学生能够运用金融知识和经济知识去分析、理解现实生活中的金融行为及金融现象。

最后，形成口头和书面形式表达的能力。高职生学习金融知识、经济知识要实现被动向主动的转变，要实现学知识到提出问题的转变。要使基本知识得到真正的理解与运用，需要对现实经济中热点、难点现象加以分析总结，形成自己的观点，并用适当的形式表达出来。[4]45

3 中美培养学生金融能力的现状及原因分析

美国金融教育实践是我国培养高职生金融能力的极好借鉴，对提高金融知识和经济知识有着极佳的启示。

3.1 美国将金融教育纳入国家战略

美国爆发金融危机凸显了美国国民金融素质与金融业发展的速度不匹配，以及美国金融教育的不足。针对该问题，美国采取的措施有：一是联邦20个机构共同协作提高政府官方网站的金融教育效果。该网站重视信用卡知识的教育，引导合理消费，帮助国民解读金融政策，提供人性化服务，帮助弱势群体，帮助企业主组建、运行和管理企业[4]。二是将金融教育纳入国家战略，企事业部门积极协作。美国联邦政府有关部门、中小学、大学、研究机构、军队、社区、金融机构积极协作，开展国民金融能力调查并制定解决方案，帮助国民提高金融知识，促进国民提高金融能力。三是设立"金融扫盲月"。2007年美国众议院规定每年4月为"金融扫盲月"，以此强化对国民的金融知识教育[5]9。四是成立消费者金融保护局。该局的主要功能是监控大面积的金融产品与服务，制约金融机构行为，以保护消费者的利益。

3.2 我国高职院校培养学生金融能力的现状

我国高校、高职院校在培养学生金融能力方面发挥了重要的作用，但仍有距离。一是金融知识和经济知识教育体系远未形成。高职院校没有金融知识和经济知识的普及教育，除了经管系学生外，其他系是没有金融知识及经济知识的教育的。正因为缺乏必要的金融知识和经济知识，缺乏金融意识，才使得校园贷、优分期和"裸条"借贷在校园满天飞，侵害了学生的利益。二是对金融教育分层认识不到位。高职院校的专业设置滞后于社会需要，课程安排不合理，开设的金融知识和经济知识课程笼统，对非经管系的学生，理论够用，注重实用，介绍金融工具和金融原理，分析金融现象，使高职生能够快速适应金融发展的需要，提升自身的金融能力[2]90。

3.3 两国差异的原因分析及对我国的启示

3.3.1 产生的根源

美国加强学生金融能力培养最主要的原因是2008年美国爆发的金融危机。为了美国金融业的稳定发展，防范美国金融领域的系统性风险，美国将金融教育纳入了国家战略，举国上下，齐头并进，普及居民的金融知识，提升国民的金融素质及防范金融风险的发生。中国避免了2008年的金融危机，从美国的金融危机中，我国的高职院校应该意识到加强学生金融知识和经济知识教育的重要，提升高职生金融素质及能力与国民都是大有裨益的。

3.3.2 认识的高度

美国将金融教育提升至国家战略这一高度，从上至下，不遗余力地加强美国国民金融教育，耐人寻味[5]7。但可以肯定的是，金融危机的危害程度震惊了美国的各阶层，非举全国之力不行。美国人对金融危机的切肤之痛，值得其他国家重视。中国没有发生金融危机，但是近年来，网络诈骗、电信诈骗、信用卡诈骗、集资诈骗、校园贷等危害学生及市民金融安全的案件时有发生，加强高职生金融知识及经济知识教育已迫在眉睫。

4 高职院校培养学生金融能力的可行性方略

高职生进校时的成绩要低于本科生，但通过高职院校的金融知识及经济知识教育，金融能力会有极大的提高。从应用角度来看，高职生具有的金融能力是收支平衡行为、提前规划行为、管理金融产品行为与金融知识和金融决策能力。从高职院校培养角度看，高职生通过学习，在学校具有防范校园贷等风险意识，毕业后的职业发展中将具有财务规划、财富积累、债务借贷及清偿、投资理财等能力。

4.1 提高认识，增设金融教育课程

高职院校课程设置的合理性。合理的课程安排，能够满足高职生的个性发展，还能激发他们的创新意识。市场经济下的知识经济快速发展，适时调整公共课、选修课与必修课的比例，改善金融类选修课"可修可不修"的地位具有重要意义。[6]是应该增设金融和经济知识课程的时候了，高职院校应引起重视，可遗憾的是全国的高职院校做出这种举措的太少。

4.2 构建学生金融和经济知识能力培养体系

4.2.1 防范金融风险的能力

高职院校的学生要具有防范金融风险的能力，以学校实际出现的情况为例，应有针对性地加强以下两方面的知识教育。一是债权债务知识。教室的课桌上除了教材外，还随处可见校园贷的传单。校园贷关键是"贷"，贷就是贷款（借贷），贷款涉及债权债务双方。债权方就是出借方，我国法律对出借方（银行、民间出借人）的资质、利率是有规定的；出借方（往往是银行）对贷款人（借入方）是有抵押物硬性要求的，即使是民间出借方，法律规定双方的最高利率也不能高于银行同期利率的4倍。如果没有抵押物，就能借钱；基本上是民间借贷，就是民间借贷也须有利率的约定。高职生要明白，没有抵押，没有利率约定，就能轻易把钱借出来，那一定是非法借贷（高利贷），天上没有掉馅饼的好事，除非是你的亲戚。二是信用卡知识。很多高职生以及工作人员收到的电话诈骗，其实就是信用卡诈骗。电话是不能把钱转出去的，受害者接到恐吓电话就掏出信用卡，输号又输密码，最后一查，钱没了。高职生遇见这种电话诈骗，先要核实电话信息、款项接收机构的信息，多问问老师、同学或者警察，一定要捂住钱口袋。只要做到了这点，很多诈骗行为被屏蔽。高职生不

论是在校还是工作都应该了解信用卡透支的问题，透支就是超过卡上的资金消费。如果是一般透支补上本金和利息基本无事，但要是恶意透支，就要上征信系统黑名单，会影响买车、买房、贷款、出行，甚至将触犯刑法，对职业发展的影响很大。高职生在了解了债权债务知识和信用卡知识后，就会对自己的财务规划、财富积累、债务借贷及清偿做出合理安排，对他们的职业发展起到帮助作用。

4.2.2 高职生应具备的金融判断能力

金融判断能力需具备以下经济知识，一是央行问题。中国人民银行专门行使中央银行的职能，具有运用货币政策调节经济的能力。二是存款准备金问题。央行在国家法律授权中规定金融机构必须要把自己吸收的存款按照一定比率交存央行，这个比率就是存款准备金率，按这个比率交存央行的存款为"存款准备金"存款。三是通货膨胀。货币发行过多，供给大于需求，引起货币的贬值，此时其他商品的价值不变，就需要更多的钱去购买商品，也就是价格上涨。四是通货紧缩。当市场上流通的货币减少，货币所得减少，购买力下降，影响物价下跌，将造成通货紧缩。五是储蓄利率。能根据利息计算公式：利息＝本金×利率×时间，熟练算出利息。高职生熟练掌握以上经济知识，就能分析需求与供给的关系和国家宏观经济调控政策，形成金融判断能力（如央行降息时，就是告诉你可以大量贷款以支撑企业、公司的发展）。

4.2.3 高职生应具备的金融决策能力

高职生应了解以下三大内容。一是贷款产品。它分为个人消费类贷款和个人经营性贷款，前者有购买个人住房、汽车贷款，一般助学贷款、住房装修贷款、个人旅游消费贷款、个人医疗贷款等；后者包括个人商用房贷款、个人经营贷款、农户贷款和下岗失业小额担保贷款。二是理财投资产品。按投资对象分类可分为：黄金、股票、债券、储蓄存款、基金、保险、本外币理财产品、信托产品、期货和房产等。三是投资理财型保险产品。它分为：分红险（指保险公司将其实际经营成果优于定价假设的盈余，按照一定比例向保单持有人进行分配的人寿保险）、万能险（指包含保险保障功能并设立有单独保单账户的人身保险产品）、投连险（指包含保险保障功能并至少在一个投资账户拥有一定资产价值的人身保险）。[7]

掌握了以上内容后，高职生可根据自己的资金来决定投资，尤其是工作后利用这些金融知识来决策投资及理财，对其自身的职业发展至关重要。

4.2.4 课外实践拓展能力

高职院校一半以上的学生都来自农村的贫困家庭，在校消费的居多，在校能够进行金融投资理财的极少。在校学习的金融知识及经济知识，需要转换为能力，而能力的提高才是教育和学习的目的，要教会学生在离开校园后的人生实践中根据社会的变化不断提高自身的能力。[6]34

课堂教学的时间有限，高职院校开展丰富的课外活动，有利于高职生进一步吸收和消化所学金融及经济基本知识,促进知识转化为能力。第一、充分利用校园网络服务平台开展金融教育,如使用手机和互联网的各种社交媒体进行金融教育。[3]4针对不同情况进行有侧重的教育,对高职生来说,要养成重视理财、货比三家、理智借贷、目标储蓄和善于投资的习惯,注重加强消费者保护教育。第二、鼓励金融机构来高职院校进行金融教育。金融机构来高职院校讲解最新的信用卡、储蓄、理财产品、股票、基金等知识,对自身是一个很好的宣传,既能拓展大量的学生客户,又能对高职生进行金融知识的教育,是一个双赢的策略。第三、邀请一些经济学专家学者开展有关中国经济结构转型、居民理财投资、社会收入差距、房地产价格调控、人民币升值、大学生创业等系列学术讲座,以提高高职生对现实问题的认识水平。[4]44

高职院校的高职生掌握好金融知识和经济知识,形成适应现代社会的金融能力,对未来的职业发展信心更足,方向更准。

参考文献:

[1] 林祺,陈翔,夏小淇. 重庆规范校园贷:非家长书面同意不得放款 [DB/OL]. http://www.jcrb.com/culture/news/201608/t20160816_1642075.htm,2016-08-16

[2] 张开宝,王伟. 试论应用型高校金融知识的普及教育 [J]. 滁州学院学报,2012,14(6):91

[3] 肖经建. 消费者金融能力的培养和教育:美国的经验和启示 [J]. Tsinghua Financial Review,December 2014,Cover Story

[4] 张青,丁从明. 论大学生经济学素养的培养 [J]. 求知导刊,2016,(4):44

[5] 吴丽霞. 金融教育的国际经验与借鉴 [J]. 长春大学学报,2012,22(1):8

[6] 马俊. 简论培养具有金融知识的理工科人才 [J]. 教育评论,2010,(1):35

[7] 投资理财型保险的产品分类详解时间 [DB/OL]. http://www.cignacmb.com/baoxianzhishi/toulianxian/20150520015.html. 2015-05-20

高职航空维修类专业群开放式实训中心的规划与研究①

袁江　魏红伟

（张家界航空工业职业技术学院　湖南张家界　427000）

摘　要：以分析航空维修类专业群的项目技能模块为出发点，以课程体系建设为衔接，以完成"五大典型岗位任务"的理论知识和职业操作技能为轴线，构建案例项目的开放式实践教学模式，同时研究开放式航空维修实训中心的管理模式以及内涵建设。

关键词：高职；航空维修类专业群；开放式；实训中心

航空维修产业是主要从事民用飞机、军用飞机、航空发动机及其相关附件装置的维护和维修服务行业，是我国航空运输业及航空制造业的延伸，是航空产业链的高端发展方向，具有技术含量高、经济附加值高、成长空间大、引领作用强等突出特点[1]。《中国民用航空工业十三五中长期发展规划》指出，到2020年，我国航空维修市场规模达到1000亿元，航空维修专业技能从业人员数量将达50万人[2]。同时《湖南省通用航空产业2013－2020年发展规划》和《湖南省加快培育和发展战略性新兴产业总体规划纲要》中明确提出要大力"发展航空维修"[3]。可见，发展航空维修业对国家和我省的产业结构调整及转型升级具有十分重要意义。

为了培养适应航空维修业对高素质技能型人才的需求，使学生毕业后能迅速做到学习与工作岗位的交互对接，高职院校必须要加大力量建立起系统、先进的校内外实训基地加以保证。同时，在学院新校区，需要重新建设和规划航空维修实训中心。因此，本课题组通过深入企业及兄弟院校的调查研究，与校企合作单位的航空方面专家共同探讨，进行了以岗位任务为中心，以工作过程为导向，以提高学生的职业技能为核心的开放式项目化航空维修类专业群开放式实训中心的规划与研究。

1 专业群实训基地的紧迫性

随着我国航空产业的快速发展和"大飞机"项目的实施，为培养航空维修产业所需的

---

① 作者简介：袁江（1978－），湖南邵阳，副教授，硕士，研究方向为职业教育理论与改革。魏红伟（1980－），辽宁葫芦岛，讲师，硕士，研究方向为职业教育理论与改革。基金项目：湖南省2016年度教育科学十三五规划课题"对接航空产业战略的高职航空维修类专业群开放式实训基地建设研究"（XJK016CZY091）。

人才提供了设备、技术、师资和项目资源等方面的支持[4]。但目前中国航空维修业的从业人员整体素质不高、技术更新慢、应用维修技术的能力与现行飞机的新技术不匹配,尤其是相当缺乏高层次的维修人才[5]。在此背景下,我院以航空为背景,依托航空企业的技术和资源优势,自2005年起陆续开设了"航空发动机装配与试车"、"航空机电设备维修与管理"、"飞机控制设备与仪表"、"民航运输专业"、"机场运行专业"、"航空服务专业"等航空维修类专业。通过10年的不断建设和发展,学院与航空企业的不断深入合作,采取了以"岗位任务"为中心,以"工作过程"为导向,以"职业技能"为核心的开放式项目化航空维修类专业群课程体系的人才培养方式,提升了我院的职业教育水平,提升了学生的综合技能素质与就业竞争力。但是,随着我院航空类专业学生人数的不断增加,教学资源需求日益紧缺,优化我院的教学资源已成为最迫切需要解决的问题。

2 专业群的项目技能模块职业技能分析

航空维修类专业群是指从事航空发动机维修、飞机维修及改装、航线维护、附件修理及翻修技术等航空维修技术的主要专业,是民用和军用航空飞机维修工程的重要专业群。分析企业和兄弟院校的调查研究结果,结合本院的实际情况及实训条件,本课题组设置了航空维修类专业群开放式实训中心的项目技能实训室:将《航空发动机装配与试车专业》的发动机试车方向和《航空机电设备维修与管理专业》的发动机维修方向整合为"航空发动机维修项目实训室",将《航空机电设备维修与管理专业》的结构维修方向和《机场运行专业》的飞机附件设备维修方向整合为"飞机结构维修项目实训室",将《航空机电设备维修与管理专业》的电气设备维修方向和《飞机控制设备与仪表专业》整合为"航空电子设备维修项目实训室",将《民航运输专业》、《机场运行专业》和《航空服务专业》整合为"航空机场运行项目实训室"等。专业群的项目实训室的职业技能培养分析,见表1。

表1 航空维修类专业群的项目实训室的职业技能培养分析

项目技能实训室	航空维修类专业群职业基本技能	专业群核心课程
航空发动机维修项目实训室	1. 航空发动机部件及附件的分解与测绘能力; 2. 航空发动机部件及附件的装配与调试检测能力; 3. 航空发动机的故障诊断与维修能力; 4. 航空发动机的日常监测与保养维修能力等。	《航空发动机结构与原理》《航空发动机修理》《无损检测》
飞机结构维修项目实训室	1. 飞机的客舱部件结构维修能力; 2. 飞机机体结构检测与维修能力; 3. 飞机其他机械部件检测与维修能力; 4. 飞机结构的日常监测与保养维修能力; 5. 飞机结构翻修能力等。	《飞机构造基础》《飞机装配及机体修理》《飞机附件检修》

续表

项目技能实训室	航空维修类专业群职业基本技能	专业群核心课程
航空电子设备维修项目实训室	1. 按电工安全操作规程进行作业，完成电工基本操作的能力；2. 正确选择调试工具、量具、仪器的能力；3. 完成设备维护保养项目、设备性能的检测和维护的能力；4. 分析、判断和处理电气设备常见故障的能力；5. 能够有针对性地收集分析设备使用、维护与维修资料，翻修设备目前运行状态的能力等。	《航空电气设备及修理》《航空仪表及修理》《机载电子系统与设备》
航空机场运行项目实训室	1. 从事飞机接收检查和调试能力；2. 飞机外场维护能力；3. 飞机定期检查和维护能力；4. 飞机运行质量检测与评估能力；5. 航线维护的检查和维护能力等。	《航线维护》《飞机状态监测》

3 教学实训项目的设计

通过航空维修企业及机场的调查研究，航空维修类专业群的工作岗位任务可以分为"故障检测–结构拆卸–故障维修–结构安装–维修质量检测与调试"五大典型岗位任务[6]。

以分析航空维修类专业群的项目技能模块职业技能为出发点，以课程体系建设为衔接，以完成"五大典型岗位任务"的理论知识和职业操纵技能为轴线，构建案例项目的开放式实践教学模式，见图1。

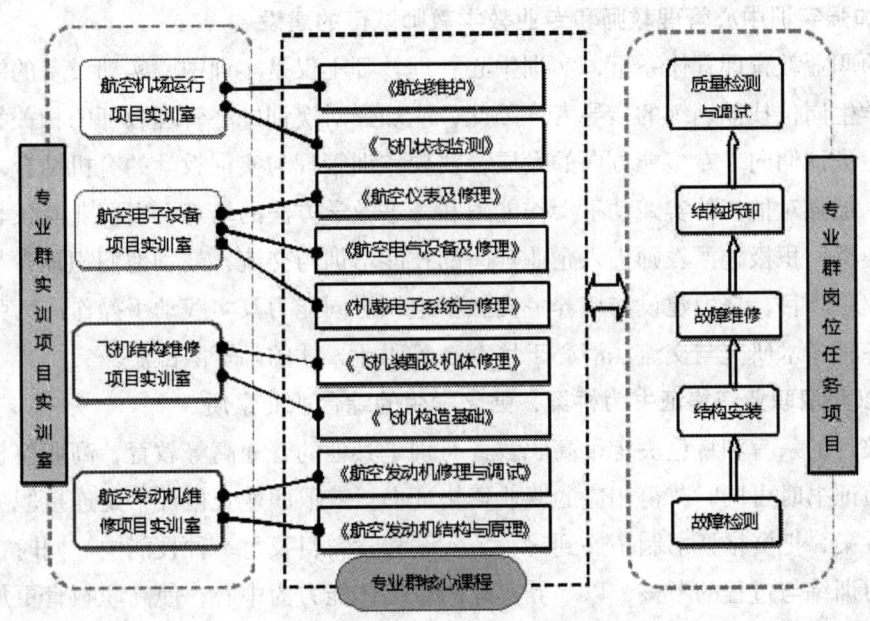

图1 专业群开放式实训中心实训室的实训项目设计

4 实训中心管理

对于实训中心的管理与培训，各高职院校有不同的管理模式，我院的航空维修类专业群开放式实训中心管理引进航空维修企业的"7S"（整理 SEIRI、整顿 SEITON、清扫 SEISO、清洁 SEIKETSU、素养 SHITSUKE、安全 SECURITY、节约 SAVING）管理模式[8]。具体规范实训中心设备使用制度、安全制度、卫生制度的同时，教师在教学的过程中或学生在实训室进行实训中，必须根据"7S"规范要求进行。在进行实训之前，必须熟悉航空维修行业的技术要求和操作规范；在实训过程中，要严格按照航空检修工艺操作，动作规范合理，工量具摆放有序；在实训完成后，要及时维护保养实训设备，清洁整理实训场地，归还实训工具。整个实训过程中，应严格做到安全、文明、规范，使学生形成一种习惯，最终养成良好的职业素养，适应航空维修企业的工作及学习环境。

5 实训中心的内涵建设

实训中心在建设过程中初需要完成教学任务和此教学为目标的硬件设备外，还需要进一步加强实训中心的内涵建设，具体体现在以下几个方面：

5.1 注重课程理论和实训部分的合理衔接

专业群开放式实训中心实训室的实训项目是以"课程体系"为衔接点的，因此，在制定"课程体系"的各专业核心课程的课程标准时，本课题组非常注重课程的理论与实训内容的衔接，以遵循先理论后实训的教学原则，先讲授课程的理论知识点，再讲授课程的实训技能点，后以理论知识点和实训技能点相互交错，相互融合，达到课程标准的教学效果。

5.2 加强实训中心管理教师和专业教学教师队伍的建设

在新的职业教育课程体系下，实训中心管理教师不仅是实训中心实训设备的维护与管理者，更是学生岗位技能训练的指导者。因此，应加强对实训中心管理教师的相关教学能力方面培训，促进他们向一专多能方向的发展，实现实训管理与实训教学的有机结合。对于专业教学教师，加强对他们的实践动手操作能力和先进教学方法的培养，以职业院校教师企业定岗培训为契机，积极选派教师进入企业定岗的技能培训与交流，鼓励他们积极参与各种教育教学科研改革项目，努力建设与培养一支教学组织协同能力及实践动手操作能力强，同时又能够进行各种学术研究与交流、潜心于培育高等职业人才的师资队伍。

5.3 以获取职业资格证书为桥梁，强化学生的综合职业素质

高职教育的宗旨和特色决定了高职教育有别于其他的普通高等教育，高职院校的毕业生在取得学历证书时可同时获得相应的职业资格证书。获取职业资格证书是连接职业教育和劳动就业的桥梁，把资格证书制拓展到每一个实践教学科目及每一种技能中。同时，加强对学生职业能力训练与过程的考核，以培养实际岗位工作能力为中心，使高职教育更加符合社会企业的发展需要，使职业资格证制更能深入开展，保证证书的含金量，使学生进一步使之将知识、技能、素质教育融为一体，协调发展，全面提高学生的综合素质，形成良好的敬业精神，更好地服务于我国航空维修业的建设。

5.4 强化在线网络"开放式"学习习惯

在建设航空维修类专业群开放式实训中心时，激励教师结合相关的实训项目和设备，以专业的实训项目过程和内容为考核目标，开展相关的微课、PPT或其他教学资源的制作，为学生提供丰富多样的在线网络学习资源，培养学生自我学习的习惯。同时，专业负责人或实训中心管理教师对实训中心实训设备的相关资料加以收集、整理，积极与设备生产厂家联系，保证学生实训项目中的掌握相关实训操作符合职业规范要求，以及操作的参数规范性和准确性。另外，在实训中心中设置覆盖无线网络等相关设备，可有效地适应航空维修类专业群开放式实训中心建设的长远发展。

培养航空维修市场需求的维修人才是我院航空维修类专业群的人才培养目标，为达到实践教学与职业岗位零距离的接触，学生在实训过程中，将技术知识理论知识转化为实际应用的理解能力，实现实践创新能力，形成现代航空维修工作岗位所需的职业素质，利用开放式项目化的实践教学，建设和规划开放式项目化航空维修类专业群开放式实训中心十分必要。

参考文献：

［1］王召鹏.开放式实践教学基地信息化建设的探索［J］.中国职业技术教育，2012（05）：24-27

［2］苟立俊，凌云.通用航空维修人力资源问题初探［J］.中国民航飞行学院学报，2013，24（2）：38-40

［3］林坤.基于民航行业标准的校内实训基地建设——航空电子设备维修专业校内实训基地建设为例［J］.电子制作，2013（4）：139+147

［4］柳阳明，刘明新，王志刚，等.飞机维修实训中心建设的研究与实践［J］.实验技术与管理，2014，31（12）：131-134

［5］黄方遒.飞机维修专业实训项目设计的探索［J］.科技信息，2012（5）：389-389

［6］万青.校企共建基于行业标准的高职院校校内实训基地的研究［J］.中国职业技术教育，2010（26）：48-48

［7］吴万敏，陈文玲，姚琳莉.基于行业标准校企深度合作创新行业特色继续教育模式［J］.继续教育，2014，28（8）：19-21

《飞机钣金手工成形》课程改革与实践

宋斌 倪士勇 宋新华

(张家界航空工业职业技术学院 湖南张家界 427000)

摘 要：本文主要介绍了张家界航空工业职业技术学院飞行器制造技术专业主干课程《飞机钣金手工成形》的教学改革与实践，通过更新教学内容，改进教学手段和方法，加强实践教学，运用多种考核方法，达到提升教学效果和提高学生实践能力的目的，从而更好地为航空企业培养专业对口、岗位对接的高素质技能型人才。

关键词：钣金成形；课程改革；措施

在飞机机体零件中，钣金零件是主要组成部分，约占飞机零件总量的70%左右[1]，具有种类多、数量少、尺寸大、刚度小、形状复杂、精度要求高的特点[2]。《飞机钣金手工成形》课程是我院飞行器制造技术专业的主干核心课程，课程任务主要是培养学生掌握飞机钣金零件手工成形并熟练操作相关工装和设备的能力。课程内容包括各种手工成形工艺方法、工装和许多专用成形设备，知识内容多，范围广，实践性很强。随着飞机制造技术的不断发展，飞机钣金成形技术也不断提高，只有不断优化课程教学体系，不断改进与提高教学模式，使课程教学内容与钣金成形技术相适应，才能满足为航空制造企业培养高技能技术型人才目标的需求。

1 本课程教学存在的问题

1.1 教学内容陈旧，更新缓慢

随着航空工业的发展，国内航空企业大量引进国外先进钣金成形设备，通过对设备的消化与吸收，国内航空制造企业钣金成形装备的设计、制造以及性能水平也有了较大提升，钣金成形的质量不断提高[3]。航空企业对从事飞机钣金成形工作的毕业生应具备的素质和能力提出了更高要求，毕业生既要掌握常规的钣金成形方法，又要熟悉钣金成形的新技术、新工艺和新设备。本课程以前所选用的教材与参考资料，内容较为陈旧。在介绍各种手工成形方法时，先讲授钣金成形理论，再介绍各种成形工艺、工装和设备的结构。学生在学习时，重理论，轻实践，知识面窄，难以满足企业对本专业人才的培养要求。

1.2 实践教学环节薄弱

飞行器制造技术专业是我院2008年新申报的专业，实验、实训室正在不断建设与完善中。在专业建设初期，该课程的实训条件只有部分常规的成形设备，比如冲压、旋压和压弯等设备。而且由于设备数量有限，课时短，学生动手操作的机会很少。另外，钣金手工成形实验室正在建设中，飞机钣金零件专用成形设备，比如拉形、橡皮成形、落压成形等设备还没有置备，上课时只是通过看图片和视频资料进行了解。

1.3 教学手段和方法单一

在以往的教学过程中，教师基本利用板书理论授课，有时采用多媒体授课时，课件仍以文字为主，形式较为单一。在讲授知识时，一开始就讲授大量理论知识，而且该课程的各种工装结构较多，课本上的图形不够形象，往往会使学生觉得枯燥乏味，失去学习本课程的兴趣。同时，教师只关注书本上的知识，照本宣科，不能很好地吸引学生，课后布置的作业多是问答题，期末考试只采用笔试形式，检查不出学生对知识的实际运用能力。

2 课程改革的措施

2.1 重构课程内容，推行"理实一体化"的教学模式

本课程打破传统学科教材的课程设置模式，把知识、技能、态度贯穿于各项目训练系统中，通过情景、过程、现场、模拟等教学模式提高学生的"德、技、力"综合能力。其中，知识以够用、适度为准，但应具有持续发展性；技能要求按行业技术规范、标准、手册来设置；职业素养通过课堂教学、技能实训等活动，把严明的组织纪律、严谨的工作态度和优良的工作作风等职业素养的培养贯穿于教学全过程。

本课程目前已开发了8个基于工作过程的典型教学项目（学习情境）。每个项目在实施的过程中，按照教师给定任务（学生接受任务）→教师引导（教师引导学生分析任务的性质和目的，学生查阅参考资料、拟订实施方案并讨论可行性）→媒体播放、实物演示（丰富学生的感性知识）→技能训练（学生按照方案完成工作任务，要求有具体的内容、方法、步骤、体会、总结）→考核（技能、知识、态度）的过程进行。教学项目采用航空制造企业中的真实案例，让学生在教师的引导下，通过对案例进行讨论、分析、解剖、总结、制订钣金成形工艺方案。并将教学课堂搬进设施先进的飞机钣金成形实训车间，使理论教学和实践环节在同一个教学单元时间、同一个教学场所内进行，构建理实一体化课堂。

2.2 改革教学方法和手段

2.2.1 课程组老师根据各自搜集掌握的文献、图片等资料，制作多媒体课件

充分利用现代化的多媒体教学手段和教学视频资料片。有时结合讲课内容播放一些教学视频资料片，让学生可以直观地了解飞机钣金手工成形的各种方法。尽可能利用现代化的教学手段，建立精品课程网页，将课程的教材、授课录像、网络课件等相关教学资料在校园网上公布，给学生以充分的视觉形象，实现优质教学资源共享，方便学生在网络中自主学习。经过若干次实践表明，这样的教学手段对于改变单纯课堂教学的不足有其不可取代的优势，也能够产生良好的教学效果。

2.2.2 采取了多媒体动画演示与实物演示相结合、现场教学与动手操作相结合以及仿

真生产、顶岗作业的教学手段

针对本课程具有教学内容多、信息量大、实践性强，与其他相关课程联系紧密的特点，教学中充分利用现代教育技术手段，制作电子教案和实物教具，采用文字、动画、视频、插图、背景音乐、实物等多种表现手法，生动、形象地展现飞机钣金零件成形的每个工艺过程。

2.2.3 网络技术的应用

充分利用学院教学的硬件设施和网络资源，建立了该课程网站，将教学大纲、教学计划、考核大纲、电子课件、教学录像、动画演示、经验交流、答疑解惑、在线作业、试题库等教学资源全部上网，实现了教学资源共享，为学生自主学习提供了一个网络学习平台。

2.3 优化考核方法

按照高职教育培养高素质技能型人才的目标要求，采用多种考核评价方式评价学生学习该课程情况[4]。本课程逐步建立完善了课程考核资源库，实行"教、考分离"；课程考核采用职业行动导向的方式，以理论考核与行动能力考核相结合的方式，既要求学生掌握相关的理论知识，又要求学生在规定的时间内对飞机钣金零件成形工艺过程进行正确的分析，并完成每个学习情境中的制作任务，展示相应的工作结果，其中包括工作计划的制定以及加工和工艺的分析、展示、说明和制作等。同时，要考核考生在技术、工作组织、安全文明生产和生产成本、质量控制等各方面的综合能力。

3 结论

本院主要从重构教学内容，改进教学手段和教学方法，优化考核方法等方面对《飞机钣金手工成形》课程的教学进行改革与实践，取得了一定效果。但是在课程改革中还存在一些问题，比如课程课时减少与实践内容增加存在矛盾；随着实训环节的增加，教师实践能力的培养等问题。在今后的教学过程中，还需进一步加强与企业长期的合作，将年轻教师送到航空企业参加实践锻炼，并收集教学素材和实用案例，邀请企业专家进一步完善课程标准，按企业的要求对学生进行定制培养，为企业输送专业对口、岗位对接的高素质技能型人才。

参考文献：

[1] 丁娜仁花. 浅谈飞机先进制造技术的应用与发展 [J]. 中国高新技术企业，2009，(9)：25-26

[2] 翟平. 飞机钣金成形原理与工艺 [M]. 西安：西北工业大学出版社，1995

[3] 侯红亮. 国内航空钣金装备技术现状与发展 [J]. 航空制造技术，2009，(1)：34-40

[4] 阮予明. 高职专业课程考核评价方法改革与实践 [J]. 中国电力教育，2012，(12)：31-35

高职院校奖助学金制度存在的问题及对策研究

向慧萍

（重庆三峡职业学院　重庆万州　404155）

摘　要：高校奖助学金制度是高校学生资助体系的重要组成部分，对于实现教育公平、社会和谐有着重要意义。高职院校奖助学金制度由于高职教育办学的要求和特点有着自身的内容与创新，但也存在着有违教育公平性原则、有阻教育育人功能发挥等一系列问题。应正视高职学院奖助学金制度的问题，从规范的角度加强高职院校奖助学金制度的管理、评定、考核工作；从育人的角度，加强高职院校奖助学金制度育人功能的发挥，完善高职院校奖助学金制度体系。

关键词：高职学校；奖助学金；制度

1996年，全国人大通过并颁布了《中华人民共和国职业教育法》，从法律上确定了高职教育在我国教育体系中的地位，由此也拉开了高职教育发展的序幕。在20年的发展过程中，高职教育在为提升国民综合素质水平、促进教育大众化方面起到了基础性和决定性的影响力。高职院校的奖助学金制度作为高校学生资助体系的重要组成部分，为进一步实现教育公平、教育优化、教育效率、教育大众化发挥着重要作用，为和谐社会的发展及人类社会的进步做着积极贡献。仅对国家奖助学金而言，自2007年国家颁布并实施《国务院关于建立健全普通本科高校、高等职业学校和中等职业学校家庭经济困难学生资助政策体系的意见》起，全国已有超过20%的大学生获得了平均每人每年2000元的助学资助，约占3%的大学生可以获得每人每年5000元的励志助学资助，并有5万的名额奖励品学兼优的大学生。其资助覆盖面之广、惠及学生面之大，是前所未有的。然而，在这一政策的催生下，并行着其他项目的奖助学金制度的实施，在操作过程中也出现了一系列问题，有违教育公平性，有阻教育育人功能的发挥。这一问题，必须要引起作为教育者的高度重视，将"好钢用在刀刃上"，充分发挥高校奖助学金的助学及奖励作用，实现教育的公平与教育的优化。

1 对高职院校奖助学金制度的分析

教育的公平和教育的效率是教育面临的首要问题，高校学生奖助学金制度就是国家为实现教育公平及提高教育效率的重要举措。高职学院由于自身的办学特点，在奖助学金制度上有着自己的特色。

1.1 高职院校奖助学金制度的内容

奖助学的定义,按照《现代汉语词典》的解释为:"奖学金"是学校、团体或者是个人给予学习成绩较好学生的一种奖金;"助学金"是政府或者是社会团体资助给困难学生的一种困难补助金。高职院校奖助学金制度就是基于"奖学"和"助学"所形成的奖励优秀学生,以提升教育效率,资助贫困学生,解决教育公平的一系列相关的制度和规定,其奖助学主要用于奖励、资助、奖励兼资助三种用途。奖励,主要是奖励品学兼优的同学,通过奖励的形式,促进学生积极向上,发挥创先争优的激励机制,以达到教育导向的作用。资助,主要是针对贫困学生而言的,让家庭经济困难的学生也能实现求学的梦想,发挥的是教育公平的作用和提升全民素质水平的作用。奖励兼资助,主要是对贫困学生中优秀的同学进行再资助,通过这种形式发挥教育公平和教育导向的作用。这三种用途,基于高职院校奖助学金制度"奖学"和"助学"两个核心概念,发挥教育公平及教育导向的功能。

1.2 从横向上看高职院校奖助学金特点

从横向上看,高职院校奖助学金可以分为政府型、企业型、社会团体型、项目专项型四种类型。第一,政府型,即由国家出资设立,资金来源于政府的公共财政或称为国有资金,例如现行的国家奖学金、国家励志奖学金、国家助学金,国家型奖助学金按照国家统一要求在高等院校统一实施。第二,企业型,由于高职院校在办学上走的是以就业为导向的校企合作之路,企业参与学校的人才培养是高职院校的一大特色,与学校签订有培养协议的企业往往也会出资资助贫困学生和奖励优秀学生,固其惠及学生面之广,出资力度之大,已成为高职院校奖助学金制度的重要组成部分。第三、社会团体型,即出资人是社会的一些公益团体,例如九三学社、学联等组织。第四,项目专项型,由于高职院校的专业设置与行业和职业结合得相当紧密,因此,一些国家扶持的行业和职业的项目基金也可以用来进行这些行业和职业的人才培养,在学校设立相应的奖助金,例如重庆市农委农机人才星火计划项目对农机专业学生的资助。此外,还有一些由于特殊情况出现的资助,例如,三峡库区移民搬迁学生的资助等。

1.3 从纵向上看高职院校奖助学金特点

从纵向上看,高职学院奖助学金自上而下与分为国家级奖助学金、市区级奖助学金、校级奖助学金、院系级奖助学金。国家级奖助学金是由国家制度统一规定,其奖励及资助金额、比例、对象等遵循相关文件的一致规定;市区级奖助学金是由市区级政府相关部门根据自身部门财务和资金来源统一规定,其奖励及资助金额、比例、对象等遵循相关文件的一致规定;校级奖助学金一般是由学校根据本校经费情况自行设立,其奖励及资助金额、比例等具有一定的自主性;院系级奖助学金一般是由学院根据本学院的资费情况进行设立,一般奖励或资助额度较少,或是物质奖励。总之,高职院校奖助学金制度在高职办学要求和其特殊性下,覆盖面广,资助途径多样,层级鲜明,用途和目的明确,制度趋于完善。

2 高职院校奖助学金制度存在的问题

自建立高职学院奖助学金制度以来，高职院校奖助学金制度在发挥资助和奖励作用的同时，随着人们生活水平的提高与社会的发展进步，近年来，在奖助学金评定及发放过程中存在的问题也愈加凸显出来，有违教育公平性原则，有碍教育育人功能发挥。

2.1 资助覆盖面广，但有失公平

高职院校奖助学资助不仅随着国家统一的资助力度在加大，同时随着校企合作力度的不断加深，学生资助覆盖面越来越广，资助力度也越来越大，但在评定过程中出现了评定有失公平的情况，表现在以下几个方面：

2.1.1 评定细则宽泛化，导致欠失公平

在奖助学金评定的过程中，各高校大都按照《国务院关于建立健全普通本科高校、高等职业学校和中等职业学校家庭经济困难学生资助政策体系的意见》（国发〔2007〕13号）有关精神，财政部、教育部制定的关于国家奖学金、国家励志奖学金、国家助学金的管理暂行办法执行，但办法中的申请条件较模糊，高校在具体实施时难以度量。例如：思想道德品质的申请条件包括政治觉悟、遵纪守法意识、道德水平三个方面，但是笼统模糊，单凭这些还不能对资助对象进行区别，充其量只能是底线，所以在评定过程中，这一条基本上没有竞争评比的可能。在学习成绩的评定过程中，就国家奖学金而言，在文件的基础上由于名额有限往往以成绩最好的进行推荐，但在实际过程中却存在不同专业，不同专业学科成绩评定标准的不同又不知如何认定；就助学金而言，以资助家庭经济贫困为主，但学习成绩也应考虑，在文件中对学习态度有要求，但实际评定中也很难操作。在这些操作性差、不能认定的评定细则下，辅导员在评定过程中的难度加大，就会出现辅导员凭意推荐，学生小组讨论时凭意推荐，导致评定有失公平的情况。

2.1.2 认定机制不健全，导致欠失公平

在奖助学评定过程中，特别是对资助型的评定，由于贫困认定的行政主体的确定性，对贫困生的认定往往由学生当地的民政部门进行认定。但在实际操作过程中，各地民政部门的认定也缺乏公信力，原因之一是部分民政部门工作人员工作不负责，学生的家庭实际经济情况往往由学生自己填写，民政部门负责盖章；原因之二：纵然有些民政部门的工作人员对工作负责，对申请学生的家庭情况进行调查或是根据已有贫困人员资料进行核查，但家庭收入情况调查表对其困难程度没有划级的描述，学校以此对其认定等级不好确定；原因之三：由于地方对贫困家庭的认定和监管的缺陷，再加上一些乡土人情的原因，利益的驱动，民众想尽办法骗取社会低保名额的现象时有发生，因此一些伪贫困生就会相应出现，这些伪贫困生的出现严重有违教育的公平性，浪费教育资源，让学生产生不平衡心理，使学生竞争的加大，增加学校的评定难度，有失公平。

2.1.3 名额分配统一化，导致有失公平

在奖助学金的评定过程中，特别是国家奖助学的评定，一般定于每年的9-10月，名额由国家统一划分，国家为了扶持农林牧渔核等特殊专业在名额划分上做了对其相关专业相应倾斜的规定，但是在实际操作过程中，由于名额的有限和并无倾斜的硬性规定，划分到各学校以后往往就形成了吃大锅饭的状况，由学校统一划分名额至各院系，再由各院系按照名额比例划分到各个班级。在这一划分过程中，往往就缺乏对全校学生家庭情况的调查和资料收集，有些班家庭贫困的学生多一些，有些班家庭贫困的学生相对少一些，这种情况就导致了各班评定的资助学生状况不一致，一些家庭贫困的学生由于班级的资助名额有限而评不上，而如果在另外家庭的贫困生少的班级这些同学就有可能评上。因此，从整体上来看，评定是有失公平的。

2.2 资助途径多样，但缺乏合理性

高职院校除了国家奖助金是资助的重要板块外，企业奖助学也是资助的重要内容，这两块资助占了高职院校奖助学资助的80%，但从资助情况来看，评定安排不合理，评定时间不合理，导致了资助资源浪费和资助空白的情况出现。

2.2.1 评定安排不合理，存在资助资源浪费情况

一是各种资助评定几乎都在每年的9、10月进行，导致资助资源过于集中，在评定过程中，一些同学所获得多项资助，资助金额较大，其实已经超过了实际在校的消费水平和一般学生的生活水平，导致了资助资源的浪费。二是企业奖助学金的设定多参照国家奖助学金的设定，其企业奖助学金评定的标准大多也参照国家奖助金评定的标准，因此，在实际操作过程中，评定内容一致、评定标准一致，存在重复评定现象，导致了资助资源的浪费。三是国家对家庭贫困学生还有一个资助政策就是生源地贷款和学校助学贷款，生源地贷款需要学生在入学前到当地的助学中心办理，学生担心到校后无法顺利拿到国家助学金，因此往往也会提前申请生源地贷款，如此一来，学生到校后如果能够拿到国家助学金，就会导致学生双重资助的获得，从而导致资助资源的浪费。

2.2.2 评定时间不合理，存在资助白区

一是资助工作时间的固定化，导致一些在资助评定时间之后的家庭发生突发事件，导致经济状况突然拮据的这一部分学生无法得到及时的资助与慰问。虽然从国家资助体系上来看，这些同学可以参加勤工助学等资助途径来缓解突发事件带来的困难，但是也应该有相应的突发事件资助办法以更大限度地帮助到这一部分学生。二是在奖助学金制度中，"奖学"和"助学"是资助的两个重要板块，奖学力度是大的，资助力度也是大的。在"奖学"的评定过程中，往往是以实际获得的现实表现和成绩来核定，根据"优势"集中的原则，往往优秀的会越来越优秀，而一批以前表现不好且进步较大的同学则无缘"奖学"的评定，而这一部分学生也是我们发挥教育功能的带动者，因此也应作为优秀学生进行奖励。

2.3 资助制度趋于完善，但育人功能不足

高职院校奖助学金制度趋于完善，但是由于缺乏评定的公平性和资助学生的教育及管理工作，其资助育人功能发挥不足，有违设立奖助学金的初衷。

2.3.1 有助无公，引发学生不必要的矛盾，育人功能发挥不足

在奖助学金评定的过程中，评定细则的广泛、认定机制的不健全等问题，导致评定中存在着不公平性。在这种情况下，一旦评定名额足够多，那么就会让家庭差不多的同学争先恐后地争抢资助名额，使学生产生不必要的矛盾。在奖助学金评定过程中，有人用一句话来感慨奖助学金评定时的学生关系：一年级"两眼汪汪"，感动；二年级"你争我抢"，醒悟；三年级"剑拔弩张"，志在必得。在奖学金评定过程中，平日里十分要好的朋友弄得貌合神离者不在少数。这十分容易导致学生形成自私自利、见利忘义、损人利己等不良思想的出现，严重到影响奖助学金制度的育人功能。

2.3.2 有评无教，资助学生管理教育缺乏，育人功能发挥不足

在目前的奖助学金评定工作中，工作往往只评无教，评定工作完了，资助金额发了，工作就结束了。国家虽然在奖助学评定管理后期要求各学校的受助学生必须要参加义务劳动等教育工作，但由于各高校的日常工作繁重，这项工作的实施面广、难度大，导致了工作的懈怠，学生对奖助学金政策的认知严重不足，严重违背了奖助学金设立的初衷，造成高校受资助学生精神上的"贫困"。贫困大学生"等、靠、要"等不良思想严重，认为自己贫困，得到国家助学资助是理所应当的，对国家的这一教育政策无一点感恩之心，这严重阻碍了这批学生形成正确的人生观、价值观及成才意识。

2.3.3 有统无则，资助评定细则缺乏可操作性，育人功能发挥不足

前面提到，在奖助学金评定的过程中评定细则过于笼统，缺乏实际的操作性，在评定过程中存在着老师、学生的主观臆断现象。在奖助学金评定过程中，被评定对象在获得了当地民政部门盖章的贫困证明后，学校还得进行评定。因此，在当地民政部门并无贫困等级认定的情况下，学校评定就像"选秀"，通过讲、比、公平选举的形式进行，这种形式存在以下几个问题：一是当众介绍家庭经济困难情况会导致部分学生在经济贫困的基础上产生精神贫困；二是一些自卑感较强的学生可能不愿意当众揭短而抵制参加评定，被迫放弃应该获得的资助机会；三是公开投票难免会出现学生之间拉帮结派的情况，导致投票结果有失公平。这些问题都影响到奖助学金制度的育人功能。

3 高职院校奖助学金制度的完善和创新

从以上分析不难看出，高职院校奖助学金评定工作应该是一个系统工程，不仅涉及学校，也同时涉及社会、国家，应该建立科学合理的高职院校奖助学金制度的认定及评定机制，从而发挥奖助学金制度的育人功能。

3.1 系统构建，合理布控，建立国家、社会、学校相互统一的奖助认定机制

奖助学对象认定工作的公平性是确保学校奖助学金评定公平性的基础。由于认定主体行政行为的确定性，因此，国家、社会和学校必须要建立起相互统一的奖助学金认定机制来。对于助学金而言，必须要从国家的层面，负责公民资助的部门应该严格把控贫困家庭的认定条件，将真正的贫困家庭纳入资助范围，避免出现"伪贫困"家庭的出现。在贫困认定的

同时应该分层次分等级给出相应评价,为学校评定提供一定的依据;从社会的层面来讲,社会应该充分发挥配合与监督功能,有效地监督行政主体的合法性;从学校的层面上讲,应该建立健全贫困学生的调查及数据库的建立,以及跟追机制,真正掌握本贫困学生的实际情况,合理地进行评定。对于奖学金而言,学校要建立学生发展档案,将学生的成长情况进行详细登记,这不仅有利于学生的教育发展,而且有利于对学生实际在校情况的认定工作;国家和社会要通过学生服务社会的具体实践,来培养、教育学生,并形成社会对大学生社会贡献的考核机制,对学生进行有效的教育与引导。

3.2 精耕细作,统筹规划,建立符合高职院校办学特色的奖助评定机制

奖助金的评定缺乏具有可操作性的细则,必然会导致评定过程中的人为主观臆断化,有违教育公平的原则。因此,精耕细作,各职业院校需结合自己的实际特点制定各种细则。例如对于学业的评价,可以将学生参加全国性的专业技能大赛作为评选的依据等;对于思想意识的评价,可以制定一系列量化标准,通过分层次分类别的量化评价来进行严格筛选。对于有多种奖助学金制度并存的学校,应该统一规划,区分国家奖助学金、企业奖助学金、项目奖助学金的具体资助类型,避免资助资金的重复与浪费。同时设立学校贫困学生的资助基金,解决特殊突发出现的学生困难问题,争取做到学生资助根据学生实际的情况进行评定,既能有效地解决学生的经济问题,又不让学生通过资助的途径而成为"暴发户"。

3.3 完善监督,统一筹划,强化奖助学金制度育人功能的发挥

通过奖助学金制度对贫困学生进行资助,同时加强对学生的引导教育是这项制度建立的初衷。只评不教,就会使奖助学金制度达不到预定的教育目标。因此,完善监督,统一筹划,加强评定后的教育及培养工作,是奖助学金评定工作的重要内容,不得忽视也不容忽视。对于奖学金而言,应该充分发挥奖学金的激励和获得奖学金学生的模范带头作用,可以采用优秀学生事迹报告会的方式,树立学习典型,推广科学的学习方法及成才经验。对于助学金而言,应该注重引导学生形成正确的价值观与人生观,正确对待国家资助政策,合理使用资助资金,培养学生的感恩意识及责任意识。学校可以通过组织受助学生参加校内外的公益活动,在不影响学生学习的前提下让受助学生参加一定量的公益劳动来回报国家、社会和学校,培养饮水思源的感恩意识。同时,要让学生明白,在受到国家企业资助的同时也应该肩负起一定的社会责任和企业责任;要让学生认识到,高等教育是一种人生的自我投资,大学生负有为自己投资付出的责任。无论出身、天资,大学生都应该努力奋发,为回报国家、回报企业而努力。

参考文献:

[1] 段志雁,魏景柱,杨金保. 高校奖助学金发放存在的问题及对策 [J]. 教育探索,2011 (7)

[2] 张延东,薛琼. 浅议高职院校学生资助工作存在的问题与对策 [J]. 山东水利职

业学院院刊，2010（4）

［3］王珂．高校奖助金制度优化研究［D］．陕西：长安大学．2012

［4］陈志君．高校奖助金制度［D］．山东：山东大学．2013

［5］陈聪．关于我校国家奖助金评定思考［J］．四川职业技术学院学报，2014（6）

构建职业导向的"校企共育、能力递增"①人才培养模式探索与实践

刘福禄

(重庆工贸职业技术学院 重庆涪陵 408099)

摘 要：深化教学改革，创新人才培养模式，加强实践教学环节，密切与企业的联系，建立一批长期稳定的实习、实训基地是高职院校专业教育能否办出成效、特色的关键，也关系到专业人才培养目标的实现。以重庆工贸职业技术学院机电一体化技术专业为例，阐述了职业导向的"校企共育、能力递增"人才培养模式的内涵与特点，探讨了该模式的行动方案，提出了高职院校实施这一模式，以及建立学校、企业、学生三赢驱动机制的若干建议。

关键词：职业导向；校企共育；能力递增；人才培养模式

建立健全政府主导、行业指导、企业参与的办学机制，制定促进校企合作办学法规，推进校企合作制度化。制定优惠政策，鼓励企业接收学生实习实训和教师实践，鼓励企业加大对职业教育的投入是国家教育改革及发展的要求。重庆工贸职业技术学院机电一体化技术专业从2008年开始便进行市级示范性高职院校专业建设，自2016年起又进行市级骨干专业建设。职业导向的"校企共育、能力递增"人才培养模式改革的探索与实践，取得了较好效果，对于深化教学改革、提高人才培养质量具有重要的现实意义。文章结合学院机电一体化技术专业在实施该模式的构建方案和创新人才培养模式方面积累的一些经验和启示做出了探讨与思考。

1 职业导向的"校企共育、能力递增"人才培养模式的内涵与特征

1.1 内涵

职业导向的"校企共育、能力递增"人才培养模式是以就业为导向，以能力为本位，以国家职业技能鉴定标准为参考，以行业企业中的职业活动领域为学习内容，运用行为导向的教学模式组织教学，培养具有综合职业素质的技能型人才的专业人才培养方式。该模式的

---

① 作者简介：刘福禄（1964 - ），男，汉族，重庆垫江人，重庆工贸职业技术学院副教授，维修电工高级考评员，主要研究方向：自动控制技术教育研究。基金项目：本文为重庆市教改项目"高职机电一体化技术专业'能力递增'的工作过程系统化"课程体系研究与实践研究文章，项目编号：153271。

实质就是让学生在职业性的教学情景中参与学习、体验学习，最终学会学习，在提高学习能力的同时也提高学生的综合职业素质。

1.2 特征

该人才培养模式具有以下四个主要特征：第一，在组织教学内容上，以行业、企业的职业活动为导向，以"工作任务"为线索，以"项目"为模块，通过"工作岗位—工作任务—工作行为"的分析，精心组织教学内容，提炼出相应的课程模块及学习任务。通过完成一个个与工作任务相对应的学习任务，使学生初步具备解决生产实际任务的职业能力。第二，在教学方法上，通过创造某种特定的"职业环境"或"岗位情境"，让学生在校企双方的教师所开发、设计的学习环境中进行学习，倡导学生参与到教与学、学与做的全过程中。教与学、学与做通常围绕行业、企业的某一课题、问题或项目开展教学活动，重视学习过程的体验。第三，在培养学生能力上，着重培养学生的创新精神与合作意识。"职业导向型"教学模式以完成一个"项目"作为目标来进行教学，学生在完成项目的过程中，会积极地去思考、探索，每个人的思路、想法不尽相同，教师可以引导他们进行讨论、交流，并适当地给予点评，使他们相互之间取长补短，这种形式既调动了学生的积极性，又培养了他们的创新精神及合作意识。最后，在考核评价方式上，对接职业考核标准，采用多元主体考核动态评价方式。为了满足职业岗位群对职业能力和职业素质的要求，教学评价的内容与方式注重过程考核与目标考核相结合、理论与实践一体化、校内与校外评价相结合并充分关注学习态度。考核评价方式以现场"过程考核"为主，突出"工学结合"及"实践成果"，终结性考核为辅；评价内容以岗位需要的"职业能力考核"为先，"理论知识考核"为辅；评价标准立足岗位、课证捆绑融合，学习或实习结束后，校、企双方、"教师—学生—基地"组成多元主体进行考核评价，对整个学习或实习过程进行总结与评比。

2 职业导向的"校企共育、能力递增"人才培养模式的探索与实践

根据高等职业教育的人才培养目标定位、制造行业的特点和制造企业的运行状况，重庆工贸职业技术学院结合示范性高职院校和骨干专业建设项目，从2008年起进行职业导向的"校企共育、能力递增"机电一体化技术专业人才培养模式的探索，开展了系列教学改革，并取得了较好的教学与社会效果。本文结合学院多年来的探索与实践，阐述构建与实施职业导向的"校企共育、能力递增"人才培养模式的一些做法。

2.1 以符合职业岗位的实际需要为主线，确定专业人才培养目标及规格

在对人才市场进行了充分调研及论证的基础上，根据机电行业职业岗位群分类（见图1），分解职业岗位（岗位群）能力要求（见图2），编制制造职业能力模块实施表，制定科学的专业人才培养方案。根据岗位技能需求，精心设置课程，优化课程结构，突出实践能力，构建模块化课程体系，进行项目化训练，将专业技能、职业核心能力和职业道德培养分解到各个模块和项目中，有效组织实施教学活动，确保人才培养目标的实现。

2.2 以职业活动的工作能力要求为标准，实施"基于工作过程的项目导向"教学模式

在以上有针对性地设计人才培养方案的基础上，以项目为载体，将企业的工作任务、工作内容融入到课程教学中。把教学内容按工作过程展开，针对行动顺序的每一个过程环节以及职业能力设计任务模块，设计单元实训任务和综合实训任务。每一模块都以特定的技能训练为重点，以职业岗位实际操作过程为线索，以项目任务模块来构成教学的组织过程。这种教学模式不仅能够强化高职学生实习实训的教育作用，而且还实现了"项目进校园，专业入企业"、校企合作人才共育的双重目标。

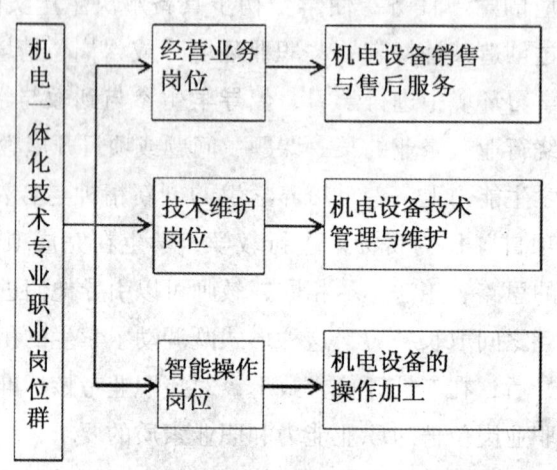

图1 高职院校机电一体化技术专业职业岗位群分类

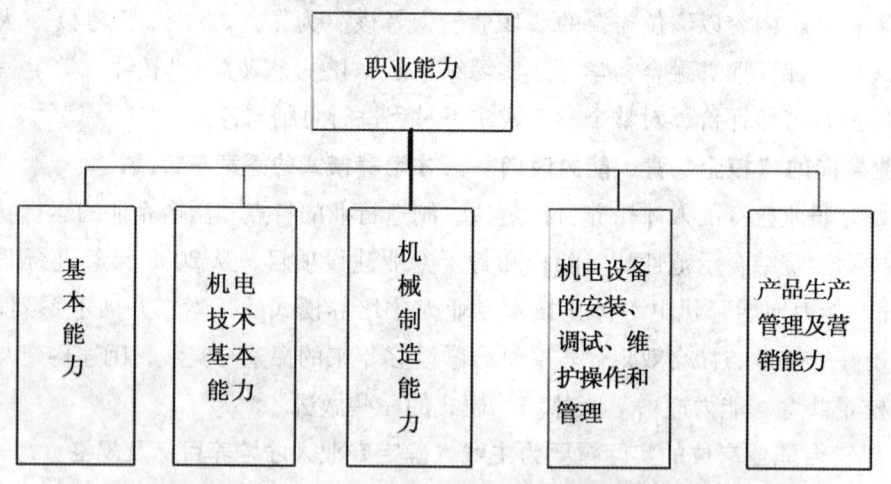

图2 高职院校机电一体化技术专业职业能力模块结构

2.3 以职业活动的工作过程为导向，做到课堂教学与企业实习相结合

该人才培养模式下学生前两年在校内学习，最后一年在企业顶岗实习。其具体安排如下：第一学年第一个学期安排一周的专业见习，学生到各实习基地参观学习，各校企合作专业人员介绍企业情况及其企业文化，培养学生对职业的基本认识；之后的3个学期每学期安排4周到合企业进行专业专项实习。第三学年主要到制造企业进行为期一年的毕业顶岗实习

并以实习单位的岗位为选题完成毕业论文设计。通过校企联动，共同促进学生的就业。将实习与就业相结合，通过顶岗实习实现预就业，使每年有60%左右的学生通过该种方式找到合适工作。在企业里，由制造企业人力资源部对学生进行专业理论知识培训和技能指导；由各岗位的管理人员在岗位上对学生进行现场技能培训，待实习结束后，再由实习单位与学校专业指导教师共同评定出学生的成绩。

2.4 以打造符合职业人才培养要求的专业教学团队为目标

能否真正建成"双师结构"的师资队伍，是高职教育成败的关键。为了使专业教学团队能够胜任职业导向的"校企共育、能力递增"人才培养模式改革，机电一体化技术专业采取了以下一系列师资队伍建设举措。

2.4.1 **加强"双师"素质培养**。每年有计划地分期、分批安排现有专任教师到企业顶岗实践，积累实际工作经历，提高实践教学能力。为加强校内现有教师"双师"素质的培训及考核，学院制定了"双师型"和"双师素质"教师的认证标准与培训考核办法（条例），以规范"双师"素质培训的目标、内容、场所、方式、时间、考核办法、证书发放等一系列内容，确保"双师"培训工作规范、有序、有效地进行。目前，学院已建立了《教师聘任办法》、《兼职教师队伍建设的若干意见》、《教职工下企业进修实施意见》、《教职工考核办法》等规章制度，通过制度，为教师的发展创设平台，使教师的教学、科研积极性得到了有效发挥。

2.4.2 **优化专职师资结构**。学院有计划地从普通高校、社会和企业逐年招聘与引进部分教师，注重增加专业教师中具有企业工作经历的教师比例，并力求教师队伍的知识结构（专业）、学历结构、年龄结构、性别结构的合理配置，不断改善和优化专职师资结构，为学校的可持续发展提供可靠保障。

2.4.3 **建设相对稳定的兼职教师队伍**。聘请本地区、本行业具有丰富实践经验且具有中、高级技术职称的技术人员或部门经理及技能标兵（服务明星）担任兼职教师，建立"二元师资队伍管理模式"，把兼职教师作为打造专业教学团队的重要组成部分来建设与管理。学院已出台每学期各专业总课时数的50%由企业兼职教师承担、兼职教师聘用条件及程序、教学规范管理及考核、薪酬和激励制度等文件，形成了实践技能课程主要由具有相应高技能水平的兼职教师传授的机制，以适应培养生产第一线所急需的高素质技能型人才的需要。

2.4.4 提出并正在努力尝试由企业兼职教师与校内专任教师共同开发课程标准、共同进行课程教学整体设计、共同授课、共同命题和共同考核评价以及共同编写基于工作过程的项目化教材的"二元课程建设主体模式"，把"双师结构"专业教学团队建设真正落到实处。

2.5 以市场的人才需求规格为参照系，实施多证书的考核评价制度

通过研究中、高级职业资格证书的考核内容与标准，把车工、钳工、维修电工、电工上

岗证、电气智能助理工程师、机电一体化工程师职业等资格证书考试等考证课程内容纳入教学计划，努力使课程考核与职业技能鉴定结合起来，如在考核"现代电气控制技术"课程时，不但有理论知识的考核，还要把通过维修电工证（中级）的成绩按理论与实践以1：1的比例算入该门课程考核的总成绩中。另外，机电一体化技术专业学生第三年在企业进行为期一年的毕业顶岗实习，学生在企业顶岗实习结束后，通过校企共同考核并完成实习答辩的，由校企对合格的学生颁发顶岗实习证书即"工作经历证书"。

2.6 职业导向的"校企共育、能力递增"人才培养模式实践的绩效

学院着眼于区域制造经济发展，努力创新办学体制，本着"以就业为导向，以校企合作为平台，以工学结合的顶岗实习为手段"的基本理念，积极探索互惠双赢的工学结合人才培养机制，通过连续5年进行职业导向的"校企共育、能力递增"人才培养模式改革的探索与实践，采取"学工交替""订单式""推荐式""代培式"等多种形式，进一步促进毕业生就业，取得了毕业生就业率在100%、签约率100%、专业对口率85%以上，企业对学生的满意率在95%以上的较好效果，甚至出现2008级机电一体化技术专业45名学生在大二时就与重庆工业设备安装集团签订了协议，成为"重安班"的学员，毕业后直接在重庆工业设备安装集团就业的好现象。在实践中形成了具有自身特色的机电一体化技术专业课程体系、实践教学体系、师资队伍管理体系和人才培养模式，专业建设取得了新突破，内涵建设取得了新进展，探索出了一条高职院校制造类专业行之有效的专业建设之路。

3 实施职业导向的"校企共育、能力递增"人才培养模式的建议

结合重庆工贸职业技术学院机电一体化技术专业长期实施职业导向的"校企共育、能力递增"人才培养模式的研究和探索，笔者认为应把握好以下四个关键环节。

3.1 开展基于工作任务的项目化课程体系改革是实施这一模式的突破口

每个项目的学习都以典型的机电产品为载体而设计的活动来进行，以工作任务为中心整合理论与实践，实现理论与实践的一体化。一年级组建素质拓展营，文化基础课程与素质拓展课程结合，培养学生团队合作的精神、积极向上的心态、勤奋刻苦的品质与灵活有效的沟通能力；二年级开展技能训练营，实践教学课堂与理论教学课堂结合，讲练结合、学练结合，重在训练，通过反复训练，以达到熟练掌握基本技能的目的；三年级实施顶岗实习，企业人才培养基地与校内产业化实训基地相结合，培养学生具有岗位所需的专业能力，加强对顶岗实习的过程管理，规范管理，提高实习实训质量。

3.2 建设校内产业化实训基地是实施这一模式的支撑

为了保证人才培养质量，在充分调研、论证的基础上，重庆工贸职业技术学院投资600多万元，设计并建成集制造、电气、控制技术、自动化生产线为一体的具有一定前瞻性和规模性的校内产业化实训基地—机电实训中心，开展校内外业务，通过"校中厂"等形式进行运作。与地方政府主管机构和其他社会组织合作开展制造项目培育、农村剩余劳动力转移培训等全方位、立体化的项目。此模式不仅打破了传统的校内实训室因缺少真实营业环境而

与校外企业完全分割、脱节，学生提不起深入训练技能兴趣的不良局面，还将校外制造企业的管理模式、工作任务和工作内容引入到校内实训基地，使两者有机结合、互为补充，在充分整合优势资源的前提下，把教育、技术、就业有机结合，形成了制造人才培养产业链。这既是保障基于工作过程的项目化教学的前提，也是学生职业技能训练的平台。

3.3 打造"双师结构"的专业教学团队是实施这一模式、提高实践教学质量的保障

"双师结构"和"双师素质"的师资队伍是提高高职院校实践教学质量的根本保证。为此，一方面要鼓励专职教师参加中级以上职业资格证书考试，或选派他们参与大、中型制造企业的实践和项目研究，努力使其成为"双师型"或"双师素质"教师；另一方面引进"双师型"教师，或外聘具有实践经验的业界行家里手作为高职院校的兼职教师，充实师资队伍力量，建设一支素质精良、结构合理的"双师结构"师资队伍。"双师型"教师既能按照机电一体化技术专业的岗位标准指导学生实训，增强学生的实际操作技能；同时，也能够提供制造企业一线的典型案例，对于提高教学质量起到了不可替代的作用。

3.4 选择稳定、优良的紧密型合作伙伴是实施这一模式的关键

高职院校与企业建立供应链上的战略伙伴关系，不仅可以解决高等职业教育实践教学面临的诸多困难，而且还可整合企业与社会资源，降低学生就业成本和企业培养人才的机会成本，实现多边共赢。对于合作企业来说，一方面，要树立正确的校企合作意识，主动参与高职院校专业人才培养，这既是承担企业社会责任的表现，也是为企业储备人才的最佳选择；另一方面，要提高自身校企合作能力，为学校提供更好的学工结合、顶岗实习、选派优质兼职教师等服务。这是实施与深入推进职业导向的"校企共育、能力递增"人才培养模式的关键之所在。

参考文献：

[1] 姜大源. 职业教育学研究新论［M］. 北京：教育科学出版社，2007：132 - 133.

[2] 汪焰，董鸿安. 餐饮服务与管理［M］. 上海：华东师范大学出版社，2008：87 - 88

[3] 刘春花. 高等职业教育质量评价再思考—基于利益相关者的视角［J］. 海南大学学报（人文社会科学版），2010，（2）：118 - 119

[4] 国务院. 国家中长期教育改革和发展规划纲要（2010 - 2020 年）［EB/OL］

高职学生顶岗实习教育管理[1]

庞正刚

（重庆工贸职业技术学院　重庆涪陵　408099）

摘　要：本文在分析了高职学生顶岗实习的状况后，就学生心理状况、容易出现的问题等进行了探讨，查找实习中存在的种种隐患，提出了顶岗实习管理的解决方案、增添的管理措施，以实现学生既学有所获也安全返校的效果。

关键词：学生；实习；教育管理

1 顶岗实习的概念

1.1 何谓顶岗实习

顶岗实习是全面贯彻落实教育部《关于全面提高高等职业教育教学质量的若干意见》（教高〔2016〕16号）文件精神，以服务为宗旨，以就业为导向，走产学结合培养高技能人才，进一步推进工学结合、校企合作的人才培养模式改革提供重要的内容。顶岗实习就要本着坚持理论联系实际的原则，注重学生专业能力培养，加强职业道德教育，强化职业技能训练，全面提高学生素质，把顶岗实习与毕业就业紧密结合起来，形成学校、企业、学生、家长四方联动的高效多元化教育保障体系。通过顶岗实习提高学生的综合素质和就业竞争力，达到从业基本要求顺利实现就业，最终保障高职教育持续、健康、稳定的和谐发展态势，培养出高素质技术技能人才。

2.2 顶岗实习的特点

2.2.1 高职学校一般都将最后半年安排到企业顶岗实习或通过双选会完成顶岗实习与就业，在实习期间学生参与生产过程，并拿实习工资。

2.2.2 学生到企业顶岗，在企业工程技术人员的指导下，通过真实的生产过程反复实践，逐步掌握生产技能，实现学用紧密结合，实现在做中学、在学中做。

2.2.3 企业参与了育人过程，从机制上保证了学生的职业能力与企业岗位生产过程的零距离对接，把社会需求和就业导向有机结合起来并落实到具体教学环节上。

---

[1] 作者简介：庞正刚（1965 - ），男，重庆南川人，重庆工贸职业技术学院副教授。研究方向：机械设计与制造。

2.2.4 学生在实习期间具有双重身份，既是在校学生，在实习期间又是企业的准员工。

2.2.5 教学场所从校园延伸到校外，以学校教育为基础，学生在企业适应工作环境，学习知识与企业文化，提高技能。

2 顶岗实习与现实存在的差距

2.1 顶岗实习的期望值

人类社会通过几千年的发展，积累了不少技艺需要传承，也积累了某些绝活儿，深入学习这些技术确实需要相当的时间与功夫才能完成，但这些技艺随着现代社会科学技术的飞速发展，能用在现代制造上的越来越少，相当多的技术活儿已被先进的检测与制造设备所取代，产品的加工精度不再取决于手上的技艺，而是取决于设备的加工精度与功能。由于生产设备的现代化与智能化，加之社会分工越来越细、产品越来越专业化，生产过程变得越来越简单，特别是生产力水平提高后，生产者只是做一些简单的机械重复动作，对应的生产岗位技术几乎没什么技术含量，这就出现了现代企业招工不分专业而啥都要的局面。面对这样的现代企业，我们的顶岗实习又能学到什么呢？作为教育工作者应该清醒地认识到，顶岗实习学那几个岗位技能是看几遍就会的事，更多的是要学生学到企业文化，学到生产管理，熟悉生产工艺流程，适应工厂的生活，这应该算是实实在在的期望值、若要学到什么核心技术，那是不可能的，生产企业不可能将生产技术外传，那是保密的。

2.2 顶岗实习实施上的困难

顶岗实习是一个好听但又几乎不可能实现的概念，其表现有五个方面：一是很难找到合适的企业安排学生去"顶岗"实习，企业是要挣钱的，是要算生产成本的，不是培养人的试验场；二是很难找到同时能够接纳几十人以上的岗位，这势必会造成学生实习分散在不同的企业；三是企业的生产对用人的需求与学校的教学时间不同步；四是企业招收的"顶岗"实习学生，都是安排在一些急需的几乎没技术含量的体力劳动工位上；五是学校师资有限，派不出那么多指导老师，"指导老师"形同虚设。

2.3 企业不同于学校

企业之所以愿意接收顶岗实习学生，最主要有以下四个原因：一是扩大生产招收新员工；二是填补流失的员工岗位；三是企业紧缺季节工，在生产任务紧时就大量招人；四是为了降低生产成本，解聘老员工后招收新员工。前两个原因招的实习学生，企业普遍较重视，但空出来的岗位一般不太理想，多数是一些简单重复的工作，没什么技术含量，更谈不上什么技能了，一般人都能完成。后两种原因招的实习学生，企业为了追求利润，往往会与普通员工"同工"的情况下"不同酬"，给顶岗实习学生所提供的食宿条件较差，还有的企业安排实习学生与社会员工同住，由于生活习惯的不同与文化差异，造成了与工友间相处困难。实习生在实习期间劳动强度较大，会经常进行性无偿加班，稍有不慎就会被罚钱，这样的实习既没学到技能，也没学到好的管理方法，使学生心里很是郁闷。

2.4 学生对顶岗实习认可度不高

学生本来在学校的生产设备上进行了实习操作，学习的生产设备多数比企业好，生产环境比企业好。到了实习企业后，面对真实的生产设备和职场环境，会有诸多的不适应。特别是面对教自己的师傅文化比自己低的时候，觉得自己是个大学生，凭什么还要向中学学历或之下的人学习，心理上难以接受。有的学生在一线岗位上干了一段时间后，发现工作简单重复且累，便产生了厌倦的想法，认为自己在这样的岗位上是大材小用，导致迟到、旷工现象屡屡发生；还有的学生认为自己仅仅是实习而已，认为家里已经给自己找好了工作，现在实习只是混混日子，做得好不好都没有关系，这种消极对待实习的态度不仅在实习同学之间产生了不好的影响，也使企业对于输送实习生的学校产生了负面印象。

3 顶岗实习学生的心理状态

在顶岗实习的过程中，由于学生角色的转变，单纯的学习生活变成了劳动者的劳动，这种身份的改变、学习与生活环境的变化致使一些学生出现了这样那样的心理困扰，轻者工作消极、得过且过，重者频繁换岗、逃避实习，更有甚者还会有轻生的念头。

3.1 专业知识与实际企业需求引起的心理障碍

高职学生在校期间得到了系统的理论与实践知识学习，有一定的理论水平与基本的操作能力，希望用自己的专业知识为国家为社会做贡献的学生是主流，当然也为了能找到理想的工作场所，以发挥专业特长，获取较满意的收入来改善生活。然而，当他们面对生产线、面对计件算收入、面对简单劳动知识无用、面对繁重的体力活儿时，大多会感到悲观。以数控专业的学生为例，现实的情况就是高职生只能在一线从事一些无技术含量的工作，就算你会数控编程，企业也不可能让你去碰一下程序，你就是一个机床前面的装夹工。学生普遍会发出这样的感叹：难道我学了那么多的专业知识，到企业就是来练习一下工件装夹吗？这也叫学技能吗？

3.2 收入差异引起的自卑心理

虽然高职学生好就业，但就业质量是最低的，顶岗实习的岗位是最底层的，其收入自然不可能有多高。摆在学生面前的情况是那么一点收入，除了房租水电外，能用于改善生活的钱实在是不多，而那些没读过多少年书的同年伙伴在工地上的收入却远远超过读了大学的高职生。这样的落差使一部分高职学生感到苦闷，甚至成了心结，曾经就有某学校的一名顶岗实习高职生因其收入比他的母亲在工地上的收入还少，面对将来养家糊口的生活压力，陷入到不能自拔的境地，经同学百般疏导无效，最后选择自杀了却一生。

3.3 人际交往差引起的自卑心理

在校期间，学生交往的圈子都是同龄的年轻人，有很多共同的语言与爱好，交往比较单纯，自由时间也比较多，容易打发时间。而到了企业后，整天面对的是机器，没有在校期间的老师与学生干部的关心，接触的人不多，下班后各干各的事，且同龄人不多，有共同语言与爱好的就更少了，往往下班后就回去睡觉，慢慢地一部分人便就有了孤僻的倾向，产生烦恼情绪,很多学生还没到实习结束就想念学校了渴望看到熟悉的老师与同学。

4 顶岗实习期间的种种问题

现在的高职学校一般都把毕业前半年确定为顶岗实习时间,学生就此离开学校,直到毕业前几天再返校拿毕业证,学生离开学校到企业实习期间,他们仍然是注册在籍的学生,学校负有不可推卸的教育管理责任。而一般企业往往只注重生产进度与产品质量,对管理育人并不热心,容易造成管理上的真空,甚至会出现了安全事故及违法违纪的事件,给学生、家庭、学校和企业都带来了无法挽回的损失。须加强顶岗实习期间学生教育管理是必须要面对的重要课题,其主要问题是:

4.1 思想认识不到位

一些学生认为是学校提前结束教学,有的家长还认为这是学校不负责任;学生也认为在校的学习结束了,是否实习也无所谓了,反正就是等着拿毕业证;部分学生还认为是机会来了,没了学校老师的监管就可以放松自由了,而企业生产环境和严格的企业管理与其心理预期形成了比较大的反差;有的学生由于缺乏思想准备,致使在顶岗过程中缺乏吃苦耐劳的精神,偷懒取巧,甚至逃避顶岗实习而回家休息。

4.2 难以适应企业的工作与生活

自顶岗实习后,学生从优美环境的校园生活跨进了单调乏味的工作岗位,从要求不高的听课、作业、实训等日常学习生活,一下子踏进了质量要求严格的真正产品的生产环境,心理跨度巨大。由于对工作环境不熟悉以及工作轮班的不适应,住宿条件、绿化卫生等生活环境较之学校的差别也较大,导致学生心理落差较大,一时间难以适应。

4.3 放松对自己的约束

学生在学校都有各种规章制度的约束,又有配套的管理措施,还有老师的管教,学生干部的检查、监督和考核,从早到晚的有序生活,到了企业后除了操作规程和产品质量的严格管理外,8小时之外便是属于自己的自由空间,有人就放松了自己,甚至放纵自己,造成安全隐患。

5 加强学生教育管理的对策

5.1 开展安全教育,提高思想认识

学生虽然暂时离开了校园,但是教学过程并没有结束,他们仍然是在籍学生,只是换了一种学习方式而已,并且在外的风险要比校内大,更容易出问题,因此一刻也不能放松,让学生随时绷紧安全这根弦是关键。学校要做的就是及时与学生开会沟通,列举安全事例,让他们认清安全的隐患无时不在。这项工作是教育管理者的责任,应该引起高度重视,必须做好、做扎实。

5.2 做好实习前的动员工作

提高学生的思想认识是做好顶岗实习期间学生工作的首要环节。学生在离校前,要召开专门的动员会议,向学生讲明顶岗实习的目的意义、任务要求、顶岗注意事项,要求学生珍

惜难得的现场学习机会，虚心向现场技术人员和工人师傅请教，以自己的实际行动树立大学生的文明形象，为母校争光。要树立干大事是从干小事做起的，技术都是在简单的劳动中积累的思想，不要妄想一去就从事什么技术难度大的工作。要特别强调纪律，遵守企业规章，做到安全、有序、合规，避免学生在生产过程中受到身心伤害，尤其是到某一家企业实习的学生较多时，要联系企业对学生进行入职培训，提前了解企业生产的过程并做好心理准备。

5.3 与顶岗实习企业开展深层次的合作，共同培养学生

校方要主动与企业沟通，介绍学生的状况及专业特点，希望在企业学到哪些内容，共同培养的目标是什么等进行探讨，尽可能为学生提供与专业对口的岗位。在可能的情况下，让学生进行轮岗，以达到学生全面学习知识与技能的目的。

5.4 加强与企业和学生的密切联系

顶岗实习期间的学生教育管理要靠制度与组织的保证，更要靠具体负责指导学生实习的老师定期与不定期地与企业和实习学生联系，要有计划、有重点地到顶岗实习单位巡查、看望学生，及时掌握学生的实习情况，及时处理各种问题，并经常提醒、关心、鼓励学生，必要时要与家长进行沟通。为保证师生及时联系的方便，离校前各指导老师应把自己带的学生组起QQ群、微信群，并在实习单位，指定临时的学生干部，负责关注同学并与指导老师及管理人员沟通。

5.5 加强学生安全管理

离开学校前，要开展必要的安全防范方法教育。在顶岗实习中，一些工位是在有危险的环境中工作的，况且除了工作时间外，"准员工"的自由空间比较大，也有很多不可预见的潜在安全风险隐患。应加强对学生生产安全、自救保护和心理健康等方面的教育，提高学生的自我保护能力，保障学生的各项合法权益，以解除学校和企业的后顾之忧。在顶岗实习期间，为每一名学生购买意外伤害保险，可以保障学生、企业的合法权益。实践证明，通过购买保险的方式来防止学生实习期间的意外问题是非常有效的。

6 结语

顶岗实习是培养高职学生专业职业能力、缩短工作适应期的重要环节，协调好学生与企业的关系，教育管理好学生端正实习态度，做好顶岗实习工作，对于学生的健康成长以及校企之间更好地合作，缓解企业用工难题，培养技术技能型人才，产生社会效益等都具有很好的促进作用。

参考文献：

[1] 姜艳霞、方桐清. 高职学生顶岗实习教育管理探析 [J]. 徐州建筑职业技术学院学报，2011，(3)

[2] 皇甫静、李贤政. 高职学生顶岗实习研究与实践 [J]. 黑龙江高教研究，2011，(9)

[3] 黄捷. 学生顶岗实习的指导与思考 [J]. 无锡职业技术学院学报，2008，(6)

[4] 陈惠. 对顶岗实习学生心理健康问题的研究与分析 [J]. 现代交际，2012，(2)

高校鞋类设计专业毕业生就业问题的若干思考①

任小波

(重庆工贸职业技术学院　重庆涪陵　408099)

摘　要：随着近年来高校的不断扩招，我国鞋类教育事业也在不断发展，据不完全统计，目前我国大中专院校开设鞋类设计与工艺专业或者相关专业的院校大约已有60所，而我国鞋类设计教育的发展还不够完善，存在着许多问题，由此引发的一系列问题直接影响着我国制鞋行业的健康发展，所以，如何解决好鞋类设计专业毕业生的就业是一个急需完善的问题。

关键词：鞋类设计；就业；问题；思考

鞋类设计是传统产业也是劳动密集型产业之一，但在学校教育方面却是新兴的专业之一，伴随我国高等院校的扩招、高等教育大众化的实现，高校毕业生的就业难问题已经日渐凸显，对新兴的鞋类设计专业就业也有一定的冲击。如何解决好高校鞋类设计专业毕业生就业问题，不仅关系到高等教育发展，还关系到社会稳定，同时还关系到鞋类行业企业的发展。因此，必须要引起高度的重视。

1 存在的主要问题

1.1 毕业生连年上升，社会需求问题紧缩

随着高校的扩招，今年的大学毕业人数约900万人，加上国家产业结构优化，传统的劳动密集型产业已逐步被高科技产业所取代。社会对大学生需求相对减少，再加上下岗职工以及往届毕业生的就业竞争，形成了供大于求的现状，就业难、压力大、竞争力强已是不争的事实。

1.2 企业岗位与鞋类专业的匹配度不强

据2012年、2013年、2014年麦可思中国大学生就业报告显示，约53%鞋类设计鞋类专业毕业生所从事的工作与所学鞋类专业无关，"职非所学"在一定程度上造成了部分本鞋

---

①　作者简介：任小波，男，1974年生，大学本科，副教授，重庆涪陵人，供职于重庆工贸职业技术学院艺术与文化传播系，系主任，研究方向：鞋靴造型设计。基金项目：教育部职业教育鞋类设计与工艺教学资源库（编号2014-9）。

类专业毕业生的就业不适应。

1.3 就业幸福感不高

据有关资料显示，鞋类专业毕业生的就业率最高可达到97%，但用人单位满意率却不到50%。过低的就业满意度，反映出就业质量不高，使学生没有幸福感，从而影响到了鞋类专业毕业生的职业预期、规划职业稳定性。据部分企业反映，有少数同学不愿意到生产一线、怕三班倒、怕苦怕累。

1.4 就业生吃苦能力差

只几天就呆不下去了，这部分学生增大了就业工作的难度，而且在企业中也造成了不好影响。还有一小部分毕业生缺乏自省和不屈不挠的精神，抗挫折能力较弱，经历了一两次求职的失败后便失去信心，牢骚满腹，未能及时进行自我反省并总结经验教训，造成了这部分学生就业的心理障碍。

1.5 地域结构失衡造成的就业区域的不平衡

鞋类专业毕业生在东部发达地区如广州、泉州、温州等地区学生扎堆，致使局部人才过剩；同时，新兴鞋产业欠发达地区如四川南充、重庆璧山等地存在着大量的空缺岗位，但大学生却不愿意去。鞋类专业大学生就业的地域结构失衡不仅不利于缓解就业压力，而且还造成了人才的浪费，阻碍区域的平衡发展，就业的区域不平衡现象十分明显。

2 原因解析

2.1 鞋类专业的盲目复制爆发增长

自陕西、福建、浙江、河北等地最早开设鞋类设计专业以来，截至2014年，全国开设鞋类专业的院校已达40余所，在校生规模已是2005年的大约11.5倍。一些根本不具备开设鞋类设计条件的高校也纷纷开设，盲目仿效。这一方面使更多的年轻人享受到了高等教育，但也带来了弊端，人数的剧增、师资条件的匮乏、学生的盲目造成了井喷式的压力。

2.2 教育培养模式滞后

鞋类设计在校生的规模不断扩大，开设院校越办越多，但培养模式却严重滞后，课程设置同质化严重，没有自身的办学特色与鞋类专业特色。

2.3 鞋类专业毕业生对高校教育的认识存在偏差

有相当数量的鞋类专业毕业生自我定位过高，自我感觉良好，认为高人一等，抱着非设计师不干的心态参与就业竞争，在屡屡碰壁、无功而返之后，到与鞋类专业毫无关系的其他岗位就业，发出"就业难"的感慨也就不足为奇了。

2.4 大学毕业生的就业能力和适应市场的能力及观念不够

现在的大学主要是重知识培养，但是轻能力的锻炼，所以有学历没能力、有文凭没水平的情况还或多或少地存在着。同时，大多数毕业生都想到沿海城市、大企业尤其是国家单位工作，不愿意到小企业、一线去就业。

3 应对措施

3.1 政府统揽协调

在目前鞋类设计毕业生就业困难的严峻形势下，做好毕业生的就业指导工作关系到学生的切身利益与前途，同时也关系到社会的稳定。政府在鞋类设计毕业生的就业问题上要牵头抓总，社会全员参与，如重庆市政府可以与璧山县劳动局及铜梁县劳动局相互协商，为重庆高职教育提供就业机会，同时也能促进地区的经济发展，解决用工难的问题。同时，要积极调整鞋类高等教育和职业教育的资源分配，进一步强化职业教育的地位与作用，努力构建起学历、职业、工作"三位一体"的人才培养模式来。

3.1.2 氛围营造

通过各种渠道大力宣传就业政策。配备足够的人力、物力、财力完善硬件设施设备，搭建网络信息平台，大力营造大学生就业氛围，同时引导鞋类设计毕业生转变就业观念，可以先就业，再择业，能深入一线从车间普通员工做起，能屈就于小企业，起好"宣传员"的作用。

3.1.3 制定扶持政策

鞋类设计的进入门槛低，创业前期的资金要求相对较少，政府可以根据专业特点，按照大学生群体的实际和经济社会发展的实际，向鞋类设计学生传播创业理念，提供创业机会，制定创业政策，开展创业培训，保护创业积极性，让更多的大学生敢于创业，愿意创业。

3.1.4 搭建平台

政府可以采用专场招聘、网络招聘、建设实训基地、提供实习岗位、用人单位与大学生对接等方式，为学生及单位间搭建沟通交流对话的平台，为实现双向了解及双向选择创造条件。广泛建立网点，要直接开辟与企业的联系，依靠当地的人才交流机构，积极稳妥地开展工作，起好"服务员"的作用。

3.2 学校要重点做好鞋类专业优化和就业指导两方面的工作

为了主动适应社会经济发展对鞋类设计高职教育教学工作的新要求，我们要以就业为导向，加快教育教学改革步伐，将培养的重点放到全面提高学生鞋类专业素质和职业能力上。

3.2.1 深化鞋类专业改革

使所学的鞋类专业知识、生产技能与实际相吻合，教学的质量和水平需要就业来体现。鞋类专业及课程的设置要符合时代的特征、生产的实际要求，不能偏离市场方向办鞋类专业、开课程。针对相关产业的时尚流行趋势，我们要考虑教学的款式是否老化、工艺技术是否落后。企业最新的设计软件或者工艺制作水准到了什么程度，我们要心里有数，要做到企业没的我有、企业有的我精、企业精的我创新，这样才能走在鞋企的前面，真正起到带动专业发展的目的。

3.2.2 加强就业指导

学校以企业为导向，强化学生成长成才的质量意识，广泛掌握市场行情，多为学生提供鞋企顶岗实习的机会,引导学生将鞋类专业学习与实际技能相结合,根据个人特点是喜好设计还是偏向样板、是想做生产管理还是想做鞋类营销,设计出契合个人情况与社会需求的职业规划来,从而提高学生的就业成功率和职业满意度。

3.2.3 建立学生就业实践基地,稳定毕业生就业市场

建立广泛的毕业生就业实践基地,能够稳定鞋类专业在特定领域、特定地区的就业实践基地,一方面,通过鞋企参与课程开发,调整鞋类专业结构,推进鞋类专业面向社会办学,提高专业适应市场需要的能力;另一方面,学校可以组织大学生到用人单位开展就业实践活动,使学生积累经验,客观准确地为自己进行定位,缩短走向社会的磨合期。同时,让大学生知道自己的知识能力与社会的差距,及时调整并补充。

3.3 学生和家庭及时调整

一要明确认识大学生已不再是社会的香饽饽。自1998年至今,大学一直都在扩招,大学生早已成为一个大众群体,只有认识到这点才能有清晰的个人定位及目标追求。二要转变"铁饭碗"才是好工作的传统思想。三要转变"官本位"观念。这几年"公务员热""事业单位热"高烧不退。想当公务员或进事业单位没有错,但其岗位毕竟有限,很多年轻人都难以适应内部的管理制度和运行机制。所以,应找准自己的定位,发挥自己的特长,找到适合自己的位置和坐标。

参考文献:

[1] 周烁. 大学生就业的地域结构失衡及对策 [J]. 经济与社会发展,2008,05

[2] 刘佳卓. 高校毕业生就业现状分析与对策 [J]. 辽宁经济职业技术学报,2008,05

[3] 刘宇锋. 谈高职学生就业现状与对策 [J]. 九江职业技术学报 2007.2

[4] 王欢. 拓展素质教育,提升就业能力——论大学生"就业难"现象的原因与对策 [J]. 高等农业教育,2006,23(3):79-82

大学生鞋靴设计师自营网络品牌系统建立初探①

王育星

(重庆工贸职业技术学院 重庆涪陵 408099)

摘 要：鞋靴设计师自营网络品牌作为一种全新的营销模式已逐渐被大众所接受，在大学生资金缺乏、专业经验不足的情况下，为其自主创业打造了一个施展才华的平台。本文首先对鞋靴设计师自营网络品牌可行性进行分析，然后分别探讨了品牌风格、品牌文化、产品设计、产品制作以及网络营销等相关内容的运作及应用，最后对鞋靴设计师自营网络品牌进行了总结并指出了应规避的问题。

关键词：自营网络品牌；鞋靴设计师；自主创业；网络营销

1 前言

近几年，随着高校的扩招，在校鞋靴设计专业大学生数量骤增，加上近几年中国鞋企的发展一直处于低谷，由此产生的就业压力直接冲击到了许多毕业生。其在寻找工作的道路上充满了荆棘，现实使他们心灰意冷，所以越来越多的大学生开始自主创业。21世纪是网络经济的时代，电子商务技术使人们的生活方式发生了根本性变化，并且对传统的贸易方式形成了巨大冲击，以快捷、方便、高效率、高效益的显著优势重新改写着传统商业的运营模式。创办网站、网上开店和网上自由职业等网络创业正被大学生所追捧，网上创业为缺乏资金、经验的大学生提供了一个积累实践经验的平台。同样，信息网络时代的到来也给鞋靴设计专业学生的就业带来了更多机遇，随即也产生了一个崭新的职业，自营网络品牌设计师。网络为设计师经营自己的品牌提供了施展才华的平台。

2 相关概念

网络鞋靴品牌就是指纯粹采用电子商务的模式进行鞋靴品牌推广以及运作，而不经营实体店铺，或者说只有鼠标也没有水泥，我们称之为"网络鞋靴品牌"。由于缺乏实体店铺的形象支撑和既有的品牌影响，这种单纯依靠互联网生存及发展的鞋靴品牌在营销模式上注定

---

① 作者简介：王育星，男，陕西西安人，硕士研究生，讲师，重庆工贸职业技术学院艺术与文化传播系鞋类设计与工艺专业负责人，主讲鞋靴样板结构设计与制作。基金项目：基于川渝地区鞋类发展现状的鞋类专业发展研究（2016-9）。

会与传统的鞋靴品牌有很大的区别。品牌的正常运作和健康发展自营品牌就是设计师自己创立品牌,用自己的资金来运作品牌,设计师本人不仅要专注鞋靴产品的设计,而且要从设计制作到销售经营、拥有都在其管理范围之内。其要比受聘设计师在目标市场的选择、鞋靴风格的把握以及市场营销等方面都有很大的自由空间。

所谓设计师自营网络品牌是指由自营品牌鞋靴设计师经营的针对部分网络消费者,通过互联网购物平台所销售的鞋靴品牌。这些品牌拥有设计师个人的设计思想理念,具有很强的原创设计特色。

3 设计师自营网络品牌可行性分析

3.1 日臻成熟的网络营销环境

据中国互联网信息中心 CNNIC 互联网统计报告公布的数据显示,截至目前,中国网民人数已达到 4.04 亿,互联网普及率达到了 28.9%,超过世界的平均水平。目前,利用电子商城提供的网络基础设施、支付平台、管理平台等资源进行有效的、低成本的交易活动,已经成为一种特别受欢迎的创业途径。消费者通过网络在网上购物、在网上支付金额的方式已逐渐成熟。由于这种模式节约了买家的购物时间,降低了卖家的经营成本,扩大了买家和卖家的接触空间,提高了综合效率,所以其便利性和快捷性深受大众好评。并且鞋靴是时尚品,其更新换代速度与网络流行时尚、产品多样化结合,能较好地发挥出网络购物的优势来。同时,鞋靴的交易也具有金额小、货品的体积小、能长时间保存等,在储存以及物流方面比较简洁方便。

3.2 满足消费者需求的原创性

根据来自中国互联网信息统计中心的统计报告来看,上网人群中学生、企业、事业单位工作者、专业技术人员、自由职业者是所占比例最大的,尤其以 19~39 岁的网民为最多,这部分群体比较年轻,对鞋靴的新颖性以及独创性的要求相对比较高。他们喜欢在网上选择那种不容易在实体店买到的个性化产品,而鞋靴设计师自营网络品牌往往比工业化鞋靴品牌在设计内涵方面更加丰富,鞋靴风格鲜明且更加富有个性,其品牌理念也伴随着设计师本人那些深刻而易引起共鸣的思想感染着消费者。网络为鞋靴设计师、消费者提供了相互沟通、协同设计的平台,利用多方资源,可逐渐提高鞋靴设计的创新性,最终提高产品的附加值,提升市场竞争力。

3.3 满足大学生就业需求

3.3.1 较低的创业成本

网上销售最大的特点就是商家与顾客互不见面,以网络为中间媒介传递商品信息。所以,设计师不需要实体店面就可以直接与顾客进行交易,可极大地降低创业成本。在网上开店是免费的,有不少毕业生甚至可以白手起家。网络营销,只是收取少量商品上架费与交易费,设计师通过网络可以直接了解客户的个性化需求,为客户提供低成本、高质量且适销对路的高竞争力产品,不会因为积货而占用大量资金。网店经营主要是通过网络进行的,基本不需要水、电、管理费等方面的支出，可以相对减少一些成本。网店不需要专人时时看守，节省了人力方面的投资，也相对为自己减少了一些麻烦。

3.3.2 满足大学生自我价值实现的需要

作为新时期的年轻群体，当代大学生的价值观呈现出多元化发展的态势，自主、独立的意识较强，强调个人价值的实现。在网上开店基本不受营业时间、营业地点等传统因素的限制，会给设计师一个很自由的经营空间。设计师自营品牌是自己给自己当老板，设计师处于一个非常自由的环境，符合当代大学生的个性需求。同时，对于大学生来说，其自身所存在的优势是具有较高程度的文化水平、较强的想象能力与沟通能力，这也是网络营销所需要的能力之一。

4 设计师自营网络品牌系统的建立

在创业的起步阶段，鞋靴设计师网络自营品牌一般由一个或几个人组成的小型团队来设计操作，大多处于一种自由随意的盲目状态。从长远目标来看，如果要使这个品牌发展壮大，就要研究如何来创建、管理这个品牌，如何规范运作品牌，使品牌效益尽可能最大化。因此，建立一套完整的体系是非常有必要的。

4.1 凝练独特风格

目前，中国鞋靴市场的品牌竞争已呈现出白热化状态，许多品牌因其稳定的质量、较高的性价比以及日趋完善的售后服务而拥有了一批固定的消费群体。如果设计师继续沿用目前市场上已经成熟的品牌风格，几乎不可能在众多品牌中崭露头角。那么，如何在夹缝中求得生存，就是自营品牌设计首先要解决的问题了。笔者认为独特的风格是第一要务。

传统的鞋靴品牌因自身文化影响或为生存所需，往往生产出来的产品趋于大众化，设计的个性不强，不易吸引消费者的眼球，网络消费者已对此审美疲劳感觉出厌倦。而自营品牌设计师要是能够设计出风格鲜明且富有个性，在一定程度上能够引起消费者共鸣的产品，那么无疑是找到了打开成功大门的钥匙。因此，自营品牌设计师首先就是要确定自己的品牌风格，然后通过品牌展示自己对时尚的理解，品牌则通过形象、产品、服务理念表现设计师的个性风格与时尚追求。

关于风格定位，通常有两种途径：第一种是设计师根据个人对时尚的理解以及个性化的艺术见解与风格判断，把自己喜好的设计放在网上，并不断完善前期作品，进一步开发新产品，逐步将一些设计越做越好，款式越做越多，从而形成一定数量的款式。系列感越强越容易感染人，在此过程中完善并逐步形成自己独到的风格。第二种就是设计师通过网络技术进行市场调研，结合目前的流行趋势不断开发适合市场并且具有一定独创思想的产品，此时风格不稳定，不断在摸索变化调整中，随着消费群体的不断增加，根据销售情况寻找最为契合的品牌风格与市场定位，从而形成独立风格的产品。但需要指出的是适时调整绝不是追随流行而盲目跟风，若一直在设计风格上起伏不定东拼西凑，久而久之将导致其失去个性，而不利于自身的发展。

4.2 彰显品牌文化

品牌文化是品牌的"灵魂",是品牌精神情感境界的体现。当代消费者购买产品,不仅只是选择产品的品质与功效,更应注重品牌的文化品位。自营品牌设计师要想使品牌风格保持一致,就必须形成一个固定的品牌文化,品牌文化赋予消费者以情感体验,也造就了品牌的价值。

通过品牌文化来强化产品风格,从而谋求更多的商业利润。待风格确立之后,有必要对目标市场消费者的文化心态进行深入调研,并将它与商品的效用联系起来,为品牌塑造典型的文化个性,达到促销的目的。品牌文化的建立,能让消费者在享用商品所带来的物质利益之外还能有一种文化上的满足。目前市场细分的标准在一定程度上就是以文化为依据,品牌文化的塑造有助于培养忠实的消费者,是重要的品牌壁垒。

"穿什么是什么"这句耳熟能详的广告语,就是著名品牌森马的品牌文化。其力图打破一种循规蹈矩的生活方式,创造出更为广阔的自由空间。这个品牌理念深深契合了广大年轻人的心理感受,凝聚着一批固定的忠实的惠顾群体。

设计师自营品牌就是需要找到一个好的品牌文化、好的市场地位。品牌文化越鲜明、定位越个性,越能体现品牌的与众不同,越能受到部分群体的青睐,逐渐培养出一批与品牌有共鸣的消费群体。

4.3 产品设计

网络营销这个全新的平台改变了传统渠道设计师很少介入到销售中的局面,让设计师以最为直接的方式与消费者进行交流,交易信息的快速传递也使设计师能够做到快速地决策。设计师与顾客进行深入的互动交流,一方面可以设计生产极为个性化的产品,另一方面也可以设计和生产更符合顾客个性需求的产品,快速形成时尚消费通路,提升设计师及其品牌在顾客中的影响力。

设计师可以通过在线沟通平台了解消费者在鞋靴造型、色彩等其他方面的独特需求,并有针对性地进行二次设计加工。同时,通过这个平台设计师还能详细解答消费者在如何搭配、尺寸等方面提出的问题,满足其咨询的需要,给顾客以精神的感染。让鞋靴消费者感受到成品本身以外的东西,从而增加其精神层面的满意度。顾客对品牌从认知到认同再到产生归属感,就是顾客忠诚度建立的过程。

4.4 产品制作

生产制作是完成鞋靴样板以及成鞋制作等的环节,是技术性很强的工作,也是配合设计师完成从设计稿到实物的一个过程。实现鞋靴自营品牌,品质保障是关键。一个品牌的成熟要经过很多环节才能实现,不仅仅是一个好的创意所决定的,应当具体到制作工艺细节、面料辅料的选择等。自营鞋靴品牌在保持设计风格的同时,制作如果跟不上,将严重影响到最终产品的效果。如果生产少量鞋靴产品,一般利用自己的生产技术组就可以完成,但如果生产的产品量很大,设计师也会将方案委托给合作工厂代加工。

4.5 网络营销
4.5.1 网店设计
网络营销不像传统店面销售那样，人们可以实地感受到消费环境。网络营销是一种虚拟的店面销售模式，其交易窗口就是网站。网站是设计师进行品牌形象、产品款式、交易产品信息发布以及提供服务的门面。所以，鞋靴品牌网店应该围绕着本品牌的鞋靴风格、所倡导的理念来进行设计，同时也应考虑到顾客的心理需要等因素，进行一些人性化的设计，比如可以设置一些优美的背景音乐，创作一些耐人寻味的主题诗句等。网店的独特风格会造就其对顾客的吸引力，会让顾客愿意多停留下来细心地品味与欣赏其中的细节内容，从而产生出购买欲望。此外，还要注意到，与传统店铺营销相比，网络营销要多出几个单元来，那就是模特、拍照、修整图片和产品相关信息，这对于网上销售是至关重要的。可以说，最后放到网上的图片是实物传递到顾客手中之前、真正面对顾客的"产品依据"，因此应把它作为必须存在的重要程序。值得提醒的是，设计师通过网络渠道展示自己的产品，应该把产品美好且着重展示的设计部分——展现出来，以进一步引起顾客的购买欲望。

4.5.2 网络在线营销
鞋靴设计师自营品牌在定价时要涉及到创新成本、原辅料成本、技术成本、生产成本等，同时还要站在顾客的角度去考虑问题。顾客在网上购物的很大一部分原因就是因为网上购物的价格比实体店便宜且方便。他们总是希望花合适的价格买到性价比更高的东西，所以定价时要注意灵活性。设计师可以通过网络技术运用各种新价格策略，比如利用节日促销、店内组织的各种活动折扣、季末大酬宾、实行会员等级制度等。值得注意的是，除了打动人心的鞋靴设计产品外，还应该注意价格的透明度问题，诚实守信，耐心周到，促使前来浏览的网上顾客来到店后会产生购物、尝试体验的愿望并做出购买决定来。

4.5.3 物流配送
目前最常见的网络销售的物流配送方式为委托给一些知名物流公司送达目的地或顾客手中的，比如快递和邮政等。快递服务，它能直接从发出地送到顾客本人手中，方便快捷。邮政，主要针对那些没有快递覆盖的地区或其他原因，顾客需要在寄件到达目的地后，亲自前往邮局或者指定地点领取。目前，大型购物平台为店家和顾客提供了极其便捷的物流跟踪版面，设计师可以跟踪查询定单的物流信息，在这里会清晰地显示出详细单号、下单的信息、收件员姓名、扫描员姓名、派件员姓名，以及商品每到一处所做的电子扫描记录，环环相扣，确保不出疏漏。

5 结语
设计师自营品牌是建立在网络营销渠道基础之上，适应了网络经济时代设计师的新要求，利于年轻鞋靴设计师特别是刚毕业的鞋靴专业人才在自身经济薄弱以及就业市场不景气的的情况下，以自主经营为手段，以网络营销为途径，来建立个人品牌，为其提供创业途径。需要指出的是，自营品牌的建立不是一时就能完成的，需要设计师长期去体会实践，主动发现并解决问题,设计师才能不断成长,品牌才能不断成熟壮大。

参考文献:

[1] 程丽娜. 基于互联网渠道的服装设计师品牌设计管理初探 [D]. 中国优秀博硕士论文全文数据库. 2010. 5

[2] 刘晓刚. 品牌服装设计 [M]. 东华大学出版社, 2007. 6

[3] 秦勉力. 品牌服装企业设计师与设计管理关系的研究 [D]. 中国优秀博硕士论文全文数据库. 2010. 12

[4] 孙菊剑. 网络服装品牌的营销模式探索 [J]. 行业营销, 2010. 2

加强高职学生职业道德教育的思考①

徐 军

（重庆工贸职业技术学院 重庆涪陵 408099）

摘 要：学生的职业道德教育是高职院校内涵建设的重要组成部分。加强高职学生的职业道德教育，培养学生良好的职业道德，使其成为深受社会欢迎的高素质技能型专门人才，是高职院校一项重要而紧迫的任务。

关键词：高职学生 职业道德教育

职业道德建设是一个国家、民族经济发展和社会文明进步的重要标志之一。《公民道德建设实施纲要》第 16 条指出："职业道德是所有从业人员在职业活动中应该遵循的行为准则，……要大力倡导以爱岗敬业、诚实守信、办事公道、服务群众、奉献社会为主要内容的职业道德，鼓励人们在工作中做一个好建设者。"当前，高职院校的职业教育存在着一些问题，加强高职学生的职业道德教育，培养学生良好的职业道德，使其成为深受社会欢迎的高素质技能型专门人才，是高职院校一项重要而紧迫的任务。

1 高职学生职业道德存在的问题

高等职业教育的根本任务是培养面向生产、建设、管理、服务第一线需要的"下得去、留得住、用得上"，实践能力强、具有良好职业道德的高素质技能型专门人才。随着各高职院校校企合作、工学结合的开展，职业院校毕业生的职业技能水平不断提高，实践能力不断增强，但不少企业对部分高职毕业生在职业道德方面的表现不甚满意：有的高职毕业生缺乏爱岗敬业精神，急功近利，怕苦怕累，难于扎根工作岗位开展工作创新；有的高职毕业生缺乏忠诚精神，表里不一，违约毁约，甚至窃取商业机密；有的高职毕业生缺乏光明磊落精神，团团伙伙，办事不公，以权谋私；有的高职毕业生缺乏全心全意为人民服务的思想，只求人人为我，不讲我为人人，不把群众利益放在心上，不尊重群众、方便群众；有的高职毕业生价值取向趋于功利，片面强调个人利益，淡化国家和集体利益，只求索取，不讲奉献。高职毕业生在职业道德方面存在的问题，极大地影响了他们的就业竞争力。

---

① 作者简介：徐军（1963 - ），男，汉族，重庆涪陵人，重庆工贸职业技术学院党政办公室主任、副教授，研究方向为高等职业教育管理。

2 高职学生职业道德问题的成因

2.1 对职业道德教育重视不够

不少高职院校把扩大办学规模作为学校发展的主要目标，重经济利益，轻教育质量；有的学校重专业知识和职业能力传授，轻职业道德教育，开设职业道德课仅仅是为了应付上级领导部门的检查，使职业道德教育工作成为了一种摆设。不少专业课教师在教学中不结合专业教育对学生进行职业道德教育，只教书不育人。很多高职学生对职业道德的重要性认识不足，在校期间只重视学习各种技能，考级考证，而忽视了自己的职业道德修养，影响到综合素质的提高。

2.2 教师素质不够高

"学高为师，德高为范"，教师的一言一行对学生的思想、行为和品质都具有潜移默化的影响。而大多数高职院校由中职学校升格组建，办学层次虽然提高了，但教师的素质和水平并没有及时得到提高，部分教师在学生心目中的形象不够好，削弱了教师的人格感染力与道德影响力。不少高职院校的职业道德教育师资缺乏，部分职业道德教育教师的专业理论水平不高，缺乏对学生职业道德教育问题的深入研究，教学观念和能力不能适应新的要求，教学中以灌输职业道德规范为主，多进行空洞的说教，极大地影响了职业道德教育的效果。

2.3 职业道德教育的针对性不强

高职院校的学生入学分数较低，整体素质参差不齐，但学校的职业道德教育并没有因人制宜，而是搞"一刀切"，不利于学生共同进步，形成良好的学风。职业教育是专业教育，由于学生所学专业不同，从事该行业所必备的职业道德要求也有所不同。目前高职院校的职业道德教育多停留在一般职业道德层面，即从业人员应具备的共同职业道德要求，而较少涉及行业职业道德。学校的职业道德教育缺少与行业、企业的联系，没有围绕行业特点提出具体要求和行为准则，确定职业道德教育的教学计划、课程设置、教育内容，造成学生对行业、企业的职业道德规范及要求不了解，就业后难以适应行业、企业的要求，需要从头学起。

2.4 职业道德教育的渠道单一

目前，多数高职院校的职业道德教育以课堂宣讲为主，由德育教师讲解教材，缺少与其他学科的配合，甚至连专业课教师也很少涉及相关行业职业道德方面的内容。很少在实训、实习等教学实践环节介绍从业人员的职业道德规范，对学生进行职业道德教育训练。很少在学生社团活动、社会实践活动中引入职业道德内容，引导学生进行自我教育。很少通过校园文化建设营造学生职业道德建设的良好氛围，使学生受到潜移默化的熏陶。

2.5 职业道德教育评价方式简单

当前高职院校职业道德教育的评价方式较为简单，主要通过试卷考试的方式对学生进行评价。这种评价方式重知识考查，轻能力、行为评价，重任课教师的个人评价，轻其他学科教师的综合评价，重教育者的评价，轻受教育者的自主评价，存在着明显的缺陷，缺乏科学性，难以准确反映学生职业道德的实际状况，造成学校的评价结果与社会、企业的评价结果有较大差异。甚至有的学生在校时的职业道德素质评价为优，而走上工作岗位后却出现道德堕落的情况。

3 加强高职学生职业道德教育

3.1 提高对职业道德教育的认识

随着我国社会主义市场经济体制的逐步建立，人们的经济利益意识被激发，对物质享受的过分追求造成道德的滑波及职业道德的沦丧，使违背职业道德的事件时有发生，有的甚至严重到触犯刑律。要纠正道德失范，重建道德信誉，造就信用经济，就必须加强教育，提高劳动者的素质。而高素质的劳动者不仅要有较高的专业理论知识及专业技能，而且还要有较高的职业道德水平。高职院校担负着为国家现代化建设事业培养高素质技能型专门人才的使命，学生职业道德水平的高低是衡量高职院校是否为国家培养了高素质劳动者的重要内容。所以高职院校必须高度重视职业道德教育，由过去的单纯重视职业知识、职业技能培养转变为职业知识、职业技能与职业道德并重。广大教育工作者应认真履行人类灵魂工程师的神圣职责，重视对学生的职业道德教育，做到既教书，又育人。广大青年学生要高度重视自身的职业道德修养，不断提高职业道德水平，争做德技双馨的高素质技能型人才。

3.2 进一步提高教师队伍素质

要强化职业教育教师队伍建设，通过教学培训、下企业实践锻炼、参加学术交流等多种途径帮助教师转变教学观念，改进教学方法，灵活运用多种教学模式、教学手段开展职业道德教育教学工作，做到教有目标，练有难度，学生爱学，学有所得，增强职业道德教育的效果。同时，要强化广大教师尤其是青年教师的职业道德教育意识，用对教师职业的热爱、对教育教学工作的责任心、对学生的尊重来潜移默化地影响学生，做恪守职业道德的表率，帮助学生树立正确的职业道德观。

3.3 提高职业道德教育的针对性

高职院校在开展职业道德教育的过程中，一是要根据不同层次学生的实际状况，有针对性地开展教育活动，逐步提高道德水平，缩小不同层次学生间的差距。二是在加强一般职业道德教育的同时，切实加强行业职业道德教育，让学生了解自己今后从事的职业对国家人民、对自己发展所具有的重要意义，增强学生的专业归属感与自豪感，提高对自己专业的兴趣爱好，从而自觉学习专业知识，掌握专业技能，加强职业道德修养。三是根据学生的实际需要确定职业德育教育目标，及时将最新职业道德观念补充到职业道德教育的内容中来，使职业道德教育内容贴近学生的道德需求及道德实践，让学生看得到、摸得着、做得到，养成良好的职业道德素质。

3.4 完善职业道德教育体系

一是学校内部的各部门、组织、人员分工协作，使职业道德教育贯穿、渗透到高职教育的各个方面；学校要与家庭、企业、社会密切联系，合力推进学生职业道德的养成。二是充分发挥职业道德课在职业道德教育中的主渠道作用,以正确的人生价值观为主线,围绕社会主义职业道德基本规范和内容,对学生进行职业选择、职业理想、职业精神和职业道德原则与规范的理论教育,为职业道德的实践教育奠定基础。三是积极挖掘、提炼各门学科中的道德因素,在基础课与专业课中渗透职业道德内容,使职业道德教育贯穿于各门课程教学的始终。四是充分利用实训、实习环节和社会实践活动,让学生在职场环境中、在实践中领悟、体会和感受职业道德,养成良好的职业道德。五是营造有利于职业道德教育的良好的校园文化环境,通过主题班会、演讲比赛、文艺活动、企业文化讲座、成功人士或优秀毕业生报告会等形式,使学生受到多渠道、多环节、多场合、多方式的职业道德教育与熏陶,深化学生对职业道德的认识,提高职业道德意识,增强职业道德修养的自觉性。六是通过学生社团开展自我服务、自我教育、自我管理活动,引导学生把职业道德要求内化为自身的需要,变成自己的行动。

3.5 建立科学的评价体系

要改变高职院校传统的、单一的职业道德评价方式,建立学校、企业、社会相结合的较为科学的综合评价体系,评价职业道德教育的效果。一是做好对学生在校期间的评价,在内容上既要重视知识测试,也要重视能力与行为评价,在方式上,以笔试评价为主,同时注意评价方式的多样性;在评价参与者方面,既要重视任课教师的评价,也要重视各科教师的评价,还要重视受教育者的自主评价。二是做好学生顶岗实习期间的评价,将职业道德考评作为顶岗实习的重要考核内容,尽量使考评指标具体明确,具有指导性、针对性、可操作性,让学生体会到职业道德在职业生活中的重要性。三是高职院校要主动听取社会、企业对毕业生职业道德表现的评价,进一步创新职业道德教育的内容,探索职业道德教育的有效载体、途径,优化职业道德教育的评价体系,提高职业道德教育的实效,促进学生整体职业道德水平的提高。

参考文献:

[1] 教育部高等教育司. 高等职业教育学生职业素质培养与训练 [M]. 高等教育出版社,2005

[2] 方晓红. 高职学生职业道德教育探索 [J]. 中国职业技术教育,2002,(6)

[3] 夏令海. 谈高职学生职业道德教育的现状及问题 [J]. 教育与职业,2007,(30)

[4] 李建设. 高职学生职业道德培养的途径和方法 [J]. 教育与职业,2008,(26)

[5] 李雨虹. 高职院校学生职业道德教育刍议 [J]. 科学咨询,2009,(6)

[6] 吴鸣. 加强和改进高职学生职业道德教育 [J]. 中小企业管理与科技,2009,(11)

第四篇

职业素养与公共基础课改革探索

建设"知行合一"的校园文化[①]

宋正富

(重庆工贸职业技术学院　重庆涪陵　408099)

摘　要：高职院校担负着培养适应经济社会发展需要的高素质技术技能型人才的重任，需要注重校园文化建设，广泛发挥文化育人的作用，形成特色校园文化，才能推动学校的内涵建设。

关键词：高职院校；校园文化；知行文化

高职院校担负着培养适应经济社会发展需要的高素质技术技能型人才的重任。职业教育的属性决定了高职院校务必狠抓学生技术技能的培养，但高职教育同时还兼具高等教育属性，且不论是何种类型的教育，始终都以育人为旨归，促进学生身心的和谐全面发展，进而推动社会的进步与发展才是教育的要义之所在。文化是国家民族发展的软实力，也是高职院校可持续发展的驱动力。当前，在经济社会的转型时期，发挥优秀文化的引领、陶冶、激励作用显得尤为重要。2015年9月，国务院办公厅印发《关于全面加强和改进学校美育工作的意见》，强调要注重校园文化环境的育人作用。校园文化建设是美育的重要载体和实践途径，是提升学生人文素养、提高学院办学品位的重要举措。高职院校要肩负起传承文化的重要使命，构建具有院校特色的校园文化，促使学生不仅学会生存的技能，更要具有深刻的人文主义情怀，引导学生在优秀文化的浸润中潜移默化地获得适应社会和自身终身发展所需要的能力。只有实现了技术技能培养与文化育人的"比翼齐飞"，才能真正满足与适应社会对高素质技术技能人才的要求，实现促进学生个体健康成长、助推社会长远发展的教育目标。重庆工贸职业技术学院在办学实践中，注重校园文化建设，广泛发挥文化育人的作用，结合高职教育特点和自身历史、现实实际，探索形成了"知行文化"，力求最大限度地发挥文化育人的功能，强化学院的内涵建设，取得了较好成效。

1 "知行文化"的基本涵义

校园文化建设是一项复杂的系统工程，涵盖的内容纷繁复杂，但每一所高职院校都应有

[①] 作者简介：宋正富（1964 - ），男，重庆垫江人，重庆工贸职业技术学院院长，教授。

其独特的文化风貌。高职院校要综合考虑历史、文化等因素，以优秀的社会文化为导航，将学生的文化活动、教师的思想行为、学院的办学历史和办学愿景以及时代精神、传统文化等内容有机融合，提炼符合学院办学实际且具有个性气质的核心文化理念，以其统摄校园文化建设，增强校园文化的凝聚力、感召力、影响力。

"知行"关系是中国传统的、基本的、具有核心意义的哲学命题，受到古代思想家尤其是儒家学者的关切及重视。我国明代著名的思想家、文学家、哲学家和军事家王阳明先生在批判继承前人理论成果的基础上明确提出了"知行合一"论，认为"知是行之始，行是知之成"，强调不仅要有认知、有意念，更应当有实际行动、有践履，"知"与"行"相互补益，二者相结合、相统一才能达到"善"。"知行合一"说强化了道德的思想自觉和实践自觉，使"知行关系"的哲学探讨发展到了一个新的阶段，于古于今均有重要影响。重庆工贸职业技术学院以王阳明先生的"知行合一"学说为基础，紧扣经济社会对技术技能型人才要具备理论知识和实际操作技能的要求，融入学院办学所在地——重庆市涪陵区与"知行合一"学说的历史文脉渊源，对照学院曾由三所中职学校合并的办学历史以及办学的现实情况、未来展望，探索确立了以"知行文化"为核心的校园文化建设理念，倡导"知"与"行"要相一致的文化观念，提倡思想与行动的统一、学习与实践的统一，旨在培养学生成为既有扎实理论功底又有过硬动手能力，既有知识文化修养又有高尚道德行为的适应社会需求的高素质技术技能型专门人才。将"知行文化"作为校园文化建设的总纲，为学院整体校园文化建设奠定了方向和基调，也体现出学院培养人才的愿景。

2 "知行文化"的凝练形成

高职校园不是孤立存在的实体，而是与社会生活环境具有极为紧密联系的一个特定的社会生活场所。与之相适应，校园文化也是社会文化大系统中的一个重要组成部分，既以开放多元、兼容并蓄的姿态汲取社会文化的养分，也在某种程度上折射和反映出社会文化的光景。重庆工贸职业技术学院从体现"姓高名职"、传承传统文化、融合现代文化、结合地方文化等四个维度定位校园文化建设坐标，凝练形成具有工贸职院特色的"知行文化"。

2.1 体现"姓高名职"

高职院校是为社会生产、建设、管理与服务第一线培养高素质技术技能型专门人才，在专业设置上积极对接社会的实际需要，在教学模式上紧密结合行业企业工作岗位能力要求，培养学生所掌握必需的理论知识，强化学生技术技能的学习与训练。学院的宏观定位和微观设计均富有职业教育浓厚的职业性、应用性色彩，直接决定着校园文化的职业性特点。但高职院校同时也具有高等教育的公共属性，承担着人才培养、科学研究、社会服务、传承文化四项重要职能。"知行文化"一方面强调知识与实践的统一，充分体现了职业教育对于技术技能培养的突出要求；另一方面也以深厚的文化底蕴引领思想、唤醒人格、浸润心灵，营造出大学作为精神家园的浓厚人文氛围，体现出高等教育普遍具有的一种超越世俗性的理想精神。

2.2 传承传统文化

高职院校虽然走的是应用型的发展道路，但在着力凸显职业性的同时，也应对久经历史甄别所保存的珍贵文化进行传承与弘扬，充分利用丰富多彩的载体及形式展开校园文化建设，将优秀文化传递给广大师生，彰显具有温度、深度和厚度的文化追求，增强师生文化的认同感与民族自豪感，使学生在文化的浸润中获取有益长远发展的素养。对"知行"关系的探讨研究，是中国哲学传统认识论的一条主线。"知行合一"是中国哲学领域的一大重要思想精华，至今对于我们仍具有借鉴指导性意义。以"知行文化"为学院文化建设的核心理念，既是对这一重要思想的传承，同时也是对优秀传统文化的积极弘扬。"知行文化"带来传承传统文化的共振效应，使师生在各种优秀传统文化精神的涵养中不断汲取进取的力量。

2.3 融合现代文化

高职教育面向当下的社会需求，也面向未来的发展需要，与时俱进是其与社会无缝对接的内在要求。高职院校得校园文化建设既需努力发扬光大优秀的传统文化，也需去伪存真、去粗存精地融入具有时代特征的先进现代文化，特别要引入贴近企业行业的职业文化，创设职业环境，形成学术性文化和实践性文化相辅相成的生动氛围。"知行文化"是对传统文化的继承，但在具体表征形式上，学院又融入了诸多现代理念，并结合现代语境，倡导符合现代思想观念和现实需要的认识及行为，强调"知行合一"的时代性。同时根据"产教融合、校企合作"的要求，在"知行合一"的大范畴中引入企业的文化、制度、理念等，培养学生"职业人"的意识，使"知行文化"融入了现代气息。

2.4 结合地方文化

高职院校一般立足于区域办学，通过人才培养、科学研究等方式服务于地区经济社会发展，为地方经济建设提供人才支撑、智力支持，具有十分鲜明的区域性特征。高职校园的文化建设通常会受到地方文化的感染与影响，因此也具有地方特点。重庆工贸职业技术学院地处涪陵，而涪陵积淀了深厚的传统文化思想，还曾在历史上形成了易学"涪陵学派"，涪陵北岩名胜"点易洞"因我国北宋著名哲学家、教育家程颐曾在此地点《易》而得名。易理文化是涪陵具有特色及影响的文化现象之一。知行关系是理学家关注的焦点。王阳明从哲学高度归纳了"知行合一"说，但黄宗羲曾说过："伊川先生已有知行合一之言矣。"伊川先生即曾在涪陵点《易》的程颐。虽然程颐当时的知行观有很大局限性，但在中国哲学关于"知行"关系问题的发展和完善历程中仍占有重要一席。有此渊源，扎根于涪陵办学的学院倡导"知行文化"就更具有了地方文化的文脉气息。学院以服务于地方经济社会发展为己任，延续文脉，传承不息，将进一步丰富学院与地方发展的内在联系。

3 "知行文化"育人的体现

高职院校的校园文化由精神文化、物质文化、制度文化、行为文化构成。精神文化是校园文化内隐沉淀的深层内涵，物质文化是校园文化主要的显性载体和存在基础，制度文化是校园文化中的规范体系,也是院校正常运转、科学运行的准则与保证,而行为文化则是校园文化具体可感的综合反映。四个部分相互关联,共同构成了校园文化。"知行文化"是学院的核心文化理念,也是全院师生员工在精神文化、物质文化、制度文化、行为文化等方面的共同实践。

3.1 精神文化方面

精神文化是校园文化建设中的核心内容,也是高层次校园文化建设的精髓与灵魂,包括集中反映学院个性、追求的校训以及校风、办学定位等价值观念、文化理念,是被全院师生所认同的共同愿景。高职院校的精神文化要将抽象性、理想性的思想意识与服务现实社会的宗旨相结合,以适应技术技能人才培养的教育实践。重庆工贸职业技术学院在"知行文化"的统领下,以"厚德、博学、强技、创新"为校训,从思想层面强调道德认识、敏学求知,从实践层面强调技能培养和创新能力,既体现出"知行文化"的内涵,也彰显了高职教育"姓高名职"的特殊定位,将大学的理想精神与职业教育的实践性有机结合起来。学院着力于突出高等性、保持职业性、体现区域性,把"能力为本,就业为先,全面发展"作为办学理念。能力是自身的学习能力、知识积累和动手操作水平等,这些能力在没有进入实践环节时都属于"知"的范畴,就业是要将这些能力应用到实践中予以检验,属于"行"的范畴,"知行合一"强调能力的培养与就业的要求紧扣对应,由此培养的人才必为符合社会需求的人才。

3.2 物质文化方面

物质文化是校园文化最直观的显性表达。校园是师生学习、工作、生活的固定场所,通过科学、合理、有序地规划、布局、建设具有深厚文化内涵的文化载体,能够直接激发师生的思想潜意识,使师生在具象的物质文化前展开文化体悟,获得文化滋养,从而影响其思想行为。学院科学规划,在校园文化的物质环境建设方面着力弘扬优秀文化,以雕塑、文化廊亭、标语、展板等载体充分体现"知行文化",传承优秀精神理念,使师生在教学、生活、休闲的场所随处都可感知到校园文化,提升思想认识,实现文化自觉。比如,学院的花园廊亭处刻有"仁义礼智信、爱忠文慧诚"及对应的箴言名句,儒家传统的价值体系在这里影响着师生的思想认识,也潜移默化地影响着师生的行为规范。再如学院标志性雕塑——三个指向同一圆心的雕塑立柱上刻有"求真、求实、求是"、"创新、创业、创造"、"思索、思进、思源",从三个递进的层次对"知行文化"做出了注解:首先是从意识层面要有思考与认识,进而以实际行动求索拼搏,从而创造出一番业绩来。以"知"指导"行",以"行"促进"知",达到"知"与"行"的统一与完满。

3.3 制度文化方面

"没有规矩,不成方圆",没有制度文化,校园文化也将单薄而乏力许多。制度文化不仅丰富着校园文化的内涵,也为校园文化的有序建设提供着有力保障,更切实保证了学院各项事业的顺利推进。高职院校具有办学条件的特殊性,比如实训场所多、实践操作多,诸多操作、管理的环节和细节不仅影响到教育教学管理的成效，甚至还关乎着师生在职场环境、学习空间中的安全，尤其要建立健全科学规范的管理制度，使教育教学管理工作有章可循，并在制度的轨道内提高学院管理的科学化、规范化、精细化水平。学院根据实际需要制定了涉及教学、师资、学生管理等方面的系列规章制度，引入了具有企业特色的ISO9001质量管理体系，规范教育教学管理各项工作，并确保规章制度落到实处。建立了完善的学生管理体系，探索和实践"思政教育立德树人、专业教育强化技能、人文教育提升素质"的"三位一体"教育模式，实施辅导员"十个一"制度，在学生中开展"三自"教育，加强学生的文明行为教育，不断提高学生的素质修养。制度是有形的文字条文，深化了师生对教育、教学、管理的认识，使其明确了什么该做、什么不该做、该怎么做。在这些制度的约束下，师生逐步将制度要求转化成自觉行为，使"知"和"行"达到了高度统一。

3.4 行为文化方面

行为文化是师生在实际行动中实践和体现的校园文化，突出表现为师生学习、工作的状态、行动等。行为文化不同于物质文化的静态性，也不同于精神文化的意识性，是校园文化外化的动态反映，也是以"人"为主体的校园文化的展现。从某种角度而言，行为文化可视为整体校园文化的印证与检验，既是师生接受校园文化涵养的外化显现，也是校园文化对师生的影响深化。校园行为文化建设要特别注重发挥教师以身示范的作用，同时也要加强学生行为规范的引导。学院将"知行文化"渗透到了全院师生行为文化架构的过程中。在教师方面，坚持"教师是支撑学院长远发展的根本性力量"的观念，以政治学习、表彰奖励、培训等方式扎实推进师德师风建设工程，要求教师在拥有高知识、高技能的同时，更要身正为范、潜心育人，充分发挥教师对学生的示范作用。在学生方面，学院要求在教育教学过程中注重"教学做"一体化，把学生的理论知识和实践技能的培养紧密结合；在学生行为习惯的培养中，把思想教育和行为引导相结合，使其"知行合一"。在学生素质教育培养中，注重以学生喜闻乐见的形式开展丰富多彩的文化活动，寓教于乐。通过搭建学生文化活动平台、构建职场文化氛围等方式形成潜移默化的文化引导力，使学生提升人文素养，增强社会能力、就业能力、创新能力等可持续发展的能力，在提升学院办学品位的同时，有效提高人才培养的质量。学院着重将社会主义核心价值观融入校园文化建设之中，促使师生将其内化外显为自己的自觉行动。此外，对于其他管理、服务人员，学院采取政治理论学习等方式提升其思想境界和理论素养，强调全员育人，使其在"知行文化"的熏陶下履职尽责。

4 "知行文化"育人取得的成效

学院探索实践"知行文化"育人，培育了优良的校风、学风、教风，提高了学生的综合素质和师资队伍水平。近三年来，学生参加各级职业技能大赛获奖55项，国家级一等奖6项、二等奖9项、三等奖24项，市级一等奖11项、二等奖5项、三等奖31项，学生在评优评先和竞赛活动获奖524人次，毕业生双证率保持在95%以上，就业率一直保持在97%以上。学生良好的职业道德、扎实的基本理论、过硬的职业技能、较强的创新意识，得到了用人单位的充分肯定。学院通过师德塑造、培训达标、硕博提升、教授培育、教研互动、双师锻造等形式，不断优化师资队伍结构、更新教育观念、改进教学方法，使师资队伍整体实力得到显著提升，成为学院加强内涵建设、提高育人质量的坚实支撑，也不断增强了学院服务社会的能力。近3年来，我院获得国家实用新型专利16项，承担科研项目171项，开展职业技能培训、干部培训、企业员工培训等各种短期培训累计98341人天。学院办学得到社会认可，通过了高等职业院校人才培养工作评估，成为重庆市示范性高职院校；获得了全国平安和谐校园、全国德育管理先进学校、重庆市文明单位、重庆市依法治校示范校、重庆市平安校园、重庆市职业教育先进集体、新中国成立60年重庆教育功勋特色高职院校等荣誉称号。

高职院校的校园文化作为在特定场所、面向特定人群的一种文化现象，积淀着历史，反射着现状，也承载着祈盼，以软实力的形态为高职院校的传承延续、创新发展提供着强劲的支持。高职院校既要从大处着眼，确立核心文化理念去统揽校园文化建设的全局，也要从局部入手，构建具有文化内涵、回应时代呼唤的精神文化、物质文化、制度文化、行为文化，全方位、多维度地着力营造出积极向上的校园文化氛围，切实提高人才培养的质量和办学格调。重庆工贸职业技术学院以"知识文化"为核心的校园文化建设探索取得了明显成效，学院将在办学的实践中继续丰富与完善校园文化，不断提高人才培养质量，大力提升办学水平，努力为经济社会发展做出新的更大贡献。

发挥榜样效应　构筑道德初心
——基于曹于亚工作室的德育教育创新实践

朱媛　赵军　甘华银

（广安职业技术学院　四川广安　638000）

摘　要：职业教育的创新发展应坚持以立德树人为根本，深化人才培养模式改革，实现对职业精神的着力培养。本研究基于全国道德模范曹于亚在高校德育教育的实际工作，以校园文化建设为载体，创新德育教育机制，从"启"到"发"建立了道德榜样效应的五个层次，逐层实现对高校德育养成工作的系统化升级。

关键词：榜样效应；德育；道德初心

《高等职业教育创新发展行动计划（2015－2018）》明确提出"提高思想政治教育质量，加强和改进学生思想政治教育"，要"加强中华优秀传统文化教育"和"健全学生思想政治教育长效机制"。对此，广安职业技术学院以全国首届道德模范曹于亚[①]为基点，打造曹于亚工作室、校园文化建设团队等德育平台，创新德育载体，从德育养成教育出发，点线面逐层推进校园文化整体建设，以德启人、以文化人，为创新创业教育打下了坚实的德育基础。

道德模范人物不仅反映出一个地区的道德价值取向，具有标杆和示范作用；也是一个鲜活的道德载体，具有引领和传播作用。19岁的曹于亚面对困境时毅然选择捐肾救父并携父上学，她这种感恩孝敬、坚毅抉择的行为感动了全中国，被评选为2007年全国孝老爱亲道德模范。其道德行为背后不仅有对道德的基本认识，更有强大的道德自觉做支撑[1]。这种道德自觉来自于她对亲子伦理关系的深切认同和强烈使命感，来源于父母和学校教化过程中产生的自觉担当；其良好的道德品质引发了社会对道德的共鸣，社会各界纷纷采用不同的方式前来支持她，进一步强化了其道德行为动机，形成了个体的道德自信。在进一步的求学路上，她怀抱这种感恩情怀用行动去影响更多的人践行孝行，这种感召、鼓舞他人的行为逐渐凝聚成一种强大的力量，不仅使她个人成为一种价值导向的航标，也成为更多人"向上、向善、向美"的行为动力源。

据此，基于高校道德教育的实践需要，研究者根据个体进行榜样学习的社会学习理论[2]，把其引入到高校学生管理体制中，以曹于亚工作室为中心理论，结合实际，逐渐扩大道德榜样学习的范畴与效应，建立了高校德育养成的系统工程。

1 运用月晕效应，树立榜样典型

榜样学习是一个连续的心理过程，经历了观察注意、识别保持、运动再现、强化动机四个环节，各个环节都受到诸多心理因素的影响[2]。因此，在青少年的德育教育中，榜样示范是必不可少的有效措施之一，因为榜样是道德行为与道德人物的集合，既可为青少年提供一个生动鲜明的人物形象，也可将抽象的道德概念与模糊的道德期待具体形象化，更便于其仿效。青少年个体在接受榜样精神的感染、熏陶和激励的过程中，会受到各种心理效应的影响，教育者要正确认识心理效应的内容、成因及产生原理，能扬长避短地合理使用心理效应，推进青少年道德水平的健康发展[3]。

曹于亚因其事迹在人们心中形成了善良、坚毅、勇敢等一系列美好形象，这些形象与教师的职业形象有机结合，进一步将类似的良好道德品质弥漫、扩散开来，如对待学生的慈爱和宽容、对待问题的强烈使命感和对待生活的感恩等。这一榜样形象的发酵过程，如同月亮形成的光环一样，向周围弥漫、扩散。这反映的是心理学中的晕轮效应。曹于亚的事迹随着时间的推移，其事件本身的影响力将逐渐淡化，将原有的特征与新事件结合在一起，发挥月晕效应就可以继续保持榜样的示范性，并逐渐形成更为完整的榜样作用。此外，根据影响力放大效应，榜样处于组织中位置的不同也将影响到其作用的发挥[4]。学院建立"曹于亚工作室"并提供了充足的物资和人员保障，将其置身于具有一定高度的学校德育管理层，扩大其言谈举止对学生的影响；与此同时，专门撰文《孝义歌》和《爱无言》打造其榜样形象，将"寸草春晖"的小孝延伸到"家国一体"的大情怀中，在校园内形成崇德向善、见贤思齐的文化氛围，再通过校园宣讲活动传播正能量，逐渐积善成德、明德惟馨。

2 发挥羊群效应，培养家国情怀

在长期的教育实践中，研究者发现个体对一个事物的注意力保持是有限的，如果仅仅依靠单一的道德榜样做持续的教育影响，那么青少年会产生贫乏感，并易受到其他社会环境的影响。同时，根据社会学习理论，榜样者与学习者之间的相似背景和个人特质，如年龄、生活情况、面对困境等问题，将会影响学习者的榜样模范[5]。因此，单个榜样难以满足众多学习者的多样性需求。

然而，青少年学生这一群体本身就蕴藏着大量有感染力的榜样事迹，但是如果不加以挖掘与组织的话，那么就如同星辰闪烁难聚光芒、转瞬即逝。因此，首先，学院以曹于亚为"头羊"，建设了两支"羊群"队伍。一个是以曹于亚所带班级为特色班级，以传统班级模式打造班级德育文化并开展德育品牌活动，通过定期开展感恩演出、志愿服务等活动，形成促进学生能力发展的榜样群体；另一个是以道德榜样学生为主体的德育教育团队，来源于校园内各个班级的真实道德个体，充分利用学生间的同质性，激发学生想学、能学的道德认同感。通过对两个群体的建设，扩大了榜样队伍，使道德与文化的影响弥散到更大的范围。其次，抓住一些关键的时间节点，建设青年学生的道德初心。例如，在新生入学之初，就以德育教育团队为主做好道德讲堂活动,由曹于亚发出《感恩倡议书》,实现道德初心的引导;开设了开展文化讲堂,实现文化初心的孕育;结合专业职业特点,深入开展"匠心"活动,构建职业修养的初心。最后,发挥羊群效应,使榜样行为成为校园文化中占优势地位的观念和行为方式,发挥群体的道德影响及从众氛围,促进学习者形成顺应良好风气的道德习惯。

3 利用雁阵效应,激活群体力量

在发挥团队作用方面,管理学家们发现了一种有趣的现象——雁阵原理,即大雁群在迁徙时,飞行中一只大雁的羽翼能借助前一只大雁的羽翼所产生的动力,使飞行省力,并定时交换左右位置,目的是使另一侧的羽翼也能借助于空气动力缓解疲劳。

因此,在团队能力建设中,我们应充分考虑如何通过雁阵效应来提高团队的协作力和行动力。首先,曹于亚作为头雁带领建设团队文化,在团队的组建过程中充分考虑到学生的流动性和特点,德育教育团队是以仁、义、礼、智、信、孝、俭等元素组建一个班级,每个元素有分别来自三个不同年级的学生为一个小组,各个小组轮流做领头雁,其他小组做好配合工作;小组内也形成"人字形"结构,轮流做主开展活动。其次,挖掘大学生日常生活的真实情境和事件,每月一个主题,由当月领头小组组织活动,其他小组支持,做好德育宣讲活动、"修家书"活动和爱国主义讲座。同时,在团队内部通过开展与教师对话、文化创建、团体心理辅导、团队拓展训练等活动,以实现对学生的内在激励,提高团队整体的修养水平。最后,要拓宽雁群的视野,培养学生想要飞、能飞行、努力飞的团队精神,逐步搭建平台加强学生的对外学习与交流,引导学生参与到校园文化和专业建设等具体工作中来,通过对学校发展的直观认识来提高自己的视角。营造群雁齐飞的氛围,形成视野高远的态度及传承道德的使命感。

4 重视传导效应,形成教育合力

德育教育并非是一早一夕之事,也非独立的教育行为,它孕育在社会之中,与德育文化交融在了一起。因此,实施学校整体的德育工程不能停留在单个品德教育课堂或者一定的团体范围中,要重视道德榜样效应的逐级推进与持续性,逐步建立起具有发展性的德育文化。对此,应借鉴经济学中传导机制的概念,制定一个学校德育发展的近期目标、远期目标和最终目标,利用各种德育教育工具和管理制度以实现德育目标的过程,从传导途径、传导内容、传导效果三个方面建立起校园德育文化的整体运行机制。

首先,在传导途径方面,重点依托曹于亚特色班级和曹于亚德育团队的两个德育传导重要载体。特色班实验各种教育的策略和方法、建设班级文化,总结经验,再通过学生对话学生、教师对话教师、年级对话年级、专业对话专业的方式,将好的经验和做法传导出去。

其次,在传导内容方面必须要注重系统性。曹于亚德育团队的活动组织不是零散的,它是围绕校园文化建设的总目标,以社会主义核心价值观教育为主线,建设有精神文化、制度行为文化、物质文化三个方面的德育载体,使学生在文化中去感知品德,在宣讲活动中理解品德,在校园活动中形成品德,在社会服务中践行品德。其中,文化内容的主要形式有红色文化、职教文化、民族文化、传统文化、川东文化，通过文化课堂与道德讲堂两种形式进行宣讲推广，再结合固化的五元文化活动与非定期的德育活动加以实现，如全国文明城市和国家卫生城市的创建活动、广安市系列红色文化活动、纪念邓小平诞辰系列活动等，逐渐强化并和巩固青少年学生的道德理念及行为。

最后，利用人际交往的滚雪球现象，扩大传导的增力效果，即教育者注重发现德育个体之间相互作用、彼此影响从而产生增力的现象其具体表现有几种方式，一是在德育传导的过程中，学生在接受传统文化、德育思想影响的同时产生自己独特的看法，并有新的表达形式。德育团队要关注、筛选、收集这类有意义的信息，并加以整理与运用。二是保持两支榜样队伍与其他团队的互动频率，在互动中更多地采用情感唤起、支持赞赏的方式而不是管理、指导和批判的方式，以激发青年学生向上、向善和向美的内在驱力。三是关注师生的非正式组织，例如学生社团、兴趣小组等，将德育活动渗透到这些组织的零散活动中。总之，以两个团队为两条主线，寻求校园内各种力量形成合力，传导德育精神、目标和文化。

5 发挥溢出效应，扩大影响范畴

溢出效应，是指一个组织在进行某项活动时，不仅会产生活动所预期的效果，而且会对组织之外的人或社会产生影响。在教育实践中，我们坚持以曹于亚工作室及其团队为主要载体，以德育教育为切入点，围绕校园文化建设主线，逐渐形成"一核三维五元"高职校园文化品牌。这一文化品牌的产生，使德育行为产生了大量预期之外的溢出效果，具有广泛的社会影响。有作家以曹于亚为原型创作了青春励志话剧，使更多的个体受到了道德激励；电子科技大学和四川大学等高校追踪报道她的发展历程数年，并开展自身学校的德育课堂；曹于亚工作室及其团队组织了大量社会服务活动，对邻水、岳池等多所中小学开展"思源·追寻·感恩"文艺演出；通过志愿服务对留守儿童、特殊儿童和孤寡老人实施关爱。这些社会活动形式多样，内容丰富，获得了良好的社会评价。这些溢出的效应又反作用回学校，使得参与学生有强烈的共荣感和使命感，从而更加自觉地坚守道德初心、积淀文化素养，践行道德品质。

综上所述，基于曹于亚工作室的德育教育创新实践，我们始终坚持在整个道德的心理影响和培养过程中，从塑造到作用，经历一个"扩大榜样注意、团队模式识别、引领活动再现、全面强化动机"的过程，这是一个逐渐扩大、逐层加深的过程。回顾整个教育创新的实践过程，我们始终认为高校学生即将迈入社会，发挥曹于亚的榜样效应，影响众多学子，构筑道德初心，是每个育人者的责任义务。而个体自身的道德建设，是一个系统而复杂的漫长过程，它需要创新更多的德育教育方式，以实现对学生厚重而深远的影响。

参考文献：

[1] 戴茂堂. 道德自觉·道德自信·道德自强 [J]. 道德与文明. 2011（4）：24-27

[2] 刘东桥. 班杜拉的社会学习理论对青少年思想政治教育的启示 [J]. 教育教学论

坛. 2014（6）. 271-272

[3] 范树成. 运用心理效应提高思想政治教育实效性 [J]. 思想教育研究. 2011（8）: 53-56

[4] 刘电芝. 论班杜拉观察学习理论的现实意义 [J]. 西南大学学报. 1996（4）39-41

[5] 卢政营. 品牌延伸的溢出效应研究 [D]. 天津：天津财经大学. 2001. 5

注：①曹于亚，2007年全国首届孝老爱亲道德模范，现为广安职业技术学院辅导员、学生工作部干事。

数字出版物对高职大学生英美文化传播的影响

滕春燕

(广安职业技术学院 四川广安 638000)

摘 要: 随着社会的发展,经济全球化、文化多元化和网络大众化程度不断加深,我国的数字出版业近几年继续呈快速发展的态势,一路突飞猛进,数字出版物多种多样,琳琅满目。数字出版物作为文化传播的载体之一,深深地影响着学习者的思想、习俗、文化和礼仪等,影响着文化的传播。本文针对数字出版物对高职大学生英美文化传播的影响进行分析,提出了对数字出版物的一些思考。

关键词: 数字出版物; 英美文化传播; 影响; 思考

随着社会的发展进步,经济呈现出全球化发展态势,文化的多元化交融日益频繁,人们的交往活动也越来越频繁,交往中时时刻刻渗透着语言和文化传播,数字出版物作为社会文化生活中最重要的传播工具之一,较以往作为增长知识、培养学习能力的传统纸质出版阅读物来说,以更加直接、快速、便捷的优势让学习者深入了解各国文化,并以其时代性、传播性、艺术性、趣味性逐渐取代传统纸质出版物而成为人们生活中不可或缺的一部分,进入到人们的生活、学习视野,成为文化传播的重要载体之一。当今时代,作为思想活跃,追求个性、时尚、新颖的新一代学习者,在他们人生观、世界观、价值观形成的关键期[1],越来越多的学习者开始转向在线电子阅读,在线观看经典影视作品、微电影等方式,以快捷、直观的方式了解西方文化,扩增自己的文化背景知识,培养自己的语感,感受英语给自己带来的乐趣,了解英美的风土人情,价值观念等。在这语言学习的过程中,数字出版物让学习者在视觉、听觉等多种感官主动地感知、学习、悄无声息地模仿、潜移默化地接受英美文化,赏析优美的语言智能、开阔视觉空间智能、拓宽人际交往智能等等,使数字出版物大众化,可接受化。因此说,数字出版物是英美文化的接受者,也是英美文化的传播者。

1 数字出版物与英美文化的内涵及关系

数字出版物是一种新型出版物,是以数字内容为流质介体,借助通信技术、互联网技术等高科技手段,以无线通讯网、卫星网络和有线互联网络等为流通渠道进行传递数字信息,

---

① 作者简介: 滕春燕,广安职业技术学院教师。基金项目: 本文系四川省教育厅一般课题《高职院校人文素质教育现状及对策研究》阶段性成果之一,项目编号: 16SB0364。

数字出版以离线出版物（如 VCD，DVD 形态），网络出版物（如 BBS、微信等）、电子书等形式出版，是传播先进文化的主阵地，是人类通过一定的物质载体，将抽象的精神内容制成各种出版物的重要活动，其目的是传播知识、传承文化、进行思想交流。数字出版物有其独特的特点，以其丰富多彩、喜闻乐见的多媒体形式吸引着语言学习者，并以静态和动态、纸质和电子的形式使语言学习者由传统阅读的单项、被动选择变为生动、海量数字交互、主动选择文本形式，成为技术革新的中坚力量，激发读者的主观性及参与性，打破时空、地域、国界等制约。

英美文化是英语教育和学习过程中形成的学生精神财富的总和，是一种跨文化意识形态，根据"高等学校英语专业英语教学大纲"（2000 年版，以下称新《大纲》）所提出的：英美文化培养是对大学生在知识文化和交际文化并重，目的语文化和母语文化并重的前提下，培养学生对文化差异的宽容性和处理文化差异的灵活性，接受文化差异的敏感性，英语专业以阅读赏析英美文学原著作品，挖掘英美文学文化根源，发展语言基本功和提高人文素质，以培养宽口径、应用性、复合型的有理想、有文化、德才兼备为人才培养模式，因此英美文化对社会的稳定发展，民族的生存振兴有其非常重要的作用。数字出版物与英美文化之间的内涵完全不同，但两者却有着息息相关的联系，一方面，数字出版物是英美文化传播的主阵地之一；另一方面，英美文化传播也是数字出版物发展的历史使命之一。

1.1 数字出版物是高职大学生英美文化传播的主阵地之一

当今的高职大学生都是 90 后，他们正处在人生成长过程中世界观形成的关键时期，年龄介于童年与成年之间，对社会懵懵懂懂，对新鲜事物跃跃欲试，对人生充满了憧憬与向往。许多大学生自称为"E 时代"或者"E + 时代"的人，他们对社会的理解很多来自于数字出版物、如网络读物，手机微博、微信、网络视频等，其中数字出版物的内容涉及面广、信息量大，对于大学生的文化传播起到了十分重要的引导作用。[2]

作为阅读数字出版物中坚力量的 90 后大学生思想意识、思维方式潜移默化地受到了数字出版内容的影响。笔者就广安职业技术学院、南充职业技术学院、长春职业技术学院、青岛职业技术学院、湖南民族职业技术学院等全国 17 所高职院校 2013 - 2015 级大学生进行了问卷调查，本次调查采用无记名形式进行，主要围绕大学生对"接受数字出版物的方式"、"数字出版物对高职大学生的影响"，"文化对大学生负面影响的对策"展开。本次其发出调查试卷 1800 份，收回 1746 份，有效卷达到 97%。接受调查的学生对象，覆盖了全国各地高职各年级，数据真实可靠。具体数据如表 1：

表1 全国17所高职院校学生接受出版情况统计表

高校地域	有效问卷	接受和传播英美文化方式				
		在线阅读	在线电影	在线音乐	微电影	纸质书本
四川省9所	948	321	254	463	241	67
吉林省2所	210	59	101	177	119	27
山东省3所	297	102	97	205	128	33
湖南省2所	198	58	79	168	132	26
深圳1所	93	33	73	84	70	31
均值		32.8%	34.6%	62.8%	39.5%	10.5%

调查结果显示：90后的大学生接受与传播英美文化的方式主要是使用在线阅读，占调查对象的32%，使用在线电影占34%，使用在线音乐占62%，微电影占39%，纸质书本的仅占10%。调查结果表明，数字出版物已成为全国各地大学生接受文化传播的主渠道。当代大学生利用数字出版物接受文化传播的形式正迎合了当前高职大学生的需求特征并反映了他们的心理特征——懵懵懂懂，时尚跟风，跃跃欲试。在调查对象中，97%的高职大学生每天都通过上网、在线等数字出方式了解世界，接触新鲜事物，感知英美文化，其中68%的大学生用手机或者电脑上网，以双语的形式通晓天下事和身边的事，关注社会和生活。

1.2 英美文化传播也是数字出版物发展的历史使命之一

文化是一个民族的灵魂和精髓，文化的传播以其崭新的文化载体方式——数字出版物推动着科技的进步和社会的发展。数字出版是一项高尚的文化事业，是现代科技发展的产物，比起图书、报刊、音像、电子、网络等出版形式，数字出版物以其信息容量大、中英双语字幕、时间更新快、图文并茂、自由移动方便携带等凸显数字出版物的优点而独占鳌头，深受高职大学生欢迎与认可，而出版物肩负着坚守思想意识形态、传播优秀、经典文化与弘扬正确科学的理论和民族精神，引领时代潮流的历史使命；数字出版渗透文化领域，以其自身多元化影响着文化传播的多元化。在全球化背景下，数字出版物在国家合作与民族交流之间架起了桥梁，促进了国际文化的交流，使每个国家和民族所创造的历史文明为全人类所共享。一方面，数字出版物以其独特的民族性、强壮的生命力走向国际化，将传统文化繁衍生息并继承发扬光大；另一方面，数字出版物对民族的历史和现实进行深刻反思，运用现代意识，超越传统文化，展示出数字出版物的时代性与先进性。

2 数字出版物对英美文化传播的影响

2.1 数字出版物对英美文化传播的影响方面

表2 全国17所院校大学生关注数字出版物内容的情况统计表

高校地域	有效问卷	受数字出版物影响方面				
		世界信息	生活问题	文化	价值观	行为习惯
四川省9所	948	461	427	698	620	493
吉林省2所	210	152	162	192	166	152
山东省3所	297	179	210	221	208	183
湖南省2所	198	114	135	177	172	136
深圳1所	93	78	69	85	82	74
均值		56.36%	57.45%	78.64%	71.48%	59.45%

调查结果显示：90后的高职大学生受电子出版物影响的内容较多，其中影响最大的五个因素分别是文化、价值观、行为习惯、解决生活问题、获取世界信息，具体数据如上表2。根据问卷调查和个别访谈所进行的研究表明：数字出版物对他们的影响较大，既有积极因素，亦有消极因素，也有一些中性因素。

2.2 数字出版物对高职大学生英美文化传播的影响作用

2.2.1 积极影响

首先，数字出版物种类多样，随之传播的文化也是内容丰富、形式多样，填充着大学生的业余生活，开阔了他们的视野，使大学生的知识来源更加多样化、社会化、国际化，[3]如一些英语音译的词汇伐木累（family）、伊妹儿（E-mail）、粉丝（fans）Oh, My Good、Good Heavens（天啊）、酷（cool）、outman（奥特曼）、outwoman（落伍）、"BT（变态）等等都是受数字出版物的影响而流行音译词的产物，将西方文化中国化，将词汇生动化、生活化、多元化，便于他们记忆的词汇，提高学习者的英语学习积极性与兴趣。通过一些电子出版物的电影赏析，深入了解西方文化，进而达到培养语感、提高英语听说能力的作用，一些诙谐幽默的动漫视频以其独特的意识形态与娱乐完美结合，让人们轻松感受英语的魅力，多种感官影响着高职大学生的审美情趣、生活方式和价值观念。

其次，数字出版物有利于文化的兴起与传播。大学生模仿能力强，追求创新，主张理解与反思，重视开放性和启发性，可以借助数字出版物了解当前外国文化的内容与形式，并结合自己的学校生活形成新的具有英美文化特色的校园文化。如在全国接受调查的17所职业技术学院大学生每年都由学院的层面或者系上的层面组织开展英美文化艺术节及英美歌曲比赛等活动，高职大学生以独特的专业视角进行生动的模仿，以创新的方式去演绎圣诞节、感恩节、并把自己表演的节目通过数字出版物的形式传到自己的空间或者直接发送给好友，赢得他们的称赞与认可，彰显了专业特色，促进了英美文化的渗透，促进了大学生正确的世界观、人生观、价值观的形成。一些英美文学的经典酷似一面镜子，在大学生的正确理解下演绎，最直观、最生动地折射出不同时期、不同英美国家和民族的社会生活及文化，发人深思，从中可汲取健康有益的东西。

再次，数字出版物可以在一定程度上缓解学生的心理压力。随着就业、学业等压力的增加，大学生承受着多方压力。数字出版物所带来的新奇内容和大量有趣信息，极大地丰富了大学生的日常生活，缓解了生活中的琐碎和纷扰，如学习、生活中的烦恼可以通过QQ好友或者微信的交流得以倾诉与释然，在数字出版物上面可以查找一些就业创业的信息，拓展了就业空间，也可以通过数字出版物去查找一些适合自我学习及生活减压的方法与建议，开辟了学习、交友、娱乐的新渠道。

2.2.2 消极影响

数字出版物中不乏负面的、虚假的、庸俗的信息，大学生的人生观、世界观还不成熟，这些信息难免会对他们有一定的负面影响。例如，有些数字出版物中的流行文化直接威胁到了大学生在思想素质、道德素质、文化素质和心理素质方面的健康成长，使大学生容易受国外的一些消费主义、享乐主义、个人主义影响，并在学习生活中滋生蔓延，导致大学生审美趣味的钝化、价值判断的错位乃至道德观念的混乱，成天沉溺于网络，淡化人际交往，依赖于游戏，从而形成网络依赖症。

3 数字出版物的思考

3.1 准确分析大学生文化情况

客观合理地分析当前数字出版物对文化传播的影响，是发挥数字出版物积极作用、降低其消极作用的基础与前提。一些人只看到了消极的一面，一直对数字出版物持有否定态度，还有一些人只看到了积极的一面，而忽略了负面影响，这两者都不可取。应该用科学的眼光，利用互联网＋时代带来的机遇发展出版业，尤其是数字出版业，勇于接纳、创新，正视数字出版所带来的挑战与影响，全面推进数字化校园文化建设。

3.2 积极引导大学生阅读优质数字出版物

文化就如同空气一样没有绝对纯净的，世界上也没有纯粹的文化净土，学校与家庭应该加大对高职大学生文化建设的引导力度，用优秀出版读物占据大学生的文化阅读空间，用高尚的精神陶冶大学生的兴趣，培养其评判、鉴别的能力，增加与大学生之间的沟通了解，帮助大学生理性地有选择地吸收国内外的流行文化。学校的老师和家长应该起模范作用，用实际行动教诲、运用身边的正反面典型案例循循善诱，陪同大学生一起欣赏一些正能量的、优质的数字出版物，如一些励志的影视作品，《阿甘正传》等分析出版物里面的人物性格，提高鉴别力和抵制力，尊重大学生的个性，用平等对话的教育理念、启发式的教育方式，给大学生更多自由选择的时间和思考的空间。[5]

3.3 促进发行高质量、有内涵的数字出版物

呼吁社会各界充分发挥数字出版物的优势，发行传播正能量的数字出版物，尽量用双语数字出版物抵制负面的文化对大学生的侵蚀。政府各部门应建立健全的审查监管机制，学校管理部门也需要用先进正能量的文化做引领，号召高职院校老师担负起应有的社会责任来，自觉引领大学生抵制不良文化现象，继而为大学生的健康成长创造出一片明净的文化天空。只有发行高质量、有内涵的数字出版物，与异国文化间进行的交流、碰撞与吸收，取长补短，才能促进不同民族间的相互了解与尊重，才能更全面地理解本民族文化、继承和发展本民族文化，21世纪是"新国际化时代"，跨文化的传播是必然结果。

4 结语

在高速发展的互联网＋时代，数字出版物是当今时代发展的主旋律。要沿着国际化的路线，发行一大批具有中国特色的优秀高雅的数字出版物，传播英美文化，引领和感染大学生，全方位、多维度促进大学生专业化、职业化、社会化发展。

参考文献：

[1] 郑雪. 社会心理学 [M]. 广州：暨南大学出版社，2004.

[2] 盛瑨，张殷博. 纸媒数字化转型中的互联网思维应用 [J]. 出版广角，2015，(15)

[3] 杨莉. 论时尚文化与大学校园传统文化的融合 [J]. 青年探索，2005，(6)

[4] 曾燕波. 当代青年时尚文化的现实表达 [J]. 中国青年政治学院报，2007 (5)

[5] 杨文英. 新媒体时代下青少年阅读的冷思考 [J]. 出版广角，2014，(14)

论新型教育理念与教师文化软实力提升[①]

王泽华

(达州职业技术学院　四川达州　635001)

摘　要：教师文化是高校文化软实力的重要内核，是职业院校核心竞争力的支柱与灵魂。教育理念是教师文化软实力的核心要素，是引领职业院校组织发展的精神动力。本文以基于现代大学制度构建的教育观、教学观、教师观和科研观为立足点，探索了职业院校教师文化软实力提升的路径选择，为职业院校管理者提供了参考借鉴。

关键词：教育理念；教师文化软实力；教育观；教学观；科研观

教师文化有广义和狭义之分，广义的教师文化是指教师在教育实践中形成的为绝大多数教师所认同的教育理念、价值观念、知识技能、语言符号、职业意识、行为习惯、人际关系以及情绪反应等群体行为，其中，教育理念作为教师文化的核心，对教师教育教学活动的态度倾向与行为方式具有决定性影响。[1]而狭义的教师文化，则是指教师这一特定职业群体的教育理念、思维方式、价值取向、态度倾向与行为方式。教师文化软实力是教师在长期的学校文化氛围和职业行为过程中积淀、整合与提炼而形成的独特的价值观念体系和群体意识，包括教师教育理念、价值取向、职业操守、教学文化、学术文化和行为方式六个维度，是教师共同的价值规范与行为规范的总和，是社会文化在学校的折射与反映。

教育理念是指人们对于教育现象（活动）的理性认识、理想追求及其所形成的教育思想、教育认识、教育理想和教育哲学的观念体系，是教育主体的教育价值取向与追求。[2]教育理念是教师文化软实力的核心要素与重要支撑，是教师文化之源、教师专业成长之基和教师行为之魂。树立现代教育理念是大学教师的立教之本、执教之源，是提升职业院校教师文化软实力的首要因素。职业院校要把教育理念作为提升教师文化软实力的重要因素，以教育理念和教育价值观念更新助推教师文化软实力的提升。

[①]　作者简介：王泽华（1976－），男，达州职业技术学院副教授，硕士研究生，研究方向：高职教育。基金项目：本文系四川省教育厅2014年人文社会科学项目《高等学校教师文化软实力研究》（课题编号：14SB0383）的阶段性成果。

1 树立新型的大学教育观,着力提升职业院校教师文化的竞争力

教育观是人们对教育这一事物以及它与其他事物关系的看法,是教育理念的具体化。职业教育观是对职业教育的总体把握和综合思维,是深化职业学校内部管理体制改革的思想源泉。职业院校教师要着眼于高端应用型技能人才培养这一目标,树立系统化的职业教育观、创新创业的教育价值观和顾客中心的教育质量观。

1.1 树立顾客中心的教育质量观

顾客中心是以顾客需求作为一切工作的出发点和落脚点,始终站在顾客立场思考问题,以服务顾客需求、引导顾客需求、改善客户期望、达成顾客满意、实现顾客价值为目标的教育管理模式。在顾客中心的教育质量观视域下,大学生是直接顾客,通过直接消费学校的教育服务(产品)形成具有个人特质的职业道德、职业素养、职业能力和职业行为,提高生活质量和品位。政府和家长是间接顾客,政府发挥其自身的政治职能、公共职能和主导作用,投资培养契合于社会期望的人才;家长履行教育责任和义务,出资为子女提供教育服务。用人单位是职业院校的最终顾客,主要通过职业院校毕业生质量和人才培养规格是否符合企业用人要求、能否为企业创造财富和社会价值两个方面来衡量学校教育教学服务质量。顾客中心的教育质量观蕴含着学校视角下的教育质量观、政府视角下的教育质量观和企业视角下的质量观三个维度,是多样性、层次性以及特色化的教育质量观的反映和体现,其中学校视角下的教育质量观是基于学生个体生命发展、基于社会价值和社会服务能力的质量观,政府视角下的教育质量观是基于政治服务需求、基于国际竞争要求和基于社会服务渴求的质量观,企业视角下的教育质量观是基于资本创造、基于盈利需求的质量观。三个维度的教育质量观互为衔接,互为补充,互相关联,共同构筑了基于顾客中心的三位一体的教育质量观。

1.2 树立创新创业的教育价值观

创新创业教育是 21 世纪教育哲学理念和职业教育观念的核心,由美国斯坦福大学首创,其核心内容是主动创业精神、创业技能和独立创业能力。江泽民同志曾经说过:"创新是一个民族进步的灵魂,国际竞争的实质是知识总量、人才素质和科技质量的竞争。"建设创新型国家,关键是人才,基础在教育。职业院校通过培养具有创新意识、创新精神和创新创业能力的人才服务于经济社会发展,既是建设创新型国家、创新性社会、创新型组织的根本需要,也是建设现代新型大学组织模式——创新创业型大学的内在要求。职业院校教师作为国家创新创业的重要支柱及职业院校创新创业的中流砥柱,在科学发现、知识创新、技术创新中具有举足轻重的作用。建立具有知识、技术与科学创新能力的高水平科研学术团队、建立具有将职业院校创新成果转向市场能力的高水平管理团队,是大学培养创新创业人才的必备条件,是建设创业型大学的首要基础。[3] 职业院校要以培养创新创业型人才为目标,探索聘任创业导师、设立创业基金,开辟创业基地,开展创业大赛,评选优秀创业团队,实施创业项目招标等多样化的组织形式,将创业理论与创业实践有机结合起来,实现从知识传授导向

转向实践能力导向、创新创业能力导向的转变。

职业院校教师作为发掘、培养创新创业型人才的伯乐,要弘扬海纳百川、开放包容的大学精神,倡导独立思考、崇尚个性、鼓励创新、崇尚实践的学习态度和学习精神,营造允许失败、允许试错、允许纠错的创新文化氛围。要坚持以"培养企业家精神、传播企业家精神、教授企业家精神与创新创业人才"为目标,围绕创新创业型人才培养要求,推进教学文化与模式创新、教育内容与课程体系创新、教育方法与手段创新、教育激励与评价创新;注重大学生文化知识的培养、科学道德素养的养成、事业心与开创能力的形成,着力于培育大学生获得"第三张教育通行证"的能力。[4]

2 树立新型的大学教学观,着力提升职业院校教师文化的文化力

教学观是教育者对教学活动、学生学习和知识价值最根本的理性认识与看法,是教育理念的龙头。思想是行动的先导,有什么样的教学观就有相应的教学行为。职业院校教师要立足于生产、建设、管理、服务第一线需求,主动树立职业本位的课程观、研究本位的教师观和学生本位的教学观。

2.1 树立以生立教的教学观

国以教育为本,办学以教师为本,教学以学生为本。学生是学校的主体,能力是学生的社会通行证,是教师的行业认证证,是学校的从业等级证。职业院校教师要把学生作为育人的出发点与落脚点,把培养大学生的创新精神和实践能力作为教育教学工作的切入点及归宿点,把培养大学生的主体意识和促进大学生的个性健康发展作为教育教学工作的基本点,把培养大学生终身可持续发展能力作为教育教学工作的关键点。要把学生生命成长作为教育教学工作的关注点,践行尊重人性、尊重人权、尊重人情的理念,把大学生看成有着主观意志的自己生命的主体,看成是有着自己特定学习与发展方式的自己成长的主体,充分尊重其独立人格与自由意志,充分尊重其思想、情感及意志,充分尊重其在学习内容、学习进程、学习管理等方面自主选择的权利,[5]为培养具有创新意识、创新精神、创新能力的人才营造人性化的育人环境。

2.2 树立以身立教的教师观

教师观是教师对其职业特点、角色以及履行职责所必备基本素质的理解与认识。职业院校的教师应树立以身立教的教师价值观,以身立教是教师教育理念的关键,是职业院校的教师立德树人、为人师表、行为示范的基本准则。职业院校教师要加强思德修养和理论学习,努力培育精深广博的专业素养、精湛娴熟的教学艺术、精巧严谨的教学思维、精益求精的意志性格、精美完善的人格魅力以及精细耐心的人文情怀,发挥身教重于言传的思想引领、行为引导和道德引路作用。要树立以生为本的教师角色观,角色转换是人本主义教育思想在师生关系中的体现与落实,是新时期教育改革对于职业院校教师的基本要求。职业院校教师要立足实际,主动由传统的知识传播者转变为学生学习的组织者、学生知识建构的促进者,主动由权威的教育主导者转化为学生思想的引导者、学生发展的合作者,主动由威严的学生管

理者转化为学生成长的引领者、学习潜能的唤醒者。要积极践行教育综合改革下的人才培养模式，围绕基于工作过程的课程开发和基于行动导向的教学设计要求，主动转变思维，做教学内容的研究者、教学模式的探索者、教学艺术的实践者以及课程开发的参与者，把培养学生的自主学习能力、教学探究能力与合作学习能力作为课程教学的重要目标与任务。要树立服务为本的教师职业观，职业院校教师要适应现代教育改革的形势及要求，自觉转变职业观念，提升思想追求和精神境界，加快实现由把教师职业当作谋生手段的自然境界向"为了年青一代一生幸福而努力工作"的道德境界转变；逐步实现由把教师职业当作谋取名利地位手段的功利境界向"为教育对象服务，将教育教学工作与全人类事业联系起来"的天地境界转变。

2.3 树立职业本位的课程观

职业院校教师要着眼于专业特色、学生特点和行业需求，主动更新教学观念，树立基于职业素质养成的课程教学观、基于职业行为习惯养成的课程方法观和基于职业技能养成的教学评价观。一是树立基于职业素质养成的课程教学观。坚持以企业（行业）岗位能力培养为依据，以能力训练为轴心，强化职业能力培养，引导大学生按照职业岗位要求，整合新旧知识经验，重构知识逻辑体系，培养基于职业情境的行动能力。二是树立基于职业行为习惯养成的课程方法观。坚持以教学环境工厂化为依托，着力实施理论实践一体化教学法，教学、实践、服务一体化教学法，模拟（仿真）教学法，模块式教学法等教学方法，推进课程内容与工作任务一体化、教学情景与工作环境一体化、教师与企业技师一体化、学生与企业员工一体化，提高大学生实践能力。三是树立基于职业技能养成的课程评价观。职业院校要坚持以岗位能力要求为核心，以职业技能考核为重点，构建完善的职业岗位考评体系。围绕学生动手操作能力、分析解决问题能力、创新创业能力培养这条主线，全面实施理论＋技能的模块式考核方式。在理论考核方面，突破传统闭卷方式的限制，积极推广论文与答辩、案例分析、调查报告等开放式考核方式；在技能考核方面，着力实施课程设计、实验设计、动手操作、模拟项目、技能鉴定等多元化的考核方式。在课程综合考核方面，坚持平时作业考核、平时课程学习表现考核、阶段性成绩测验考核、专门设计的课程作业考核与实践性作业考核相结合，确保考核评价方式与专业教学内容、职业能力培养相统一，通过多样化的考核方式，进一步提升教育教学质量及学生综合素质，引导学生养成良好的职业技能。

3 树立新型的教育科研观，着力提升职业院校教师文化的创新力

科研观是职业院校教师对科研工作的基本看法与观点，是教师教育理念在科研中的具体反映。职业院校教师要以科研兴教、科研治教、科研先导为准绳，坚持应用、实用、管用的科研原则，树立应用导向的科研观与引领教学的科研观。

3.1 树立创新驱动的科研观

一要坚持战略引领、产业驱动的科研观。职业院校要坚持以经济社会发展与产业结构转型升级为导向，以社会生产生活实践为源泉，把教师所承担科技成果的社会应用价值、推广

价值、社会经济效益作为重要标准,密切科研与生产、建设、管理、服务第一线的联系,推进产研结合、学研结合、产学研结合,引导教师了解企业先进技术,参与企业技术革新,掌握行业前沿新技术。二要树立人才引领、智力驱动的科研观。职业院校要坚持以人力资源为第一资源的战略思想,以教育质量工程和综合教育改革为突破点,发挥人才的智力支撑和保障作用,建立健全优秀人才脱颖而出的科研管理体制机制,引导教师以高价值的科研成果服务学校议事决策和内部管理。

3.2 树立引领教学的科研观

优秀的教学工作者往往也是优秀的教育研究者,一个拥有雄厚科研实力的职业院校教师,能随时跟踪学科理论前沿,而且拥有科学的思维、研究和创新方法,不仅能够传授学生新知识、新理念、新技能,而且能够教给学生获取知识与创新知识的方法。职业院校教师要想拥有对先进技术、先进理念的发言权,就必须积极开展科研活动,紧跟专业领域前沿动态,主动把握最新研究成果,迅速向学生传授本专业的最新形势和发展趋势,把科研优势转化为教学优势,把科研成果转化为教学成果,实现课堂教学与学科研究前沿的零距离,推动创新型人才的培养。与此同时,"教学实践能够使教师掌握的学术理论更靠近现实,更靠近生活,"[6]职业院校的教师通过教学工作,掌握现代教育理论前沿动态,娴熟运用专业知识,精选教学内容,合理运用教学方法及现代化教学手段,提升教学质量和实效,实现教学引领教研、教研促进科研、科研带动教研的良性循环。

参考文献:

[1] 孟凡丽,李斌. 我国教师文化研究:盘点与思考 [J]. 西北师大学报(社会科学版),2007,44(3):48-49

[2] 韩延明. 理念、教育理念及大学理念探析 [J]. 教育研究,2003,(9):53-54

[3] 曹胜利. 树立创新创业教育的全新价值观 [N]. 中国教育报,2008-3-20(12)

[4] 王军胜. 建设创新型国家需要创业型大学 [N]. 光明日报,2013-03-31(7)

[5] 邢永富. 现代教育思想 [M]. 北京:中央广播电视大学出版社,2001:73-75

[6] 张楚廷. 大学教学学 [M]. 长沙:湖南师范大学出版社,2002:78-79

对高职学院引企入校共建生产性实训基地法律问题的研究[①]

曾 理 陈光泽 冀薇薇

(重庆三峡职业学院 重庆万州 404155)

摘 要：开展引企入校共建生产性实训基地是高职学院深化校企合作、工学结合的人才培养模式改革，提高人才培养质量的有效途径。而共建生产性实训基地的主体资格、学生的实习报酬和人身安全等问题，都会面临法律的调整，因此有必要对引企入校共建生产性实训基地所涉及的法律问题进行研究，从而保障其长效的运行。

关键词：法律视角；引企入校；生产性实训基地

2014 年颁布的《国务院关于加快发展现代职业教育的决定》（国发〔2014〕19 号）中明确指出要深化产教融合，发挥企业的重要办学主体作用，加大实习实训在教学中的比重。而高职学院开展引企入校共建生产性实训基地正是适应高职教育改革发展的需要，深化校企合作、工学结合的人才培养模式改革，提高人才培养质量的有效途径。

1 引企入校共建生产性实训基地的内涵及意义

1.1 引企入校共建生产性实训基地的内涵

引企入校共建生产性实训基地是指由高职院校提供一定的场地甚至是设备，企业提供相应的设备设施、产品、生产技术、生产和人员等，在进行生产经营的同时由双方共同培养技术技能型人才及双师型教师的合作模式。它是学校和企业形成的一个利益共同体，是校企之间的深度合作，投资主体是企业与学校，运作模式为企业化管理的形式。引企入校共建生产性实训基地能够充分实现校企双方的优势互补、资源共享、互利双赢。有助于高职学院及时调整人才培养方向，学生不仅职业技能可得到很大提高，同时也为企业创造经济效益。

1.2 引企入校共建生产性实训基地的意义

引企入校共建生产性实训基地是一种校企之间的深度融合，可以有效地整合企业与学校的资源。通过把企业的设备、工具、文化、任务引入到校内实训场地，学生在教师与企业师

[①] 作者简介：曾理（1974 - ），男，四川开江人，法学硕士，讲师，研究方向为经济法教学。

傅的双重指导下在真实的生产环境中学习职业技能，实现专业课程内容与职业标准对接，教学过程与生产过程对接，从而提高学生的综合职业素质与能力，对于高职教育具有重要的意义。

1.2.1 创新人才培养模式

通过引企入校共建生产性实训基地，可以在以往注重人才培养的普适性基础上，缩短学校人才培养与企业需求之间的距离，立足于行业及企业，实现校企的深度融合，是高职学院人才培养的必由之路。

通过完善及实施专业设置、教学内容、实践教学与社会需求之间的"三个零距离"和"双师"素质培养，以校企合作、工学结合作为突破口，创新了高职人才培养模式。

1.2.2 推进和深化高职教学改革

通过引企入校共建生产性实训基地，高职学院可以依托合作企业，探索工学交替的"教学—实践—再教学—再实践"的循环互动教学模式，根据企业对职业岗位的要求确定课程标准，安排教学内容，并能够及时吸纳新知识、新技术、新设备、新标准等方面的内容，重新构建基于工作过程系统化的课程开发体系，实施以能力为本位、职业实践为主线、工作任务为载体的教学改革。

1.2.3 整合资源打造双师型教学团队

目前高职学院的一些专业教师还仅仅适应于传统的课堂理论教学，而较为缺乏企业的实践经验。通过引企入校共建与生产性基地，学院的专业教师可以实质性地参与企业兼职工作，为企业的发展提供技术支持和服务，从而为企业创造直接经济价值。同时，合作企业往往拥有实践经验丰富的中高层管理人员和基层工作人员，学院也可以聘请当中的代表性人物及技术能手共同参与学院的人才培养，特别是参与专业建设指导、制定职业岗位标准、开发实训项目、指导学生实习实训。企业人员的加入将使高职学院专业教师的"双师"结构日趋合理。

引企入校共建生产性基地能够为高职学院的人才培养质量和师资水平的提升提供很好的环境，但在运行过程中，由于会涉及高职学院与企业的合作、学生的实习等法律问题，必然会面临法律的调整，因此很有必要对共建生产性基地相关的法律问题进行研究。

2 共建的生产性实训基地的法律问题

在目前的实际中，高职学院引企入校共建生产性实训基地主要涉及法律主体地位、劳动法律制度和共建企业的权利义务几个方面的法律问题。

2.1 法律主体地位问题

目前引企入校共建生产性基地的形式按其法律主体地位可以分为法人型基地和非法人型基地两种。

2.1.1 法人型基地

法人型基地主要是由企业出资入驻学校或者高职学院和企业共同出资设立的。其具体体现为公司制法人，是一种依法成立、有必要的财产或经费，有自己的名称、组织机构和场所并且能够独立承担民事责任的法人组织。法人型基地具有独立的民事权利能力和民事行为能力，依法独立享有民事权利及承担民事义务，其产权明晰，能够自主经营、自负盈亏。同时，按照《公司法》的规定，不管是学校出资还是企业出资，出资的财产所有权均需要转移登记到新成立的法人型基地名下，作为股东的学院只须在出资限额内承担有限责任，能够有效地规避法律及生产经营上的风险。

值得注意的是，作为股东的高职学院对法人型基地负有按期缴付出资的义务，其出资义务完成后，即完成了对法人型基地的全部责任，原则上对其债务将不负责任，对外与法人型基地的债权人不发生直接的联系。但作为例外，当出现《公司法》第20条第3款的规定"公司法人人格否认"的特殊情形时，可能引发高职学院股东的连带赔偿责任，对此应当特别注意。

2.1.2 非法人型基地

非法人型基地主要是由高职学院和企业双方通过签订合作协议，约定由学院提供场地，企业负责将生产设备或研发部门搬入学院并派驻相关的技术人员从事生产经营，同时为学生实训提供服务，经营管理费用由合作企业与学院双方通过协议确定份额。非法人型基地作为学院教学资源的组成部分，其资产来源于校企双方的投入。在此类基地中，合作企业只能享有对学院场地和设备的使用权，不得私自转让或作为财产进行抵押及质押；合作期满后双方投入的生产场地、设施设备及生产、办公用品等所有权仍归各自所有。这一点不同于公司法股东的出资，因为股东的出资意味着财产所有权的转移；也不同于普通合伙企业的入伙，因为按照《合伙企业法》第三条"国有独资公司、国有企业、上市公司以及公益性的事业单位、社会团体不得成为普通合伙人"的规定，高职院校是不能作为普通合伙人的，因其不能承担无限连带责任。

非法人型基地不具有民事权利能力和民事行为能力，因此也就不具备享有权利及承担义务的资格。其运行主要依靠合作企业与学校的协议来保障，在运行过程中容易出现法律风险与隐患。它不具有独立法律人格，不能以自己的名义对外独立承担法律责任，而实质上最终由投资人（合伙人）承担其对外经营形成的债务及相关责任。对于该种基地，作为投资人的高职院校需承担相应的法律责任。尽管具有公益性事业单位性质的高职学院只能作为有限合伙企业的有限合伙人，从而只须以其出资额为限对合伙企业债务承担责任，但如果善意第三人有理由相信有限合伙人为普通合伙人并与其交易时，该有限合伙人对该笔交易要承担与普通合伙人同样的责任，即无限连带责任。这对高职学院来说也是一个较大的法律隐患。

2.2 劳动法律制度研究

2.2.1 学生的劳动报酬问题

首先值得说明的是基于学生的身份，这里所研究的报酬并不是劳动法意义上的劳动报酬。对高职学院的学生在共建的生产性实训基地进行工作是否需要支付劳动报酬，应区别对待。

2.2.1.1 在理论和实训课程中进入基地工作的学生

这类学生是根据人才培养方案和课程标准的要求，在专业课程教师的指导下完成相应的学习任务，学习任务与工作任务一般很近似，完成学习任务的成果也就相当于完成了相应的工作，教师往往会根据工作成果的质量来评定学生实习的成绩。因此，学生所完成的工作实质上是人才培养任务的一种延伸，实训基地只是学生学习的场所，因此不需要向这类学生支付报酬。

2.2.1.2 根据基地的生产性利用业余时间进入基地工作的学生

基地可以根据企业实际生产的需要，安排部分学生在实训基地承担一定的工作任务，基地可以根据实际情况酌情给予学生一定的报酬，也可以根据学校的规章制度给学生折算为生产性实习的学分。

2.2.2 实习学生的人身伤害赔偿问题

学生在基地实训过程中尤其是进行设备操作性实训容易导致出现人身伤害的问题，对于其赔偿问题也应该区别看待。

2.2.2.1 学生在教学时间内到基地所导致的人身意外伤害事件

学生在基地内参加技能鉴定、技能大赛、课改项目教学等所导致的人身意外伤害事件的情形与教师在教室上课，学生出现了人身意外情况相类似，其法律关系的当事人只有学院及学生。根据《学生伤害事故处理办法》（中华人民共和国教育部令第12号）和最高人民法院《关于审理人身损害赔偿案件适用法律若干问题的解释》第7条"从事其他社会活动的自然人、法人、其他组织，未尽合理限度范围内的安全保障义务致使他人遭受人身损害，赔偿权利人请求其承担相应赔偿责任的，人民法院应予以支持"的规定，学生在校学习期间学院有保证学生的人身安全的法律义务，因此学校只有在拿出充分的证据证明自己无过错的情况下才能免责，否则就为未尽到安全保障义务，理应承担损害赔偿责任。

2.2.2.2 学生利用业余时间到基地工作发生人身意外事件

如前所述，如果企业支付了一定报酬可以认定为学生在基地进行勤工俭学。而根据劳动部出台的《关于贯彻执行〈中华人民共和国劳动法〉若干问题的意见》第12条的规定，在校生利用业余时间勤工俭学并不应视为就业，可以不签订劳动合同。这意味着学生与合作企业之间并不具有劳动合同关系。根据该规定可知，在勤工助学中学生与企业之间的法律关系不被定性为劳动法律关系，二者之间的法律关系只能是一般的民事雇佣法律关系。而一旦在工作中出现人身意外事件，不能按照工伤事故认定处理，只能适用于《民法通则》和《合同法》的相关规定，这对学生合法权益的维护是很不利的。

2.3 共建企业的权利义务研究

参与合作共建基地的企业有别于一般的生产性企业，应该更加注重教学目的的实现，而不仅仅在于一般企业的营利目的。其要承担起人才培养、师资培训及生产经营的双重任务。

因此，对合作共建企业的权利义务着重点会有所不同，主要有以下几个方面。

2.3.1 合作共建企业的经营自主权

参与合作共建企业的生产经营活动完全由其自主经营、自负盈亏，企业享有独立的生产、经营与管理的决策权，只要企业不利用共建的校内生产性实训基地从事违法性的经营活动，合作的高职学院不得以任何形式进行干预。

2.3.2 对商业秘密权的保护

在校企共同开发课程的过程中，可能会涉及使用企业产品、技术等相关的商业秘密，此种情形下可由合作企业及学院相关专业的教学团队或主讲教师应该就使用范围及承担的保密义务，另行通过签订保密协议以督促双方共同遵守。

特别应该注意的是，学院在对有关技术成果等知识产权的归属把握不准的情况下，又在合同中约定了相关知识产权处分或使用的条款，可能会构成因为无权处分而导致履行不能的违约责任和侵权责任。

2.3.3 人才培养和师资培训的义务

参与合作企业所承担的人才培养及师资培训任务则需接受学院的管理。其形式上可以采用由校企双方联合成立"校企合作协调小组"的机构，负责全面协调、组织、开展合作以解决合作中产生的问题，并在合作期限内定时对企业承担的人才培养任务完成情况与履约情况进行监督、评估和考核。评估中若发现合作任务的目标落实不力、工作不到位、管理不善的，即义务履行不当的经学院研讨讨论，可以对合作企业方提出限期整改、中止、直至解除引企入校合作协议。

3 对于完善共建生产性实训基地的法律建议

3.1 赋予基地的独立法人地位

共建生产性实训基地由于具有经营性的特点，如果法律地位不明晰，其产生的收入、费用等都容易发生混乱，最后导致校企双方纠纷重重，不能顺利地合作下去。让产权明晰的最佳方式是确立基地的法人地位，采用公司制模式运行。这样基地就有了合法的主体资格，具有了相应的民事权利能力和民事行为能力。同时，由于基地具有法人资格，学校出资运营只需要承担有限责任，所以不影响学校正常的教学秩序。

有限责任公司的主体形式是较好的选择，共建生产性实训基地既有基于资本关系的资合性，又有基于信任关系的人合性。一方面，主要通过资本的结合与经营，企业得以设立、生存和发展；另一方面，主要通过人的信任与合作，教学的价值追求可不被忽视或不被偏离，如此，基地才能较好地兼顾企业与教学的双重目的及功能，产教融合才有可靠的基础。

3.2 运用法律手段规避法律风险

结合前述的法律隐患，考虑到高职学院的学生尤其是工科类专业的学生在基地进行设备操作性实训，其面临的各类风险及隐患比较大，同时由于学院与学生之间的关系，学院将不可避免地要承担起学生在基地实习的风险，因此建议从以下几个方面进行风险的规避。

3.2.1 建立协议的监控与风险处理制度

建立该制度主要是针对协议履行过程中可能出现的各类违约情形进行监管、防范与事后处理，以防止违约或者在违约后及时采取有效措施处理有关问题、纠纷，从而尽量避免、减轻或消解所涉及的协议责任。

3.2.2 建立侵权行为风险预估制度

建立该制度主要在于通过预先对生产性实训基地运行中可能存在的各项行为进行侵权责任法、知识产权法、反不正当竞争法等法律上的侵权评价，以此来防范避免相关的侵权法律责任及风险。

3.2.3 高职学院与基地签订实训协议

学院与基地从法律上讲是两个独立的法律主体，可以通过与基地签订实训协议让其适当分担一些风险。实训协议主要是对实习报酬、安全工作、事故责任、投保等事项做出特别约定，特别是对学生在实习期间发生伤亡事故承担责任的问题进行明确约定，以便事后能够进行有效救济。当然，根据合同的相对性原则，这种协议只能在学院与基地之间产生法律效力，并不能对抗善意第三人。

3.2.4 完善保险体制化解风险

目前大部分高职学院学生都参加了学生意外伤害保险，但因其赔偿限额极其有限，考虑到特别是在车间实训的学生，由于不熟悉机械的操作规程，出现人身意外的风险比较大。学院可以为学生结合自身实习情况参加更高赔偿限额的人身意外险或类似的其他险种。另外，建议保险公司也可以与学校、企业合作，推出适合于实训学生这一特殊群体的险种，以防范实训期间的意外风险。作为基地从维护学生、学院和企业的各方合法的利益角度出发，对未按要求参加保险的学生，可以不安排其进行风险性较大的实训。

参考文献：

［1］高慧云．高职院校生产性实训基地运行法律问题探讨［J］．中国现代教育装备，2012（21）

［2］高慧云．论高职院校生产性实训基地的法律地位［J］．中国职业技术教育，2012（33）

［3］刘志慧．生产性实训学生人身伤害赔偿责任问题研究［J］．长春教育学院学报，2014（19）

［4］刘毕贝．高职院校教学企业法律主体形式的选择［J］．广州职业教育论坛，2013（10）

［5］高蓉．高职院校校内生产性实习实训基地建设模式探索［J］．中国林业教育，2011（29）

［6］陆勒丰．校内生产性实训基地建设与运行管理机制的探索实践［J］．职业教育研究，2010（7）

浅谈高职院校英语阅读教学
——以英文文学作品为载体

杨国兰

（重庆工贸职业技术学院　重庆涪陵　408099）

摘　要：时代的发展对高职学生的英语素质提出了更高要求。本文分析英语教学现状，讨论阅读英文文学作品在英语教学中实现的可能性，提出了阅读英文文学作品教学的方法。阐述了高职学生阅读英文文学作品与英语教学相结合，是符合英语教学要求及高职学生情感态度与实际需求的。

关键词：英语教学；英文文学；作品阅读

随着时代的发展，高职学生的英语素质要不断提高，才能满足社会发展的要求。英语教学的目的在于满足学生情感态度、心智发展需求和个人知识技能学习与未来发展的需要。同时，也要满足社会发展对于人才培养的需求。因此，英语教学具有人文与社会的双重意义。英语教学的真正意义是培养、发掘优秀人才，培养国家和社会所需的人才。然而，在英语教学中，出现了教与学不符的难题，培养的高职学生英语实用能力不能满足社会及用人单位的需求。

1 英语阅读教学现状

1.1 教学方式传统

教师为了学生能够考出好成绩，教学中常常使用"填鸭式"和"满堂灌"的教学方式教导学生，这种传统的教学方式教学效果不佳，使学生所学不能所用。

1.2 阅读效率低下

多数学生认为英语阅读是英语学习的短板。由于阅读能力较弱，阅读一篇英语文章，学生难以理解文中大意。希望老师选取适当的英文文学作品教学，提高英语阅读能力。有的教师在英语阅读教学过程中，过度强调英语语法、词汇、句型等内容的教学，使学生不能真正感受到阅读的快乐，他们就不能从阅读中学到真正的知识。

1.3 知识介绍粗略

有的教师在英语阅读教学过程中，对西方的文化背景及西方知识讲解粗略，对英语文化背景知识的讲解的频率与深度不够，忽略了学生真正的情感态度及求知需求。

1.4 忽视分层教学

有的教师在教学过程中，不能根据学生英语水平的高低进行分层教学或因材施教，也不能为学生选择最佳的学习方式，造成在现实教学中学生所学的英语不能应用，是哑巴英语或形式化的英语。

2 英文文学作品阅读在教学中的优势

2.1 激发高职学生求知欲

教师在教学中，适当引导和鼓励高职学生阅读合适、有趣的英文文学作品，以加强高职学生的好奇心及求知欲，为高职学生导向英语学习。将阅读英文文学作品作为学习方式与手段，构建英语教学的一个新空间。

2.2 扩大高职学生知识面

本文所指英文文学作品是指英文原著。它们真实、权威，具有极大的阅读与参考价值[1]。英文文学作品跨越时空间隔，内容包罗万象，主题、题材丰富，形式多样，涉及到社会、政治、经济、文化、生活等方面；真实地道的语言环境有助于培养高职学生的英语思维和语言表达能力，实现地道的语言输出与流畅表达。阅读英文文学作品可增加高职学生的阅读量、拓宽其知识面，使其阅读能力得到提高。

2.3 树立良好的"三观"

"三观"是指世界观、人生观和价值观。一部优秀的文学著作字里行间渗透出的完整而良好的世界观、人生观和价值观，有利于高职学生"三观"的正确形成与提高，作品中主人公优秀的人格是高职学生正能量的来源之一。

2.4 提高高职学生文化素养

英文文学作品中浓厚的文化气息，有助于提升高职学生的整体文化素养。因此，高职学生阅读合适的英文文学作品，能够满足高职学生的兴趣和情感需求，丰富课堂教学的趣味性，为高职学生将来的学习与发展打下坚实基础。同时，高职学生的文学素质与人文修养也在阅读过程中得到了提高。

3 英文文学作品阅读与英语教学结合的可行性

3.1 理论基础

上世纪80年代美国著名学者Krashen（克拉申）提出了语言输入理论，他认为，在第二语言的学习过程中，语言输入是第一性的。阅读是语言输入的重要方法与手段之一[2]。输入信息的可理解性、趣味性、非语法程序安排及足量等特点决定着输入的有效性。教学过程中选取适当的文学作品进行阅读赏析教学，便是有效性输入的重要方式之一。i+1原则是Krashen（克拉申）的语言输入理论的语言输入原则，其中学习者现有水平为"i"表示，"i+1"表示略高于"i"的水平。高职学生有较好的学习基础，拥有3000个左右的词汇量和300-400个习惯用语或固定用语。因此，根据i+1理论选取合适作品给高职学生阅读是可行的。

3.2 英文文学作品阅读教学方法

3.2.1 多读可提升高职学生阅读能力

教师在教学过程中，要引导并鼓励高职学生不断阅读合适的英文文学作品。多读能够扩大高职学生的视野，不但能使其在英语考试中考出好成绩，而且还能逐渐完善自己的"三观"。在教学中培养高职学生多读文学作品，以提高高职学生阅读能力与提高高职学生的英语能力是一致的。因为高职学生的英语能力在阅读、欣赏英文文学作品的过程中得到锻炼和提升。多背单词、多学语法、多做题的机械学习方式，无法把握文字准确含义和作者意图。只有多阅读英文文学作品，才能理解文字所表达的情感、意图、意境和美。如：美国电影《阿甘正传》的一句台词：Life is a box of chocolate, but you never know what you are going to get.。如果不能洞悉其背后的文化，是不知道在美国，一盒巧克力中每一块的味道都是不同，就难理解话中深义。所以，泛读是了解英美文化的窗口，高职学生只有多读，才能学到地道的英文表达。

3.2.2 适合的作品提高高职学生阅读兴趣

教师在英文文学作品材料的选择上，要选择适合高职学生阅读的作品。作品应选自英美原文或原著，注重趣味性和信息性，题材要广泛，内容要丰富，如一些简单易懂的诗歌、戏剧、小说名句篇章供高职学生学习及欣赏。如：

To be or not to be, that is a question. ——《哈姆雷特》

Let life be beautiful like summer flowers and death like autumn leaves. ——《飞鸟集》

A man is not made for defeat. A man can be destroyed but not defeated. ——《老人与海》

这些名句语言朴实、简单易懂，但却富含极为丰富的人生哲理及深层含义。选取此类文学作品供高职学生阅读，其意义是深远的。实现有趣学习与有意义学习的结合，拓展知识面，同时培养文学素养与人文素养[3]，实现寓教于乐、寓学于乐。

3.2.3 阅读中注重英语语言知识的输入

教师在阅读教学过程中，要重点突出语言知识点的输入，要求高职学生反复练习语言知识点，增强他们的注意力。在教学课程的设计中也要为高职学生创造语境，使用这些语言知识点，促进语言的习得。语言知识的输入要教师了解高职学生的现有英语水平情况，就是语言输入理论中的（i）。在授课过程中，教师要把握好新信息的输入量，重复较难的关键词，观察高职学生的表情，使其接受反馈信息并积极做出应对。教师的输入信息量应尽可能地接近于班上多数高职学生的英语水平，也就是（i+1）。

3.2.4 阅读中英文泛读与精读结合

精读是通过对英文材料的深入分析、理解和记忆，准确地掌握英语的基本知识和使用规则，再通过对所学过知识的反复操练，提高熟巧程度，进而培养与提高高职学生的英语应用能力。精读重在精确理解词汇、语法、习惯表达和英文思维模式，是为了让高职学生学好语言本身。而泛读是扩大高职学生输入的重要渠道，重在积累词汇和习惯的表达，使其深入了解英美文化，是让高职学生吸取英文文学作品中他们感到有用和有趣的信息。泛读作为辅助语言输入阅读材料，不但能够使高职学生的学习更有趣，而且能够使知识的掌握达到潜移默化的境界。如果泛读材料能够达到让高职学生学习有趣、高职学生所学知识能够达到潜移默化的境界，那么高职学生英语学习的积极性就会大大增强，他们就会自觉地去使用甚至去寻觅这些英文文学作品。在教学中将泛读与精读相结合，高职学生会不知不觉地获得并巩固其语言知识。

如：喜欢音乐的同学对R&B（Rhythm and Blues：节奏布鲁斯）或OST（Original Soundtrack：电影原声大碟）这样的缩写表达不会感到陌生，这是因为高职学生在泛读英文音乐文章时，了解到了一些专业词汇，从而扩大了自己的词汇量。

又如："With the help of his teacher, the naughty boy has realized his mistake."，本句含有"with + O +Oc. 结构"做方式状语的知识。这种句式又称"独立主格结构"。Our house would be white with trees around it, …。由"名词/代词 + 非谓语形式"也为"独立主格结构"形式。教师在阅读教学中就要做到将泛读与精读相结合进行讲解，先分别说明其能在句中作原因、地点、条件、方式、目的等状语，再做进一步的拓展练习。告诉高职学生这种表达法作为一种常用的高级英语表达法，是高职学生必要具备且要灵活运用的一种能力。

3.2.5 选择合适的背诵材料

根据Krashen（克拉申）的输入假说，语言习得必须要通过语言输入来完成。没有大量的输入，习得就成了无源之水，无本之木。在语言输入中，Krashen（克拉申）还强调了"可理解的输入"（Comprehensible Input），即："i + 1"的输入量。也就是说，从难度上讲，所选输入材料应略高于高职学生现有的外语水平，而且这些材料是高职学生能够理解的，过深过浅均不适合。再从所涉及的题材看，背诵材料应当注重内容的趣味性、现实性与实用性。这样的材料能够吸引高职学生，容易调动其背诵兴趣。还有，背诵英文文学作品不应过长，应循序渐进，否则高职学生很容易产生厌烦情绪。英文文学作品应以英美原文为佳，以确保高职学生学到的是地道的语言。

如：Three Days to See—《假如给我三天光明》；Companionship of Books —《以书为伴》；If I Rest, I Rust—《如果我休息，我就会生锈》；What I have Lived for—《我为何而生》；When Love Beckons You—《爱的召唤》；Be Happy—《快乐》等。

3.2.6 创设情景多渠道输入

英语情景的创设会减少高职学生利用母语进行心译的过程，加快与客观事物建立直接的连接，从而真正培养高职学生的交际能力。在教学过程中，老师应给高职学生创设多种输入的情景。许多学校都使用多媒体教学和网络教学来扩展英语的输入途径。通过多媒体的教学和网络上的广泛资源，教师应指导高职学生正确利用各种输入途径，更好地创设出丰富的语言输入环境，与英语教学课堂教学相结合，更好地实现"理解性输入"的足量性与交际性。[4] 如：前不久日本发生了地震，我国也发生过汶川地震、雅安地震等。这一话题是高职学生感兴趣且非常关注的事件，教学中应就其创设情境来发挥高职学生的想像力、创造力和思维能力。What will you do and what will you see, when you are studying in the school and the earthquake happens and how to survive from the earthquake. 在这种创设的情境中，高职学生参与积极性高，表现欲望强，所学英语知识得到了应用，可提升高职学生综合运用语言的能力。

3.2.7 培养良好的阅读习惯

良好的阅读习惯同样能够促进高职学生英语能力的提高。教师在教学中，不能忽视培养高职学生的阅读习惯。要让高职学生仔细规划自己的时间，并充分利用好自己的时间进行阅读。如：教师让学生设定一个英语阅读的目标。目标是每周读几篇英文文学作品，或每天坚持阅读30分钟等。因为阅读能力的提高是没有捷径的，只有一次又一次地反复练习。养成了良好的英语阅读习惯，英语水平自然也会慢慢提升。

总之，英语教学过程中适当讲解文化背景知识和阅读英文文学作品是符合英语语言教学目标的。[5] 英文文学作品的阅读及赏析与英语教学过程相结合，既可满足英语教学和高职学生情感态度发展需求以及个人及社会未来发展对英语的要求，也能够解决教学现实中教与学不符的难题，改善英语教学的现状，从而提高高职学生英语语言的交际能力。

参考文献：

［1］王振强，王艳琼. 新课程理念下高中开设英语文学欣赏课的探究［J］. 基础教育外语教学研究. 2006，12

［2］Brown, H. Douglas. Principles of Language Learning and Teaching［M］. San Francisco State University. 1941：294－299

［3］张春开. 浅谈英美文学在高中英语教学中的渗透［J］. 英语教师. 2012,（4）：9－12

［4］李赟. 语言输入理论与英语教学

［5］于萍，陈雪. 高中英语教学中文学文化内涵的导入及策略研究［J］. 吉林省教育学院学报. 2014，06（30）：92－93

高职院校《高等数学》课程的素质教育思考①

陈国栋

（重庆工贸职业技术学院　重庆涪陵　408099）

摘　要：数学素质是高职院校理工科类及经贸类学生素质教育的重要内容之一。《高等数学》教学对大学生数学素质的提高主要表现在两个方面：《高等数学》是学生掌握数学工具的主要课程，是培养学生理性思维的重要载体。因此，《高等数学》的教学改革必须要紧紧围绕高职教育专门人才的培养目标与自身特点进行，在理论和实践两方面不断探索，重视实践教学，大胆改革，高职数学才能更好地为高等职业教育服务。

关键词：高职；高等数学；素质教育

1 开展《高等数学》素质教育的必要性

《高等数学》是一门理工科类以及经贸类专业大学生必修的重要基础理论课，对学生后续专业课程的学习和思维素质的培养都起着不可替代的作用。长期以来，一成不变的教学方式与相对陈旧的教学内容已经无法满足各学科的发展及新时期信息技术、多媒体变革对于数学的要求。数学教育是素质教育的重要组成部分，为了实现培养"基础理论适度、技术应用能力强、知识面较宽、素质高"的有一定创新能力的高技能人才目标，提高高职院校学生的综合素质，必须要对《高等数学》课程教学进行改革。

《高等数学》课的教育对象是大一新生，这些刚从中学跨入大学校门的新生，由于受中学传统"应试教育"的影响，绝大部分学生都习惯了传统的以传授知识为主的"填鸭式、满堂灌"的教学方法，适应了机械的、分类式的题海战术训练。而且中学教育在教学上以老师为主导，导致学生的依赖性强，缺乏自学能力，缺乏独立思考解决问题的能力，因此，这部分学生就不能适应大学的学习方法，导致学习兴趣下降，学习积极性不高，学习主动性不够，学习效果差。面对这种状况，数学教师必须要顺应由应试教育向素质教育转轨的潮流，强化《高等数学》课程的素质教育。

---

① 作者简介：陈国栋（1974－），男，重庆市垫江县人，数学讲师，研究方向：高职数学教学。

2 改革数学教学模式，强化数学教学改革

《高等数学》经过300多年发展，已成为一门成熟的基础学科，但是随着科技的不断进步以及信息化时代的来临，传统的数学教学模式也受到巨大冲击，数学教学体系及手段也必须与时俱进加以改革。

2.1 修订教学大纲，强化《高等数学》教学在高职教育中的实用性。

2.1.1 合理修订教学大纲，取舍教学内容

现行的高职高等数学教材，没有对数学广泛的应用价值给予足够重视，实际应用问题比例过少；其次，非数学的背景材料比较简单，数学结构浅显易见，数学化很直接，如在经济类高等数学教材中，学生只能于书本上看到大堆的数学定理公式，经济应用只涉及到几个孤零零的概念，实际应用问题涉及领域太窄，不能体现数学在现代生活诸多方面的广泛应用。如何从数学应用的角度，从培养学生的数学应用意识及能力入手，高职数学教材在体系及内容上都必须进行重大的改革，合理设置教学内容，要根据不同专业的需要，在不违反认知规律的前提下重新整合教学内容。高职院校面临着学制短、学生基础差的特点，想要做到内容面面俱到是不现实的，应该按照专业课教学的基本要求，分专业按需进行取舍，做到教材的细化。可以将高职数学的课程体系结构分为以下几部分：（1）基础模块。主要讲解一元微积分内容。(2) 扩展模块。主要是线性代数、概率统计、常微分方程、级数等，这是各专业的不同要求。可分专业按需选择其中的部分内容进行教学。(3) 专题模块。主要是数学实验和数学建模，通过现代教育技术介绍数学在现实生活中的应用。对于数学中的基本概念要尽量从学生熟悉的生活实例或与专业相结合的实例中引出，做到数学与专业、生活的紧密联结。对于计算与理论部分只需重点介绍基本公式和基本方法，不加证明地引出结论，突出对结论的应用。这样可以节省教学时间，达到教学的目的。

2.1.2 与时俱进，选用适宜的现代教学方法

随着现代科技的迅猛发展，多媒体教学已成为一个新兴的、常态化的教学手段。为了更好地适应新的形势和社会发展的需要，采用适宜的现代化教学手段，是切实提高高等数学教学质量的关键。

在传统的高等数学教学中，对极限的思想、微元法的思想、研究空间曲面的截痕法等内容，老师只能告诉学生"就是这样"，受限于课堂时间限制及技术手段限制，教师在黑板上无法于较短时间内形象直观地显示出来。而现在利用多媒体技术和数学软件强大的运算、作图、动画功能，函数极限过程、空间曲线和曲面的图形都能得到直观、生动、形象的演示了。通过作图的方法使学生了解到一些在高等数学中涉及的函数变化的过程，可用动态图形向学生展示函数极限的逼真直观效果，使数学教学不再是枯燥的黑板加粉笔式的从理论到公式的推导及演算，把抽象思维及形象思维紧密地联系起来，方便学生的理解。

在讲解函数极限概念时，不妨舍去工科教材沿用了几十年的 $\varepsilon-\delta$ 语言，代之以定性的、通俗的描述性定义。因为对于高职高专的学生来说，对函数的极限概念有一种感性认识，建

立一种极限概念、思想也就足够了。在引入向量的坐标表示式时可回避向量的射影定理,从向量概念、向量的线性运算直接过渡到向量的坐标表示,清晰明朗。再如对中值定理内容的讲解处理,可先从几何意义角度介绍柯西中值定理,紧接着讲解该定理的应用——洛必塔法则;作为柯西定理的特例,介绍拉格朗日中值定理和洛尔定理,最后拉格朗日中值定理的应用——函数单调性的判别及极值。

例如对导数概念的介绍,可以选择从变速直线运动的瞬时速度、平面曲线切线的斜率等物理几何实际问题中抽象提炼出导数概念,再用这一概念剖析解释其他领域的变化率模型,如电流强度模型、化学反应速度模型等。采用这种引入方式使导数概念显得更加丰富生动而"接地气",从而使数学教学的目的不仅在于传授数学的知识,更在于培养学生应用数学的意识及能力。

2.2 尊重教学规律,保证教学质量

2.2.1 激发学生的学习兴趣

首先要让学生明确学习高等数学的重要性。《高等数学》是培养学生逻辑思维、精密运算的重要手段,是学习运用其他科学技术的基础,对于学生今后的学业的深造,如专升本、考研等方面更是举足轻重。在教学中,老师要讲清楚所学内容对后续课程及专业课程的作用,帮助学生了解高等数学的重要性,变被动为主动,以此激发学生对数学课程的浓厚兴趣,使其产生强烈的求知欲望。

2.2.2 抓好学生的基础训练

应用高等数学于实际,其最终目的是为了了解所研究对象之间的数量关系,在这个意义上讲应用数学最终归结为计算,因而培养计算能力,从来都是数学教学培养的基本能力之一。在教学实践中,教师要认真具体地抓学生的基本训练,即要求学生对所学内容会读、会写、会算、会讲,认真批改学生的作业,要求学生字迹工整、解答简明正确。

2.2.3 提高学生运用数学知识解决问题的能力

高等数学课的素质教育要重视培养大学生的创新能力、实践能力和创新精神。为此目的,教师在讲解系统的理论知识的同时,要注重理论与实践相结合,尽可能将所学知识与各专业内容挂钩,多举些与专业相关的例子,让同学们学以致用。可鼓励学生多参加实践活动,例如,参加数学建模班、网络培训班等的同时还应培养学生坚韧不拔的学习毅力,具备了这些良好素质,任凭遇到什么样的困难都能知难而上,可以适当增加数学建模的有关内容。对于高职学生来说,数学是一种工具,通过简单的数学建模训练可以告诉他们怎样把实际问题翻译成数学语言并利用数学工具来解决实际问题,从而增强了对学生应用能力和创新能力的培养,让他们能够体会到数学在实际应用中的作用。

从高职以高等技术应用性人才为培养目标出发,高等数学教学要以应用为目的,把培养学生应用高等数学解决实际问题的能力与素养放在首位。为此,我们就需要对我国传统的高等数学教学模式进行适当的取舍与更新。我国传统的高等数学教学重视演绎及推理,重视定理的严格论证，然而从应用的角度讲，需要的往往不是论证的过程，而是它的结论。因此，我们主张对于高职而言，在高等数学教学中应淡化严格的数学论证，强化几何说明，重视直观、形象的理解，把学生从繁琐的数学推导及不具一般性的数学技巧中解脱出来。

3 采取灵活的教学评估方式

考试是教学的一个特殊环节，它是检查教学效果的一面镜子，也是指导学生学习的指挥棒，教师怎样考，学生也会怎样学，它直接影响到了学生的学习方法与学习态度。合理的考核形式既可以全面、准确地反映学生的学习效果及老师的教学质量，又可以引导学生进行科学的学习。传统的教学评估方式几乎皆采用"以知识的了解程度为核心"的闭卷考试形式，其命题也多偏重于单纯的知识机械记忆与运算方面，这种形式容易使学生陷入到"题海战"当中，不能真正反映学生对知识的理解并掌握情况。

高职院校的数学考试应不同于高考中的数学考试，也不同于研究生入学考试中的数学考试，它的主要目的是为了评价学生对数学基础知识的掌握情况以及利用数学方法解决实际问题的能力情况，因此可以尝试按照以下方式进行操作。将学生的总评成绩分为三块：一是平时成绩，包括出勤率、平时作业、提出问题和上课发言情况；二是应用能力成绩，包括建立数学模型、研究性问题调查报告等。针对高等数学中某一自己认识较深或较感兴趣的问题，抒发自己的见解（当然，也可以视情况，由教师指定专题），两方面相结合对学生高等数学的学习成绩给出一个合理的评价。倘若他们认真而不是敷衍地完成该门课程一篇有见地的学习体会文章，或许在今后较长的一段时间内，甚至可能在一生都会记住这一经历与结果，而其中的启示与教益会让他们受益终身；三是闭卷考试成绩，这部分以考核学生基本概念、基本计算能力为主，按传统的考试方式限时完成。

李岚清同志曾指出："实施素质教育，要从观念抓起"。不论是教育者还是受教育者，都必须转变把职业教育看成是就业教育的观念，确立以职业素质教育为核心的现代职教观。要充分认识到职业教育为学生提供的只是一个走向社会的起点，而不是终点。作为一名高职数学教师，更应转变传统的教学观念，以为国家培养高素质、高技能人才，提高整个民族的综合素质为己任，要不断地学习、总结经验，不断提高自己的综合能力，在自己力所能及的范围内做出更多的贡献。高职数学教学改革迫在眉睫，任重而道远，只有大家都投入到这项改革中来，使学生学得快乐，学得有用，才能更好地发挥数学在高职生能力培养中的巨大作用。

参考文献：

[1] 徐利治. 关于高等数学教育与教学改革的看法及建议 [J]. 数学教育学报

[2] 杨宏林. 丁占文等 关于高等数学课程教学改革的几点思考 [J]. 数学教育学报

[3] 刘立国. 谈高等数学教学中的素质教育 [J]. 赤峰学院学报（自然科学版）

[4] 孙丽. 在高等数学教学中实施素质教育的思考 [J]. 辽宁教育行政学院学报

[5] 《高职教学评价现状分析》,《职业教育研究》. 2007 年第 12 期

基于优秀身体素质学生引领和带动下体育课教学模式的探索与实践

韩 英

（重庆工贸职业技术学院　重庆涪陵　408099）

摘　要：体育在职业生活或者职业教育中已成为其有机组成部分，本文研究了优秀身体素质学生的来源及选拔途径，给出了优秀身体素质学生的培养方法，对拓展体育课堂教学的内容进行了探索与实践，对优秀身体素质学生引领和带动下的体育课教学模式进行了总结。

关键词：身体素质；学生；引领；模式；探索

高职院校学生综合素质的培养和提高，要通过多种途径与多种方法进行，专业教育是学生综合素质培养的基础，专业技能训练是高职院校培养学生专业素质的根本，也是高职院校学生综合素质的核心内容；体育社会功能的扩展与延伸已日益成为现代人生活不可缺少的部分，体育教育的发展在人类的教育事业中也发挥着越来越大的作用，体育在职业生活或者职业教育中已成为了其有机组成部分。在我国高职院校学生的培养中，体育教育也成为有效的方法和手段。[1]

我院自2006年建院以来，三年一个台阶，五年一个跨越，实现快速发展，秉承"能力为本，就业为先，全面发展"的办学理念，实施教职工教书育人、管理育人、服务育人与学生的自我教育、自我管理、自我服务相结合，培养专业有特长、就业有优势、创业有能力、提高有基础、发展有空间的技术技能型人才。学院把对学生的全面教育与发展作为重中之重，十分重视体育设施的建设，在原来400米标准运动场，50米游泳池，3块室外排球场，7个篮球场，3个羽毛球场，9个乒乓球场的基础上，近3年又相继建成了篮球、排球、羽毛球等室内场馆，这些硬件设施的投入使用，无疑为体育教学、比赛和健身等活动的开展提供了强有力的支持与保障。

1 优秀身体素质学生的来源及选拔途径

随着我国高职教育的迅猛发展，高职学生已经成为大学群体中的一个重要组成部分。从高职学生的个人及家庭的基本情况来看，有43%的高职学生来自农村，家庭经济状况一般，独生子女占学生总数的52%。大部分学生身体素质良好、精力充沛。[2]在教学实践中，我们从以下五个方面对优秀身体素质学生进行选拔。

1.1 体育特长生

学院非常重视优秀身体素质学生的招生工作，加强招生人员与高中相关教师及学生的联系，增进相互了解，在每年申报单招计划时，都要保留一定数量的体育特长生招生名额，对体育特长生的专业要求也较为宽松，涵盖了田径、球类、武术和游泳项目等。

1.2 体育院校落选生

由于我国体育院校的招生人数有限，条件又较为苛刻，尽管一些学生体育科目分数较高，但是由于文化课分数不够，进而与体育本科失之交臂，与体育专科院校相比，为了学到一技之长，这些学生更愿意到职业院校来学习，这一趋势无形当中为高职院校获得了较好的体育优秀学员资源。

1.3 通过新生学籍档案筛选

学院体育教研室与招生、学生管理部门积极配合，每年在近3000新生学籍档案中搜集相关信息，统计优秀身体素质学生的信息材料，再进一步建立优秀身体素质学员信息表，为进一步挖掘、使用、培养这些优秀学员提供线索与参考。

1.4 运动会选拔

一年一度的全院运动会和球类运动会，是全院学生施展体育才华的良机，优秀身体素质学生将会脱颖而出，通过搜集、整理各个赛项的成绩，记录优秀学生的相关信息，对优秀身体素质学员信息表进行补充。

1.5 学生社团组织推荐

学院现有学生社团组织十多个，特别是武术、柔道、游泳、棋类协会，"暗藏"着各类体育活跃分子，通过学院团委、学生会等渠道，可以发现一定数量的优秀身体素质学生，同时，像武术、柔道、游泳、棋类这些体育项目的挖掘，对今后体育教学内容的拓宽也提供了便利。

2 对优秀身体素质学生进行重点指导

优秀身体素质学生运动基础好、素质高，对体育教学中的新技术动作掌握得快，对这些同学，教师应当提高标准和要求，增加技术难度。在优秀身体素质学生掌握了技术要领后，让他们辅导接受能力较差的同学，再起到引领和带动作用。在教学工作中，我们采取了以下四个方式：

2.1 学生自我管理

体育课堂采取"多体委制"，即在一个班级内，由任课教师任命3-5名体育课堂负责人，由这些体育课堂负责人"轮流坐庄"，协助体育教师完成教学工作，特别在体育器材领送、准备活动、课堂管理等方面，以体育课堂负责人为主，组织班级同学完成，培养学生独立工作的能力，实现自我管理。

2.2 采取小组学习方式

每个教学班分成4-6个教学小组，小组负责人由优秀身体素质学生担任，其职责是辅导组内学生巩固、完成技术动作要领，带领本组与其他各组进行比赛，及时向老师反馈各组学习与活动情况。

2.3 对教学内容进行课后延伸

各种技术动作要领往往不能在课堂上完全掌握，需要课后的反复练习才能达到，在这种情况下，教师给出任务要求，在小组负责人的带领下，于课余时间完成任务要求。

2.4 实施教学监督检查、评价、激励

每个教学小组学完成技术动作后，教师要检查、指导学生的掌握情况，对每个小组及个人做出评价，对完成好的小组及个人给予适当加分的奖励。

3 拓宽选修范围

回顾我国近代体育教育的历史，体育教学的目的实质上就是以国家利益为第一，淡化或者忽视了个体的体育需求，在教学实施中教学内容较为单一，教学手段是强制性。随着改革的不断深入以及市场经济的初步建立，整个社会的方方面面都较历史上的各个时期更加注重个体的需求，在这样的条件下，过去的体育教学模式显然不能适应当前新形势下的学校体育教学。[3]在实际教学中，我们做到了以下三个方面：

3.1 为学生提供锻炼场地

为了给学生提供良好的体育锻炼条件，我院制定了体育场馆管理制度，网球场、游泳池、篮球馆、羽毛球馆、乒乓球室等对学生全面开放，进一步丰富了学生的课外体育活动生活，同时也使我院的体育场馆使用效率得到了提高。

3.2 增加大众化项目

为了达到终身体育的目的，在体育教学中适当增加羽毛球、乒乓球、体育舞蹈、健美和太极拳等大众体育项目教学内容，加强这些运动项目基本动作要领的学习，营造良好的体育锻炼氛围，增强学生的学习兴趣，为其将来走向工作岗位后也能够持续健身运动奠定了良好基础。

3.3 重视参赛与交流

学生的运动成绩需要检验，运动技能需要交流提高，每学期我院都要组织校内外进行数十场比赛，这项工作已经常态化，其提高了学生竞技水平，开拓了视野，同时，也为我院知名度的提高起到了一定作用。

4 实施优秀身体素质学生引领和带动下体育课教学模式的效果

自实施优秀身体素质学生引领和带动下体育课教学模式以来，我院体育教学、赛项和全员健身活动有了明显好转，其表现在：学生对学院体育活动的开展满意度提高，身体素质普遍提高，对终生体育理念的认识更加深刻。近3年来，在我院参加的各类比赛中，获得重庆市高校女子排球一次冠军和二次亚军及男子排球二次第三名，男子篮球获得一次第三名，女子乒乓球获得二次团体第二名，获得一次女子双打第一名，混双第一名，男子双打第二名，男子单打第二名,女子单打第三名,重庆市大学生运动会男子200米第一名,铁饼二次第一名,一次第二名,110米栏第一名,跳高第三名,女子400米第三名。据麦克思2013年度报告显示:我院学生综合素质在同类高校中评价较高,社会认可度较高。我院通过走访、问卷、座谈、电话等方式对部分用人单位进行了调研,用人单位认为我院培养的学生思想素质高,技术过硬,在工作中吃苦耐劳、勤学好问、上进心强,对毕业生的综合素质、专业技术、工作业绩、创新能力以及整体评价高,满意度达90%以上。以上成绩的取得,与实施优秀身体素质学生引领和带动下体育课教学模式是分不开的。

5 总结

高职院校有良好的体育"学苗",体育教学工作者应当把握"学苗"优势,积极探索体育教学规律,善于发挥优秀身体素质学生引领及带动作用,积极探索优秀身体素质学生引领和带动下的体育课教学模式,为实现高职学生全面发展,使其更好地适应劳动技能型岗位做出了应有贡献。

参考文献:

[1] 毛晓峰. 体育教育在职校学生素质中的作用 [J]. 体育教育,2012 (4) 12-14

[2] 赫欣瑶. 高职学生素质调查状况与分析 [J]. 辽源职业技术学院学报,2011 (9) 7-9

[3] 林星. 快乐体育思想在高职高专体育教学中的实施 [J]. 教学研究,2013 (4) 169

"互联网+"与新媒体对青少年思想道德建设的影响[①]

龚 略

(黔西南民族职业技术学院 贵州兴义 562400)

摘 要:2015年是"互联网+"的发展之年,随着"互联网+"与新媒体的快速发展,其很大程度地改变着青少年的日常生活方式和学习方式。利用互联网工作学习和生活已经成为许多青少年的常态,新媒体广阔的信息资源及信息交流的便捷性为当前的青少年思想道德建设提供了全新的环境与良好的契机。运用"互联网+"与新媒体丰富了青少年思想道德建设的形式,增强了青少年思想道德建设的自由性,打破了青少年思想道德建设的局限性,推动了青少年思想道德建设的开放性,同时也为青少年思想道德建设搭建了广泛的交流平台。

关键词:"互联网+";新媒体;青少年;思想道德建设

2015年是"互联网+"的发展之年,在十二届全国人大三次会议上,李克强总理在政府工作报告中首次提出"互联网+"行动计划。同年,经李克强总理签批,国务院印发了《关于积极推进"互联网+"行动的指导意见》,随后,"互联网+"与新媒体的发展越来越快,很大程度地改变着青少年的日常生活方式和学习方式,同时也为人类理解他人表达自己提供了新的更为广阔的空间。每天大量的信息在互联网与新媒体中传播,这种全新的信息传播方式已经成为青少年获取信息和互相交流的重要途径。新媒体广阔的信息资源和信息交流的便捷性为当前的青少年思想道德建设提供了全新的环境与良好的契机,利用互联网和新媒体工作学习及生活已经成为许多青少年的常态,年青一代更是成为互联网用户的主力军。要把"互联网+"和新媒体建设好、运用好、管理好,用青少年喜闻乐见的形式、以"润物细无声"的方式来培育健康向上的网络文化,加大依法管理网络的力度,加强网络企业的行业自律,同时要持之以恒地抓好思想道德教育,帮助广大青少年增强明辨是非、判断对错的能力,自觉地抵制歪风邪气。

1 "互联网+"与新媒体的概念

[①] 作者介绍:龚略(1985-),男,吉林省吉林市人,大学学历,教育学学士,从事平面设计、网络管理、思想政治教育、教学资源建设等工作。

1.1 "互联网+"是创新2.0下的互联网发展的新业态，是知识社会创新2.0推动下的互联网形态演进及其催生的经济社会发展新形态[1]。"互联网+"是互联网思维的进一步实践成果，推动经济形态不断地发生演变，从而带动社会经济实体的生命力，为改革、创新、发展提供广阔的网络平台。

1.2 新媒体是相对于传统媒体而言的，是报刊、广播、电视等传统媒体以后发展起来的新的媒体形态，是利用数字技术，网络技术，移动技术，通过互联网，无线通信网，有线网络等渠道以及电脑、手机、数字电视机等终端，向用户提供信息和娱乐的传播形态和媒体形态。新媒体可分为科技博客、手机媒体、IPTV、数字电视、移动电视、博客、播客等[2]。

2 "互联网+"与新媒体的特征

2.1 "互联网+"的四大特征[3]

一是跨行跨界融合。"互联网+"应用比较多的是在传统行业，这些行业和互联网之间的跨度很大，两者能够融合到一起是一种创新。行业之间的融合也可以说是客户消费转化为投资的一个过程，大家共同参与创新。

二是创新驱动。我国最早的资源驱动型是粗放型的，但是这种方式现在已经不能够继续下去，需要转变方式才能发展下去，创新驱动这种方式能够很好地促进发展。应用互联网思维来改变目前的境况，达到创新的目的。

三是重塑结构。以前的社会结构、经济结构、文化结构和地缘结构，正在慢慢地被信息化、全球化、互联网化所打破。同时社会治理也开始向互联网和虚拟技术的方向靠近。

四是开放生态。"互联网+"是一种开放式的生态，"互联网+"的推进可以把制约创新的环节更优化，让创业者有更多的机会去创新、去创造。

2.2 新媒体的四大特征[4]

一是迎合人们休闲娱乐时间碎片化的需求。由于工作与生活节奏的加快，人们的休闲时间呈现出碎片化倾向，新媒体正是迎合了这种需求而生的。

二是满足随时随地的互动性表达、娱乐与信息需要。以互联网为标志的第三代媒体在传播的诉求方面走向了个性表达与交流阶段。对于网络电视和手机电视而言，消费者同时也是生产者。

三是人们使用新媒体的目的性与选择的主动性更强。

四是媒体使用与内容选择更具个性化，导致市场细分更加充分。

3 "互联网+"与新媒体环境下对青少年思想道德建设的促进作用

3.1 运用"互联网+"和新媒体可以丰富青少年思想道德建设的形式

传统的青少年思想道德建设采取的形式仅局限于课堂、讲座、校园广播和宣传栏等形式，展现形式单一，导致青少年思想道德建设步伐缓慢进行，效果也不是很显著。现阶段这些传统的思想道德建设方式已经不能满足在"互联网+"和新媒体时代青少年思想道德建设的需求。所以，我们要运用好"互联网+"和新媒体能够大规模、主动地、快速地传播等特点对青少年进行思想道德建设，帮助他们形成正确的人生观、价值观和世界观。

3.2 运用"互联网+"和新媒体为青少年思想道德建设搭建交流平台

现阶段，青少年群体与家长和老师之间的信任感不强，这种信任感的缺失，导致青少年与家长和老师之间的交流变得非常困难，他们也不愿意与家长和老师进行面对面的交流，吐露其心声。交流的减少致使家长和老师很难掌握青少年思想的变化，这样就制约着青少年思想道德建设的开展，无法达到预期效果。如果利用"互联网+"和新媒体技术为青少年搭建一个畅所欲言的平台，为青少年倾吐心声、交流思想和沟通情感创造良好的条件，新媒体的传播技术改变了人与人之间的交往方式，这也为青少年思想道德建设开辟了一个全新的沟通方式，家长及老师可以运用这种虚拟的交流平台匿名和青少年进行双向交流，这不仅可以增强青少年对家长和老师的信任，也可以帮助青少年解决思想问题、心理问题，同时还可以纠正青少年错误的道德观念和人生观、世界观、价值观，也将对青少年的思想道德建设起到事半功倍的作用。

3.3 运用"互联网+"和新媒体可以增强青少年思想道德建设的自由性

在新媒体时代中，青少年的性格相对于多年前已经发生了巨大变化，当今时代的青少年更加主张自主性，而过去在青少年的思想道德建设中的说教式的教育方式已经很难顺应时代的变化，所以，在青少年的思想道德建设中充分利用新媒体的互动性，将传统的"灌输"教育向自由学习、自主学习提升。教师或者家长可以根据青少年的年龄阶段，让青少年自由寻找适合自己的内容，让青少年在轻松自由的环境中自主探索、寻找相关的正确思想内容信息，使思想道德建设在青少年的成长中潜移默化地完成。

3.4 运用"互联网+"和新媒体可以打破青少年思想道德建设的局限性

如今的手机已不再单单是通讯工具，它还担当起了"第五媒体"的重任。随着"互联网+"和新技术的不断发展，手机已成为当今青少年对外交流与获取新信息、新知识的载体。传统的青少年思想道德建设大多局限于学生在校期间，更多的是在课堂，时间具有局限性；而在"互联网+"的环境下，鉴于新媒体具有的迎合碎片化时间与随时随地获取新信息的特征，在"互联网+"和新媒体下可以打破时间及地点的限制，青少年可以在任何时间、任何地点利用碎片化时间，通过新媒体的各种载体开展学习。

3.5 运用"互联网+"和新媒体可以推动青少年思想道德建设的开放性[5]

高等教育领域在"互联网+"特征方面前进得更快，以 MOOC 课程为代表的开放教育时间持续发展；在新媒体的运用下，通过教育教学创新、开放课程、开放育人空间，构建混合式的学习环境大大增强了青少年思想道德建设的开放性；同时在"互联网+"和新媒体的推动下，教育改革及信息化融合实践也推动了青少年思想道德建设的开放性。另外，"互联网+"凝聚的社会资源也为青少年的思想道德建设提供了精细的、精致的服务。

总之，加强和改进大学生思想政治教育工作责任重大，充分利用好"互联网+"及新媒体技术对青少年思想道德建设的促进作用，增强机遇意识、发展意识、大局意识、责任意识,勇于探索、敢于担当、善于创新,把思想与行动统一起来,切实把青少年思想道德建设转入到创新的发展轨道上来,使思想政治工作在新时期发挥出其独特的价值与作用,从而推动青少年思想道德建设工作可持续发展。

参考文献:

[1] 百度百科 [EB/OL] http：//baike. baidu. com/link？url＝JnfO3QR46k－rOQox-swn4ynmpgDYzUVW2lU4iHN9p S2BpI5bktAKHsCTqL6MbWbhIM＿OsiaLJj599ifYWQXGQ892LP9OSdYlXXVkpHy－UZpThiN4CCtD9QN4KCNl0RwyH

[2] 百度百科 [EB/OL] http：//baike. baidu. com/link？url＝6I6cjG－wCD7Gm＿IUhwWHKLodWQQWQG36fCcF9 UhOXugqISKHRzPHzIlTUeyCH8w5xNSOUQPlG51zCMEKzcYcKFwJY35ujtvzfJ6qmMhMw61gdy5ahIqNsvuVWxManmkR

[3] "互联网＋"的主要特征有哪些. 亿恩IDC资讯(引用日期2016－5－13)

[4] 百度百科. 新媒体特性 [EB/OL] http：//baike. baidu. com/link？url＝6I6cjG－wCD7Gm＿IUhwWHKLodWQQ WQG36fCcF9UhOXugqISKHRzPHzIlTUeyCH8w5xNSOUQPlG51zCMEKzcYcKFwJY35ujtvzfJ－6qmMhMw61gdy5ahIqNsvuVWxManmkR

[5] 国内"互联网＋教育"发展呈现六大趋势. 凤凰资讯(引用日期2015－12－30)